本书获得以下资助：

广州市人文社会科学重点研究基地（2021-2023）——广州国家中心

广州市宣传文化人才培养专项经费

本书系以下课题的阶段性成果：

广东省财政厅课题"中国城市群横向税收竞争、空间效应与地区经济增长"（编号：Z202107）

广州市哲学社会科学规划课题"广州推进要素市场化配置改革研究"（编号：2021GZQN06）

程风雨 著

中国城市群
地方政府间税收竞争
及其增长效应研究

中国财经出版传媒集团

经济科学出版社

Economic Science Press

图书在版编目（CIP）数据

中国城市群地方政府间税收竞争及其增长效应研究／
程风雨著 . —北京：经济科学出版社，2021.6
ISBN 978 - 7 - 5218 - 2387 - 5

Ⅰ.①中… Ⅱ.①程… Ⅲ.①城市群 - 地方政府 -
税收管理 - 研究 - 中国 Ⅳ.①F812.7

中国版本图书馆 CIP 数据核字（2021）第 030780 号

责任编辑：周胜婷
责任校对：靳玉环
责任印制：王世伟

中国城市群地方政府间税收竞争及其增长效应研究
程风雨 著
经济科学出版社出版、发行 新华书店经销
社址：北京市海淀区阜成路甲 28 号 邮编：100142
总编部电话：010 - 88191217 发行部电话：010 - 88191522
网址：www. esp. com. cn
电子邮箱：esp@ esp. com. cn
天猫网店：经济科学出版社旗舰店
网址：http://jjkxcbs. tmall. com
北京季蜂印刷有限公司印装
710 × 1000 16 开 18.5 印张 280000 字
2021 年 7 月第 1 版 2021 年 7 月第 1 次印刷
ISBN 978 - 7 - 5218 - 2387 - 5 定价：85.00 元
（图书出现印装问题，本社负责调换。电话：010 - 88191510）
（版权所有 侵权必究 打击盗版 举报热线：010 - 88191661
QQ：2242791300 营销中心电话：010 - 88191537
电子邮箱：dbts@esp. com. cn）

前　言

　　以城市群促进和带动中国区域经济协调发展是中国经济从高速增长转向高质量发展的重要信号。自党的十九大以来，发挥地区比较优势形成高质量发展的空间布局成为国家现代化建设的重要内容，而中心城市和城市群已然成为引领中国经济高质量发展的重要动力源。党的十九大报告在实施区域协调发展战略部分，要求"以城市群为主体构建大中小城市和小城镇协调发展的城镇格局"，将城市群由此前"主体形态"进一步明确上升至"主体地位"。党的十九届五中全会更是明确提出，要"发挥城市群辐射带动作用，优化发展京津冀、长三角、珠三角三大城市群"。因此，敏锐把握城市群的新定位和新使命，把城市群的建设和发展作为实施区域协调发展，以及推进城市化、城市现代化乃至整个经济社会发展的战略设定和途径确定，是当前及未来一段时间必须重视的重大现实问题。

　　在现行"分税制"的财政框架内，地方政府政策尤其是财税体制及实践运用，往往是研究中国地区发展不平衡问题的一个重要方面。税收始终是各级政府收入的主要部分，也是支撑地方政府提供教育、医疗、基础设施建设等公共服务的主要资金来源。对于中国这样地区不平衡状况严重的发展中国家来说，在现有财税管理体制下，地方政府更需要运用好财税政策以提供更多公共物品，促进地区经济社会发展。1994 年"分税制"改革以来，地区税负差异有不断扩大的趋势，尤其是 2002 年企业所得税改革和"营改增"以后，大量企业直接向由中央统一管理的国税局缴纳相关税费，地方政府筹集税收收入的能力受限，且发展不平衡程度进一步提高，此时地方政府间是否还一定存在税收竞争更加值得商榷（龙小宁等，2014），但现有文献对此研究还很不足。

国内外学者关于地区间税收竞争的研究成果多侧重于研究其效应问题，主要涵盖经济增长的正向效应（Qian & Roland，1998；Feld et al.，2004；李涛等，2011）、阻碍作用（Judd，1985；Lejour & Verbon，1997；周业安，2003；贾康等，2007）、税种影响差异（谢欣和李建军，2011；崔治文等，2015），还有基于贸易开放（程风雨，2016）、产业结构（肖叶和贾鸿，2017）、经济增长（张福进等，2014；刘清杰和任德孝，2017）等视角展开的税收竞争非线性增长效应的探讨，这些论题的研究也取得了一些富有开创性的成果。但总体而言，中国地方政府间税收竞争的研究还留有较大空白，比如在研究内容上尤其是关于税收竞争发展特征方面，主要拘泥于其存在性的研究（沈坤荣和付文林，2006；李永友和沈坤荣，2008；郭杰和李涛，2009；龙小宁等，2014），较少关注地区间税收竞争的演进规律及发展趋势问题，如分布动态、区域差异及空间收敛性；在研究尺度上，大多聚焦省级政府层面，对城市以及以下层面的地方政府间税收竞争问题探讨较少，尤其是对城市群的研究就更加鲜见。

本书在系统梳理相关文献的基础上，结合演化博弈论对地方政府间横向税收竞争的策略进行一定推演，并尝试以我国长三角城市群、珠三角城市群、京津冀城市群、长中游城市群、成渝城市群、哈长城市群、中原城市群和北部湾城市群等八个代表性的城市群为研究对象，研究其在开放条件下的地方政府间税收竞争及其增长效应。

本书共包含九章内容。第一章是导论，较为系统全面地对与地方政府间横向税收竞争相关的国内外文献进行回顾，并围绕本书研究选题的由来、研究目的、研究意义与逻辑框架、研究方法以及可能的研究创新点等内容进行介绍。第二章探讨了中国城市群地方政府间税收竞争存在性问题，并初步剖析中国城市群地方政府间税收竞争策略行为的集聚模式及其演变。第三章实证研究了中国城市群地方政府间横向税收竞争策略，结果发现中国八大城市群地方政府间的总体税收、营业税税收竞争表现为差异化竞争，而增值税、企业所得税和个人所得税税收竞争表现为标杆竞争。标杆竞争均体现为"竞高"效应与"竞低"效应并存，其中增值税和个人所得税的税收标杆竞争是以"竞低"效应为主，企业所得税的税收标杆竞争则是以"竞高"效应为主。第四章探讨了中国城市群地方政府间税收竞争绝对差异的动态信息及地区差距问题。研究显示，除了超变密度是造成总体税收竞争差异的主要来源，对于增值税、营业税、企业所得税和个人所得税等具体税种而言，城市群间差异则是造成中国以上主要税种税收竞争差异的主要来源，而且地方政府间税收竞争发展变化在不同税种方面存在较大差异。第五章经验探讨了中国城市群地方政府间税收竞争的空间收敛特征。研究认为中国城市群总体及个体地方政府间税收竞争发展具有较为显著的发散特征，即仅仅具有 σ 收敛特征，但均不存在绝对和条件 β 收敛，也并不具备俱乐部收敛机制。第六章实证测度了中国城市群地方政府间税收竞争增长的直接效应和间接效应，并探讨其空间效应的差异性。实证结果表明，中国城市群地方政府间税收竞争及邻近地区的空间外溢效应均为促进地区经济增长的重要因素，且这种正向空间外溢效应的有效性具有全局普适性的特征，同时地方政府间税收竞争的增长效应也存在一定差异。第七章和第八章则具体探讨了开放经济下地方政府间税收竞争的增长效应，即分别实证探讨国际贸易因影响税收竞争而产生的增长效应变化，并就贸易开放中介影响机制进行实证检验。第九章对本书进行总结，重点围绕科学运用地方政府财税工具、优化提升地方政府税收实践的有效性以及推动我国国内财税制度改革与国际贸易高质量发展等内容提出政策建议。

与既有研究文献相比，本书首次从中国城市群的视角切入，拓宽了中国地方政府间税收竞争问题的研究范围，并结合新古典经济增长理论的"收敛假说"，更加全面地剖析了中国地方政府间横向税收竞争问题。同时，创新性地尝试将地方贸易开放作为中间渠道，探究开放经济下地方政府间税收竞争对区域经济增长影响的中介路径和变量间的因果识别。

依托本书的研究内容，笔者取得了一定的科研成果，包括完成 2017 年度广州市哲学社会科学发展"十三五"规划课题一般项目（结项等次：优秀）、荣获 2020 年广州市青年文化英才称号、获得 2021 年广东省财政厅课题"中国城市群横向税收竞争、空间效应与地区经济增长"（编号：Z202107）立项，先后以独立作者身份在《江汉论坛》《税收经济研究》等核心刊物发表多篇文章。不过，因本人水平有限，加之日常工作任务较为繁重，本书依然存在有待改进与完善之处，敬请各位同行专家和读者批评斧正！

程风雨

2021 年 6 月

目　　录

第一章 导　　论

第一节　选题背景与意义

一、研究背景

新时代中国经济的基本特征，就是由高速增长阶段转向高质量发展阶段。根据中国发展阶段、发展环境、发展条件变化，党的十九届五中全会做出科学判断，新时代新阶段的发展必须贯彻新发展理念，必须把发展质量问题摆在更为突出的位置，着力提升发展质量和效益。当前，中国经济正处于涵盖发展方式、经济结构和增长动力等方面的高质量转型关键期，近两年国家在新型城镇化建设以及"十四五"规划建议中多次强调城市群在未来中国经济发展中的核心中枢作用，认为城市群是促进区域协调发展和新型城镇化，推动经济发展质量变革、效率变革、动力变革的重要平台。然而，现有关于地方政府间税收竞争的文献尚未足够重视城市群在其中的独特作用。本书以为，城市群也是研究中国地方政府间横向税收竞争问题的重要内容，特别是在中国谋求经济高质量发展的关键阶段，需要探讨协调和优化城市群内部税收等优惠政策，深化并创新城市群的税收实践，改变地方政府对税收竞争的不良依赖。

财政是国家治理的基础和重要支柱，而作为国家宏观调控的重要工具或手段的财税政策也是宏观经济领域的重要研究主题。中国"分税制"财政体制安排驱动地方政府加速投资行为，地方政府通过税收优惠、减免收费或者税收先征后返等方式进行税收竞争，提高地方投资竞争的成功可能性，使得税收竞争在地区经济增长中扮演着重要的角色。当然，地方政府间税收竞争也会对社会产生一定危害，甚至形成局部性"税收洼地"，进而影响税收公平和市场统一。对此，我国曾经在2015年前后短暂尝试"一刀切"地清理和规范地方税收等优惠政策。那么，对于税收竞争这一政府竞争行为的影响问题进行深入探讨，可能有助于进一步回应对包含税收竞争在内的地方税收实践的存废之争。另外，随着全球化进程的逐步推进以及中国对外开放程度的日益提高，一国财政政策的影响因素不再局限于国家内部，也受到外界因素的影响，即贸易开放对国家财政政策行为具有重要影响，党的十九大报告更是强调了对外开放在中国新常态下的战略定位。

当前我国地方政府间出现的各类税收竞争行为最终目的是促进地方生产总值持续增长，然而由于我国幅员辽阔，区域经济发展与税收竞争的不平衡性导致税收竞争经济效应的复杂性。在此背景下，基于我国地方政府间税收竞争的经济增长效应，希望通过实证的角度探究我国不同区域地方政府间的税收竞争行为是否真正会促进经济增长，以及会产生何种影响，进一步厘清贸易开放对税收竞争在内的国家内部财政政策及其相关特征的影响方向与作用机理，具有重要的现实意涵。

二、选题的意义

对优质税源进行争夺始终是地方政府实现财政收入与地区生产总值高速增长的"秘诀"，在分权型的财政体制和地区生产总值至上的考核激励机制二者共同作用下，地方政府间的竞争日趋激烈，税收竞争已经成为地方政府发展本地经济最重要的手段之一。同时，要素资源的流动性随着市场经济的发展不断提高，也在一定程度上加剧了地方政府对税收资源的争夺。以税收竞争的经济效应为切入点进行分析，地方间良性的税收竞争可以加快地区经济增长，促进生产要素流动和公共品的提供；反之，恶性的税收竞争会扰乱市场经济规律，扭曲资源配置和税负的分配。而当前由于我国不匹配的财权事权、宽泛的自由裁量权、不完善的政绩考核机制等因素导致当前我国存在地方政府突破政策底线、税收保护主义等恶性税收竞争问题，并且已经产生地方财政风险加剧、资源配置不合理、公共支出结构失衡等一系列消极效应。

从蒂布特（Tiebout，1956）开始，西方学者逐渐构建系统的税收竞争理论，并将税收竞争界定为地区间为了争夺流动税基而竞相降低税率的政府自立互动行为。后有学者（Zodrow & Mieszkowski，1986；Wilson，1986）通过标准税收竞争模型研究认为，由于竞争均衡下的税率接近于零会导致经济效率损失，税收竞争是逐底竞争的恶性竞争。基于上述西方税收竞争理论，周黎安（2007）提出一种官员政绩考核理论，从而为中国横向税收竞争行为建构了理论基础。沈坤荣和付文林（2006）、李永友和沈坤荣（2008）、袁浩然（2010）、张忠任（2012）、吴俊培和王宝顺（2012）等通过构建税收竞争反应函数研究发现，中国省级层面存在横向税收竞争；袁浩然和欧阳峣（2012）、龙小宁等（2014）研究认为，税收负担具有显著的正向空间相关性。从中国现实情况来看，虽然较之省级政府而言，市级政府没有更多的税收征管权，但在市场经济条件下，我国城市政府间仍然具有税收竞争的内在必然性：一方面，中国特色社会主义社会治理体制给予城市政府很大的自主性。20 世纪 80 年代建立的财政包干制，使得地方政府通过财政收支和转移支付来履行其公共性和强制力（陈云贤和顾文静，2017），建立了以地方竞争为内在特征的经济发展模式。虽然 1994 年的分税制改革将部分地方财政权收紧到中央，但地方竞争的发展模式并未发生根本改变（周飞舟和谭明智，2014），城市及以下的地方政府反而有更多动力，通过更加隐形的税收竞争形式，如税收返还、免税期等方式来吸引更多经济社会发展资源。另一方面，自利性竞争行为是地方政府发展的原动力之一（周黎安，2007）。地区经济增长仍是目前地方政府政绩考核的重要指标。由于人力、资本、技术等存量生产要素是稀缺有限的，加之企业也会"用脚投票"选择自身利益最大化的地区生产环境。尤其是在政绩考核的压力下，政府官员仍有动力积极开展税收竞争行为以维持地方的经济增长。

现有相关研究主要忽视了以下三方面问题：第一，虽然地方政府间税收竞争存在空间联动性（吴俊培和王宝顺，2012；龙小宁等，2014），但既有研究主要针对的是省级层面政府间税收竞争问题的探讨，而对地级市尤其是中国主要城市群地方政府间税收竞争的研究则较为鲜见；第二，地方政府间税收竞争现状的考察分析不够全面，比如其分布动态演进规律、地区差异及差异来源、空间收敛特征等内容的探究几乎没有，严重影响我们对其现状的全面把握和认知程度；第三，未能在开放经济条件下探讨中国地方政府间税收竞争的增长效应，其中包括进出口贸易对地方政府间税收竞争的影响，以及贸易开放在其中的中介作用等。

很显然，对这些问题进行追踪研究很必要，对于既有地方政府税收实践的相关制度设计与政策实施的效果的评价，有助于把握中国城市群地方政府间税收竞争空间格局变化趋势，以及探索统筹推进地区间协同提升路径，从而更有针对性地解决中国地区间日益突出的失衡问题。

第二节　文献综述

一、国外相关文献综述

（一）地方政府间税收竞争的理论分析

从国外现有文献看，最早研究税收竞争问题的是蒂布特（Tiebout），他在1956年开创性地构建了一个有效率的税收竞争模型，并提出"用脚投票"的理论观点。该观点的核心之处在于认为地方政府间税收竞争可以影响资本要素的地区流动，具体而言，蒂布特（Tiebout，1956）在相应的研究假说下将地方政府间税收竞争简化为完全竞争市场，本地区的居民可以通过"用脚投票"的方法来显示消费偏好，进而使得地方政府间税收竞争最终能够促进政府效率的提高。但是，奥茨（Oates，1969）对蒂布特上述的理论观点提出质疑，他认为出于吸引流动企业投资的目的，地方政府间税收竞争会降低税率，导致维持地方最优公共服务所需的财政资金不足，进而使得地方公共服务的产出无法实现最优化。随后,国外其他学者沿循蒂布特和奥茨的研究,对其理论和模型进行深入扩展和补充,逐步形成了地方政府税收竞争的基础理论体系。佐德罗和米斯科斯基(Zodrow & Mieszkowski,1986)构造了税收竞争基本模型,即著名的 Z-M 模型,该模型通过将蒂布特的思想模型化,探讨了地方政府围绕资本税展开税收竞争时所产生的效率问题。佐德罗和米斯科斯基(Zodrow & Mieszkowski,1986)的研究假设资本可以在不同区域之间流动,但是劳动要素基本不能流动,如果地方政府想要通过降低税负以吸引资本流入,会导致最终税负转嫁到劳动要素上,产生"逐底竞争"(race to the bottom)的情况;如果随着税收竞争的不断深化,地方政府担心对资本征税会对本地资本造成挤出效应,在不断降低资产税的同时选择降低工资和土地租金等方式降低生产成本,也会减少本地区公共支出减少,造成公共产品供给低效率的情况。托马斯和沃勒尔(Thomas & Worrall,1994)研究发现,当政府提供税收优惠以吸引企业资本投入时,理性的企业会预期因地方财政的不可持续而导致政府的税收优惠承诺无法实际兑现,因此税收优惠对外来资本的引致作用较为有限。

近年来,新经济地理学为传统的税收竞争理论提供了新的研究维度。克鲁格曼(Krugman,1991)将地理空间的概念引入一般均衡的研究框架中,通过构建两地区模型来说明中心—边界理论,并借用萨缪尔森(Samuelson)的"冰山运输成本"概念和产业组织理论工具分析了一个长期被忽略的经济地理学问题:当贸易自由度很低时,区域间运输成本远远大于规模递增收益,导致人口和产业的空间布局较为分散;当贸易自由度很高时,区域间运输成本降低到一定阈值时,人口和产业会加速向某一区域集聚,最终形成产业中心区和农业边界区。克鲁格曼创立了新经济地理学,而鲍德温和克鲁格曼(Baldwin & Krugman,2000)以此为研究视角,研究了区域经济一体化对国际税收协调和税收竞争的影响。他们研究认为,商品经济一体化会缩小各国之间的税负差距,但是无法形成统一的单一税率,同时聚集经济可以产生集聚租,这样即使核心国家能够执行比外围国家高的税率,只要税率不是高过一定临界值,也可以在一定程度上不断提高税率,并不用担心由此而导致的资本快速流失。

总的来看，国外对于税收竞争的研究偏重于对其理论框架的建构与纵深挖掘，其对税收竞争的界定更多围绕税率调整，即通过竞相降低税率而吸引资本等流动税基的策略互动行为。同时，国外的相关研究也存在值得完善的地方，比如蒂布特（Tiebout，1956）、佐德罗和米斯科斯基（Zodrow & Mieszkowski，1986）的研究均建立在完全竞争市场的假设基础上，而且政府间横向税收竞争所产生的公共产品供给低效率问题并不是在所有国家中都普遍存在，这些都与税收竞争实践之间存在一定偏离。此外，还有一点值得注意，国外的税收竞争研究是以地方政府享有税收立法权为前置条件，这与中国地方政府不具有税收立法权存在重大差别。

（二）地方政府间税收竞争的经济增长效应分析

国外关于税收竞争经济增长效应的研究结论莫衷一是。第一种观点认为税收竞争会对经济增长产生抑制作用。贾德（Judd，1985）指出，地方政府间资本所得税竞争会因为其产生的"逐底竞争"而阻碍经济增长。部分学者认为税收竞争过度会加重社会成本，使其难以为继进而抑制经济增长。布兰卡特（Blankart，2002）研究认为，存在一些固有的制度障碍赋予地方政府能够向上或向下转嫁公共服务的权力，政府有机会形成垄断以降低公共服务供给质量。科森伯格和洛克伍德（Koethenbuerger & Lockwood，2010）使用内生增长模型研究发现，随机冲击会影响家庭的投资组合削弱税收竞争效率，资本税提高到较高水平在增加税基弹性的同时，也会对经济增长产生负面影响。第二种观点认为适度的税收竞争对经济增长具有促进作用。劳舍尔（Rauscher，1998）实证研究认为，税收竞争会提高政府财政收入的使用效率，随着要素流动性提高，也会增加公共部门服务的需求弹性，同时提高私人部门收入，推动地区经济繁荣。此外，还有学者认为税收竞争的经济增长效应是模糊的。里希特和韦利施（Richter & Wellisch，1996）研究指出，如果最优课税政策长期实行，那么国际税收协调和国际税收竞争都会导致经济增长率日渐趋同的局面。劳舍尔（Rauscher，2005）研究认为税收竞争的增长效应是不确定的。

二、国内相关文献综述

（一）地方政府间税收竞争的存在性

国内关于横向税收竞争的研究较多基于省级层面，普遍认为省级政府间存在着横向税收竞争。沈坤荣和付文林（2006）采用空间滞后模型证明，省级政府间税收竞争的主要形式是差异化竞争；周黎安（2008）从地方生产总值考核视角，认为地方官员政绩考核机制促进了中国经济增长，地方公务人员也由此获得更多的升迁机会，在这种模式下省级政府间的竞争程度也愈发激烈；潘明星（2009）通过构建博弈理论模型来理论推演省级政府间税收竞争，并进一步实证发现，地方政府间横向税收竞争的经济增长效应在东部、中部和西部地区间存在异质性，而且经济发展水平较低的地区为了吸引外资采取降低税负的税收竞争方式，反而会缩减当地总体税收收入；崔治文等（2015）实证了省级政府间税收竞争的存在性，并且明确不同税种的竞争策略存在差异，其中消费税竞争为策略替代型，而资本税和劳动税竞争表征为税收模仿型；李一花和瞿玉雪（2017）实证发现，省级地方政府之间确实存在税收竞争，且表现形式为策略互补型，其中企业所得税的竞争系数最高，增值税次之，而营业税最低。

（二）地方政府间税收竞争的成因分析

国内学者对地方政府间税收竞争的成因问题进行了较为深入的研究。一是关于税收竞争的形成条件。邱丽萍（2000）认为相对独立的税权及对本地区经济利益的追求是税收竞争开展的必要条件。黄春蕾（2003）将市场经济体制改革作为探讨的切入点，认为市场化改革是横向税收竞争的客观基础，分权财政体制改革成就了税收竞争主体，市场经济改革则孕育了税收竞争的客体。葛夕良（2005a）认为我国地方政府间税收竞争是国家规模、资源配置、要素流动等多种因素综合作用的结果，其中财政分权和要素可流动性是其产生的最主要原因。二是关于税收竞争的形成动因。相关研究普遍认为税收竞争是地方政府的理性选择，也是一种必然行为。薛刚等（2000）认为"放权让利"所形成的地方资源配置权以及不彻底的分税制，使得税收竞争存在成为可能。谭祖译（2000）认为，税收竞争存在的原因在于其可以有助于地方政府扩张税基来支撑本地区公共支出，从而缓解地方政府为最大化提供公共产品与辖区居民"搭便车"行为的理性选择之间的冲突。王文波（2002）认为经济性分权与地方资源的饱和利用是我国地方政府间税收竞争产生的原因，即当本地资源利用达到饱和时，地方政府利用有限的税权采取税收竞争或通过吸引外地资源要素流入以获取更多财政收入。杨志勇（2003）认为，税收竞争产生的根源在于，在无税收自主权的前提下，地方政府税收与公共服务供给的不对称性以及不规范的政府间的财政关系。何毅（2003）则强调了政治因素的作用，认为地方主政官员的政绩考核和任用机制是其展开税收竞争的政治动力。

（三）地方政府间税收竞争对资本流动的影响

关于税收竞争对资本要素流动效应的研究主要涵盖以下三个方面：

一是吸引资本要素的竞争策略。中国的资本税收竞争始于20世纪90年代，当时建立的资本市场及其管制规则为地方政府间税收竞争提供了发展基础。陈晓等（2003）通过对上市公司实际所得税税率的统计分析发现，地方政府间的确存在争夺流动性资本的税收竞争行为。阳举谋和曾令鹤（2005）研究指出，我国地方政府间税收竞争是有效率的，并且税收竞争将会导致有效税率下降和资本配置的低效率，但是地区间可以通过合作实现资本的合理流动和有效配置。王守坤和任保平（2008）研究指出，我国省级政府间的财政策略性行为主要是以争夺流动性税基的税收竞争为主，这种竞争不具有"自上而下的标尺竞争"的特征。张梁梁和杨俊（2017）研究发现，社会民生领域是地方政府间财政竞争真正发挥作用的领域，如果只是增加本地区财政支出，那么其财政竞争对本地区资本流入的正向作用十分有限，反而有助于邻近地区的招商引资。钟军委和林永然（2018）实证结果表明，虽然我国资本流动存在"卢卡斯悖论"，但地方政府间税收竞争仍然会对吸引资本流入具有推动作用。赵娜等（2018）研究结果表明，本地企业所得税税收征管效率下降、邻近地区企业所得税税收征管效率提高均会增加本地资本存量。

二是税收竞争对外商直接投资（FDI）的影响。鲁明泓（1997）通过实证研究发现，以税收优惠为形式的地方政府间税收竞争可以显著吸引外商投资。李永友和沈坤荣（2003）研究指出，围绕吸引外商直接投资而展开的地方政府间税收竞争存在对非税收入的依赖和财政支出上的结构性偏向。

三是关于税收竞争对企业异地并购的影响。王凤荣和苗妙（2015）研究指出，地方政府间税收竞争在作用于企业异地并购的同时，会对资本的区域间转移产生推动作用，相对于节税效应，稳定的税收环境才是推动企业异地并购的主要成长动因。李彬和潘爱玲（2015）研究认为，地区税收优惠有利于企业异地并购和带动资本跨区域流动，但这种区域性税收优惠对企业业绩的提升没有起到实质性推动作用，相比而言行业性税收优惠的促进作用更加显著。

第三节　研究思路与内容概述

一、研究思路

本书从对地方政府间横向税收竞争相关的国内外研究进行系统梳理入手，分别探讨了横向税收竞争存在性、经济增长效应以及开放经济下地方政府间税收竞争对地区经济增长的影响等问题。以上内容既是本书文献综述的主要构成，也为全书的实证研究提供必要的文献支撑。接下来，本书重点以七个章节的篇幅来探讨开放条件下的中国城市群地方政府间税收竞争及其增长效应问题。

首先，本书在第二章和第三章中，对中国城市群地方政府间税收竞争的存在性以及税收竞争策略类型进行了实证识别研究。主要着眼于两大问题开展：一是探讨中国城市群地方政府间税收竞争存在性问题，从而为后面深入研究其增长效应奠定基础；二是从地理空间视角，初步剖析中国城市群地方政府间税收竞争策略行为的集聚模式及其演变。

为了更细致地展示中国城市群地方政府间税收竞争的状况、理解地区税收收入的时空差异，基于前两章的研究结果，第四章以地方政府间税收竞争指数为基础，首先利用核密度估计法，通过绘制核密度估计图以更加科学准确地捕捉反映中国城市群地方政府间税收竞争绝对差异的动态信息；然后利用 Dagum 基尼系数及其分解方法对中国八大城市群总体税收、增值税、营业税、企业所得税和个人所得税等税收竞争的地区差异进行测算，试图更加全面地比较和分析地区间的差异，更深入地把握中国城市群地方政府间横向税收竞争规律。

第五章探讨了中国城市群地方政府间税收竞争空间收敛性。第四章的实证研究结论证实了中国城市群地方政府间税收竞争具有相对各异的时空演变特征，呈现出较为显著的空间差异性。与此同时，现有关于中国地方政府间税收竞争的研究主要集中在存在性和增长效应等方面的研究，对于其空间收敛性的探讨则比较鲜见。因此，本书尝试实证研究中国城市群地方政府间税收竞争的区域差异及空间收敛特征。

第六章则通过构建税收竞争增长的空间杜宾面板模型，测度中国城市群地方政府间税收竞争增长的直接效应和间接效应，并探讨其空间效应的差异性。

随着经济全球化和对外开放的程度日益增强，中国财税调控的影响因素不再局限于国家内部，深入考察开放经济条件下中国税收竞争及其增长效应显得尤为重要。基于此，本书第七章和第八章从开放经济视角，重点探讨了国际贸易因影响税收竞争而产生的增长效应变化，研究了不同贸易流向以及不同税收类别的税收竞争增长效应，并探寻地方政府间税收竞争增长效应的贸易开放路径。

综合而论，我们试图根据本书得到的实证研究结果，结合中国城市群的独特作用以及地方政府的税收实践，更加全面地比较和分析中国地方政府间横向税收竞争的差异性，更加深入地把握中国横向税收竞争规律，以期建立更合理的评价体系来鼓励地方政府增加税收的主动性，同时避免地方过度减免税收或恶性税收竞争状况的出现，进而为中国高质量发展储能蓄力提供有益的政策建议。

二、研究内容

（一）关于地方政府间横向税收竞争概念的界定

1. 关于地方政府间税收竞争内涵的探讨

按照威尔逊（Wilson，1986）的研究，一国之内的地方政府间税收竞争的内涵包括三个维度：一是广义的税收竞争，这种竞争行为表现为不同形式的非合作性的地方政府税制设定，所有地方政府的行为都可以被认定为参与了税收竞争。二是中义的税收竞争，这个层面的税收竞争更加强调在非合作性政府税制设定中是否考虑到地方政府间税收分配，或者政策本身是否存在影响税收收入分配的能力。只有不满足其中任一限定条件的地方政府税制设定才是中义的税收竞争，这就包括了横向及纵向的地方政府间税收竞争行为。三是狭义的税收竞争，这种税收竞争仅包括地方政府间横向税收竞争，即该层面的税收竞争是一种发生在同一层级的地方政府间非合作型税制设定行为，并且会引导税基流向发生变化。

结合本书的研究目的，我们主要采用狭义层面的税收竞争概念，即为促进本地区经济增长，同一层级地方政府间采用降低实际税负等税收优惠手段吸引资本、技术和人才等各类要素资源流入而展开的策略博弈行为。

2. 本书相关概念的界定

第一，关于地方政府间税收竞争的界定。本书主要研究的地方政府间横向税收竞争，从国内相关研究来看，对其的衡量主要有两个维度——空间计量和非空间计量。空间维度下，是指利用税收收入占当期生产总值的比重，通过空间计量模型的空间反应系数值来衡量税收竞争（曾亚敏和张俊生，2009）。非空间实证维度下，比较有代表性的是傅勇和张晏（2007）构建的税收竞争指数，它以某个地区实际相对税率变化来衡量税收竞争的激烈程度，该数值越大，则其相对税率越低，代表其横向税收竞争程度越高；反之，该数值越小，则其相对税率越高，代表其横向税收竞争程度越低。本书围绕研究内容所需采取不同的实证框架，因此交替采用了上述两种地方政府间税收竞争的衡量方法。

第二，关于样本期的选择问题。受限于城市税收数据的可获得性，本书的研究样本期为 2005 ~ 2013 年，虽然客观上存在一定的滞后性，但是基本上能满足本书的研究之需。一是目前官方出版可查的中国城市级别的税收分类数据只有《中国区域经济统计年鉴》，但是该年鉴在 2014 年就停止发行了。二是通过梳理目前中国城市级别的税收问题研究，不难发现，主流研究且发表在顶级经济学期刊的相关论文也均是围绕这一样本期。比如逯建和杨彬永（2015）发表在《国际贸易问题》上的论文，他们使用 2003 ~ 2011 年中国 221 个城市之间的地理距离，通过构建空间面板计量模型，来研究 FDI 的流入对中国各城市的税收收入的影响问题；钱金保和才国伟（2017）发表在《经济学（季刊）》上的论文使用 2005 ~ 2011 年中国地级市数据检验地方政府间税收策略互动的成因；马光荣等（2019）发表在《金融研究》上的论文使用 1996 ~ 2006 年的中国地级市面板数据探讨税收分成对地方财政支出结构的影响；谢贞发等（2019）发表在《经济研究》上的论文则基于 1999 ~ 2011 年间相匹配的市县级政府税收分成数据来研究城市税收分成对地方政府城市土地配置行为的影响。

（二）研究内容概述

本书主要从中国城市群视角出发探讨中国地方政府间横向税收竞争及其增长效应问题，并且侧重于经验实证研究。研究目的在于为中国地方政府间税收竞争研究提供更加全面和系统的经验证据，并尝试基于实证结果，为进一步优化地方财税实践，促进地区经济增长提供更加科学的学理依据。据此，本书将分九章加以实证研究，各章研究内容概述如下：

第一章导论。本章围绕税收竞争的界定、存在性、税收竞争的增长效应以及开放经济下税收竞争对区域经济增长的影响等问题，较为系统全面地对与税收竞争相关的国内外文献进行回顾。同时，结合本书研究选题的由来、研究目的、研究意义和研究框架等内容进行介绍，并简要阐述本书的研究思路、方法以及可能的研究创新点。

第二章中国城市群地方政府间税收竞争存在性检验。在这一章中，主要着眼于两大问题开展：一是探讨中国城市群地方政府间税收竞争存在性问题；二是从地理空间视角，初步剖析中国城市群地方政府间税收竞争策略行为的集聚模式及其演变。

第三章中国城市群地方政府间税收竞争策略类型的识别研究。本章结合中国地方税收实践现实，试图从理论上探讨和识别中国城市群地方政府间税收竞争的策略模型，并在此基础上分别构建税收竞争空间面板杜宾模型和两区制不对称模型加以实证检验。

第四章中国城市群地方政府间税收竞争时空差异性研究。本章基于地方政府间税收竞争指数，利用核密度估计法捕捉反映中国城市群地方政府间税收竞争绝对差异的动态信息；利用 Dagum 基尼系数及其分解方法对中国八大城市群总体税收、增值税、营业税、企业所得税和个人所得税等税收竞争的地区差异进行测算，试图更加全面地比较和分析地区间的差异，更深入地把握中国城市群地方政府间横向税收竞争规律。

第五章中国城市群地方政府间税收竞争空间收敛性研究。本章利用变异系数法对八大城市群地方政府间税收竞争的 σ 收敛进行了经验验证，并采用静态面板收敛模型考察分析了其区域差异演变的绝对 β 收敛、条件 β 收敛和俱乐部收敛特征。

第六章中国城市群地方政府间税收竞争增长的空间外溢效应。本章通过构建税收竞争增长的空间杜宾面板模型，测度中国城市群地方政府间税收竞争增长的直接效应和间接效应，并探讨其空间效应的差异性。

第七章国际贸易、地方政府间税收竞争与中国城市群经济增长。本章在充分考虑国际贸易流向和税收类别的基础上，将国际贸易和税收竞争置于同一个研究框架内，分析并验证了地方政府间税收竞争推动地区经济增长的有限性；首次探讨国际贸易因影响税收竞争而产生的增长效应变化，并研究了不同贸易流向以及不同税收类别的税收竞争增长效应，进一步深化了中国地方政府间横向税收竞争的研究。

第八章中国城市群地方政府间税收竞争增长效应的贸易开放路径研究。考虑到地区经济增长的惯性影响，本章以动态面板估计模型为实证框架，构建动态面板模型考察地方政府间税收竞争对地区经济增长的影响，使用动态面板门槛模型研究税收竞争对地区经济增长的非线性效应，并结合动态面板数据中介效应模型就贸易开放中介影响机制进行实证检验。

第九章主要结论及政策建议。从地方政府间横向税收竞争的发展角度对中国城市群地方政府间横向税收竞争的存在性、分布动态等发展演化问题，以及开放经济下税收竞争增长效应的研究结论进行重点论述，并为科学运用地方政府财税工具、优化提升地方政府税收实践的有效性以及推动我国国内财税制度改革与国际贸易高质量发展提供借鉴与参考。

第四节　研究方法及可能的研究创新

一、研究方法

本书基于 2005～2013 年中国城市群 145 个城市面板数据，利用定量与定性研究方法，探讨地方政府间税收竞争对地区经济增长的影响效果与作用机制，并剖析中国城市群地方政府间税收竞争行为的特质、性质和发展差距等问题，在此基础上，提出构建和完善地方政府税收实践的政策建议。主要采用的研究方法如下：

（一）多层次、多角度的对比分析

首先，在文献综述中，我们全面梳理了地方政府间横向税收竞争的内涵、性质、成因，并重点就其存在性和经济增长效应等问题加以探讨。其次，在实证研究过程中，多角度综合运用模型实证方法。既从非空间情景下中国城市群地方政府间税收竞争的分布动态演进规律、地区差异及其来源、收敛特征等内容展开考察分析，以全面揭示其发展现状，同时又加入地理空间相关性，在新经济地理学研究框架下，进一步深入剖析其税收竞争策略的类型、程度以及增长效应等问题。不仅重点探讨了地方政府间税收竞争的增长效应，还综合考虑其所具有的异质性、贸易开放的中介传导机制，从而使得全书对中国城市群地方政府间税收竞争问题的研究更加全面，不同情景下的研究结果得以相互印证，研究结果更具可靠性和针对性。

（二）理论与实证的研究方法

在理论分析层面上，系统阐释并构建中国城市群地方政府间横向税收竞争动态博弈理论模型，以此划分和识别地方政府间税收竞争的策略类型；同时在税收竞争增长模型的基础上，检验城市群总体、个体、空间、非空间下的地方政府间税收竞争所具有的经济增长效应。在实证分析层面，基于现有的数据结构和研究目的，采用多种计量实证方法。既有传统非空间下的实证探讨，如面板数据固定效应模型、随机效应模型、面板最小虚拟变量二乘法估计，并引入经济增长理论中的收敛模型研究地方政府间税收竞争的发展差距问题；也有空间地理因素下的面板数据动态杜宾模型、空间面板自回归模型以及两区制非对称空间面板杜宾模型等。既有线性关系的研究，也有面板数据门限模型的非对称性的探讨；既有静态面板模型，也包括动态面板模型。

二、可能的研究创新

与既有文献相比，本书可能的研究创新点有三个：

第一，从研究样本上看，首次从中国城市群的视角切入，拓宽了中国地方政府间税收竞争问题的研究范围。现有研究主要是以省级层面的地方政府为研究对象，对地级市及其以下政府层面的地方政府间横向税收竞争研究还很缺乏，而以中国城市群为对象，经验研究地方政府间横向税收竞争问题几乎没有，显然这与当下及未来城市群的现实引领作用不相称。未来 5～10 年，中国经济增长最大的结构性潜能都将集中在都市圈和城市群范围之内，它们能够产生更高的集聚效应，带来更高的要素生产率，都市圈和城市群的快速崛起才是中国经济增长的"新风口"。

第二，从研究广度上看，本书更加全面地剖析了中国地方政府间横向税收竞争问题。在演化博弈理论的基础上，分别从中国城市群税收总体及增值税、个人所得税、公司所得税和营业税等具体税种两个维度切入，经验验证了城市群地方政府间税收竞争的存在性问题，并就其经济增长溢出、发展的区域差异及其收敛性、竞争类型判定等内容加以深入探讨，同时首次尝试将地方贸易开放作为中间渠道，探究开放经济下税收竞争对区域经济增长影响的中介路径和变量间的因果识别。

第三，从研究方法上看，本书不仅运用了较为传统的空间计量模型方法即空间面板自回归模型，同时以税收竞争的增长效应为着眼点，综合构建经典及设定溢出带宽阈值的空间杜宾面板模型、两区制非对称反应模型等一系列空间面板计量模型，从而有效识别中国八大城市群地方政府间税收竞争的存在性问题，对其竞争策略类型以及经济增长空间外溢效应进行经验检验。此外，还首次使用了 Dagum 基尼系数分解法以及 σ 收敛、β 收敛和俱乐部收敛等方法，从税收总量和税收结构两方面研究中国城市群地方政府间税收竞争的发展差距问题。

第二章　中国城市群地方政府间税收竞争存在性检验

第一节　问题的提出

一方面，地方政府间税收竞争是中国经济快速增长的主要推动力（Qian & Weingast，1997；Xu，2011）。现行分税制制度安排驱动地方政府加速投资行为，地方政府通过税收优惠、减免收费或者税收先征后返等方式进行税收竞争，提高地方投资竞争成功的可能性，进而推动本地区经济增长。虽然有研究（周业安等，2004；周黎安，2004）表明地方政府间税收竞争也会导致诸多不良经济社会后果，但税收竞争依然是地方政府竞争的主要形式之一，而且目前更多关注的是省级政府间税收竞争的增长效应，只有较少学者探讨地区间税收竞争的存在性问题（龙小宁等，2014），所得结论也莫衷一是（沈坤荣和付文林，2006；李永友和沈坤荣，2008；郭杰和李涛，2009）。特别是在2002年企业所得税改革之后，中央通过国税局统一管理地方所得税的缴纳，地方政府间税收竞争的可能性更是值得商榷。

另一方面，城市群税收竞争的存在性普遍缺乏经验实证支持。城市群已成为中国区域经济最具发展活力及潜力的核心地区（方创琳，2011）。2017年，继国务院批复《北部湾城市群发展规划》，中国拥有了长三角城市群、珠三角城市群、京津冀城市群、北部湾城市群、成渝城市群、哈长城市群、中原城市群和长江中游城市群八大城市群。作为中国区域经济发展战略的主要依托，城市群也已发展成为带动中国经济社会可持续发展的重要载体。因此，以中国主要城市群政府间税收竞争为研究对象，深入探究其存在性、性质和程度等问题则具有重要的理论意义和现实价值。

第二节　数据来源说明及研究思路

一、数据来源说明

依据前文分析，本书研究是以中国八大城市群为空间研究单元，数据样本期选取为 2005～2013 年。虽然客观上存在一定的滞后性，但是这样的安排也是受限于城市税收数据的可获得性，并且也满足了研究之需。加之，梳理目前中国城市级别的税收问题研究，不难发现，主流研究且发表在国内权威经济学期刊的相关论文也均是基于这一样本期。因此，本书最终选择中国八大城市群中的 145 个地级市作为研究样本，考察期确定为 2005～2013 年。数据源于样本期内历年的《中国城市统计年鉴》《中国区域经济统计年鉴》以及中经网统计数据库等。

二、研究思路

本章研究基于税负占比的研究数据，先后采用全局和局部莫兰指数（Moran's I）来考察中国城市群地方政府间税收竞争的时空格局特点，并构建城市群的地理空间权重矩阵对其进行空间关联性分析。

（一）全局莫兰指数

为了区分地方政府税收负担是否在地理空间上存在邻接关系进而界定税收竞争，我们借鉴安瑟兰（Anselin，1988）的研究方法，尝试采用全局莫兰指数（Global Moran's I）对中国八大城市群地方政府间税收竞争在空间层面上的相关性进行考察。全局莫兰指数是从全局层面上用于衡量空间邻近区域或者空间邻接区域的属性值所具有的相关性差异程度的一种指标，是测算地理属性值空间关联性的重要方法。其计算公式如下：

$$\text{Global Moran's I} = \frac{n \sum\limits_{i=1}^{n} \sum\limits_{j=1}^{n} w_{ij}(x_i - \bar{x})(x_j - \bar{x})}{\sum\limits_{i=1}^{n} \sum\limits_{j=1}^{n} w_{ij} \sum\limits_{i=1}^{n} (x_i - \bar{x})^2}$$

$$= \frac{\sum\limits_{i=1}^{n} \sum\limits_{j=1}^{n} w_{ij}(x_i - \bar{x})(x_i - \bar{x})}{S^2 \sum\limits_{i=1}^{n} \sum\limits_{j=1}^{n} w_{ij}} \qquad (2-1)$$

其中，$S^2 = \dfrac{1}{n} \sum\limits_{i=1}^{n} (x_i - \bar{x})^2$，$\bar{x} = \dfrac{1}{n} \sum\limits_{i=1}^{n} x_i$，$n$ 为城市个数，w_{ij} 为空间权重矩阵的单个元素，$\sum\limits_{i=1}^{n} \sum\limits_{j=1}^{n} w_{ij}$ 为所有空间权重元素之和。x_i 分别代表中国城市群中样本城市 i 的总体税收、增值税、营业税、企业所得税和个人所得税等税收竞争指标值，在此空间计量实证模型框架下即为总体税收、增值税、营业税、企业所得税和个人所得税等税收负担。

根据安瑟兰（Anselin, 1988）的研究，全局莫兰指数的取值范围为 [-1, 1]，大于 0 时意味着观察变量之间存在空间正相关关系，小于 0 时意味着观察变量之间存在空间负相关的关系；接近于 0 则表示空间分布是随机的，若等于 0 则表示空间独立分布。全局莫兰指数绝对值衡量的是空间相关程度的大小，绝对值越大则代表空间相关程度越高。

（二）局部莫兰指数

全局莫兰指数可以揭示在样本期内的某一年份里整体观测对象的空间相关性，但是无法有效刻画出某个观测对象的空间集聚特征。比如，如果一部分城市的税收负担是负相关，而另一部分城市的税收负担是正相关，二者相抵后必然无法对不同城市之间的空间差异性及分布特征进行描述。安瑟兰（Anselin, 2010）研究发现，可以在全局测量的基础上进一步检验研究对象之间是否存在相异或相似的情形。因此，本节采用局部莫兰指数（Local Moran's I）来进一步研究各样本城市税收负担的空间相关关系。其中，局部莫兰指数的测算公式如下：

$$\text{Local Moran's I} = \frac{(x_i - \bar{x})}{S^2} \sum_{j=1}^{n} w_{ij}(x_j - \bar{x}) \qquad (2-2)$$

其中，相关数据变量的含义和式（2-1）相同，此处不再赘述。在既往研究文献中，局部莫兰指数通常使用莫兰散点图来加以衡量。局部莫兰散点图的四个象限分别表示 High-High 集聚、Low-High 集聚、Low-Low 集聚、High-Low 集聚，其中 High-High 集聚和 Low-Low 集聚表示空间相关系数为正值，而 Low-High 集聚和 High-Low 集聚表示空间相关性指数为负值。

（三）地理空间权重矩阵

本章主要采用以下三种地理空间权重矩阵加以衡量。

一是地理相邻空间权重矩阵 W_{ij}^1。中国城市群中的任何两个城市之间若存在公共边界，则 W_{ij}^1 为 1，代表存在空间相关关系；若城市群任意两个城市之间不存在公共边界，则 W_{ij}^1 为 0，意即不存在空间相关性。地理相邻空间矩阵元素满足式（2-3），其中，i 和 j 分别代表城市 i 和 j。

$$W_{ij}^1 = \begin{cases} 1, 空间单元相邻 \\ 0, 空间单元不相邻 \end{cases} \qquad (2-3)$$

二是地理距离空间权重矩阵 W_{ij}^2。根据托布勒（Tobler，1970）提出的地理学第一定律，现实中万物都存在关联，距离越近关系越紧密，距离越远则关系越疏远，从而构建一阶反地理距离权重矩阵，具体如下：

$$W_{ij}^2 = \begin{cases} 0, & i = j \\ 1/d_{ij}, & i \neq j \end{cases} \qquad (2-4)$$

式（2-4）中，d_{ij} 代表不同城市 i 和 j 之间的地理距离，采用城市地理中心之间的距离来衡量。

三是经济距离空间权重矩阵 W_{ij}^3。采用不同城市 i 和 j 在样本期间的地区生产总值的平均差值的倒数加以衡量，其设定公式如下：

$$W_{ij}^3 = \begin{cases} 0, & i = j \\ 1/\left|\overline{GDP_i} - \overline{GDP_j}\right|, & i \neq j \end{cases} \qquad (2-5)$$

当然，本章所涉及的地理空间权重矩阵都经过了行标准化处理。

第三节　地方政府间总体税收竞争存在性检验

一、全局莫兰指数检验

我们在前文设定的三种空间权重矩阵下测算 2005～2013 年中国城市群总体税收负担的全局莫兰指数，具体结果如表 2-1 所示。

表 2-1　2005～2013 年中国城市群总体税收负担的全局莫兰指数检验结果

年份	地理相邻空间权重矩阵		地理距离空间权重矩阵		经济距离空间权重矩阵	
	莫兰指数	P 值	莫兰指数	P 值	莫兰指数	P 值
2005	0.074	0.001	0.029	0.000	0.182	0.000
2006	0.075	0.001	0.030	0.000	0.188	0.000
2007	0.070	0.001	0.028	0.001	0.176	0.000
2008	0.070	0.001	0.028	0.001	0.179	0.000
2009	0.073	0.001	0.029	0.001	0.181	0.000
2010	0.083	0.000	0.035	0.000	0.209	0.000
2011	0.072	0.001	0.029	0.001	0.176	0.000
2012	0.072	0.001	0.029	0.001	0.171	0.000
2013	0.068	0.002	0.026	0.002	0.162	0.000

结合表 2-1 测算的有关结果，我们可以得到三点结论。

第一，从整体上看，2005～2013 年的研究样本期内，中国八大城市群地方政府间总体税收竞争全局莫兰指数在三种空间权重矩阵下均在 1% 的统计水平上强烈拒绝"无空间自相关"的原假设，表明中国城市群地方政府的总体税收负担具有显著的空间依赖特征。这种依赖特征表现为：一是城市群地方政府间总体税收之间存在明显的正向空间关联性，即总体税收竞争水平相似（高高或低低）的地区在地理空间上呈现集聚分布的格局态势，且其在空间地理分布的结构化特征显著；二是城市群地方政府间的总体税收负担存在竞争策略行为，意味着税收负担在中国城市群的不同地区间存在强烈显著的空间溢出效应。

第二，从纵向发展变化上看，城市群地方政府间总体税收的全局莫兰指数分别由 2005 年的 0.074、0.029 和 0.182 减少到 2013 年的 0.068、0.026 和 0.162，莫兰指数出现稳中有降的演变轨迹。这一点我们通过绘制中国城市群总体税收竞争的全局莫兰指数趋势变动图（见图 2 - 1）可以看得更加清楚，观察到莫兰指数的变化较为稳定，也从侧面反映了城市群总体税收竞争的不均衡程度由增强到减弱的逐步变化过程。同时，三种空间权重矩阵下的自相关程度从高到低的表现也呈现分化明显的特征，其中中国城市群总体税收负担自相关程度在经济距离空间权重矩阵下最高，其次为地理相邻空间权重矩阵，而地理距离空间权重矩阵的自相关程度最低。

图 2 - 1   2005～2013 年中国城市群总体税收竞争的全局莫兰指数趋势变动

第三，上述结论在三种空间权重矩阵下均稳健存在，即如果本地区的地方政府强化或弱化其总体税收竞争策略，则那些与本地区存在地理空间相邻、地理距离空间邻近和经济空间距离接近的地方政府也会采取相同的策略。换言之，在中国八大城市群中，总体税收负担较高的城市与同样较高税负的相邻，而税收负担较低的城市被同样较低税负的城市包围，总体税收负担在其空间相关性上呈现出"一荣俱荣，一损俱损"的格局，这使得地方政府间的总体税收策略行为呈现出相互竞争的态势。

二、局部莫兰指数检验

根据局部莫兰指数的测算结果,我们绘制了样本期内中国八大城市群 145 个城市总体税收负担的局部莫兰散点图,并选取 2005 年和 2013 年的横截面数据进行重点对比分析。为了保证有关结果的稳健可靠,我们同时绘制了三种空间权重下的样本城市总体税收负担的局部莫兰散点图(见图 2 – 2 ~ 图 2 – 7)。

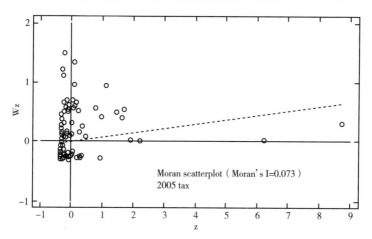

图 2 – 2 2005 年地理相邻空间权重矩阵下总体税收负担的局部莫兰散点图

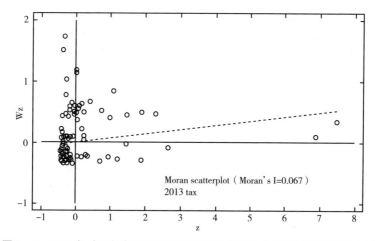

图 2 – 3 2013 年地理相邻空间权重矩阵下总体税收负担的局部莫兰散点图

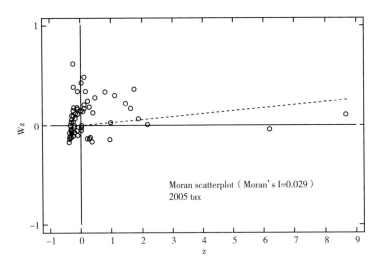

图2-4　2005年地理距离空间权重矩阵下总体税收负担的

局部莫兰散点图

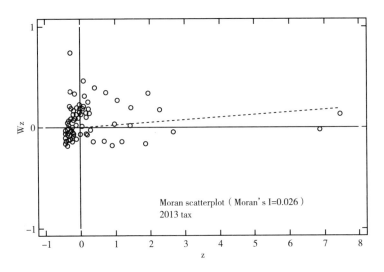

图2-5　2013年地理距离空间权重矩阵下总体税收负担的

局部莫兰散点图

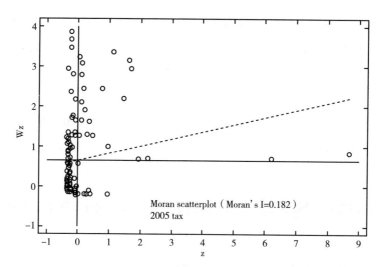

图 2 - 6　2005 年经济距离空间权重矩阵下总体税收负担的局部莫兰散点图

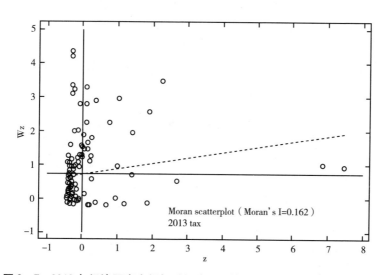

图 2 - 7　2013 年经济距离空间权重矩阵下总体税收负担的局部莫兰散点图

对比图 2 - 2 ~ 图 2 - 7，我们不难发现，无论是 2005 年还是 2013 年的莫兰散点图，绝大多数城市的总体税收负担均位于第三象限，即 Low-Low 集聚板块，这表明结果是具有稳健性的。同时，这也验证了虽然样本期内中国城市群地方政府间总体税收负担的空间相关性有所降低，但空间集聚模式并没有发生根本性改变。

综合以上分析,我们可以初步得到以下几点结论:第一,中国城市群地方政府间总体税收负担存在税收竞争的策略行为。第二,中国城市群地方政府间总体税收负担的全局空间相关与局域空间相关之间具有密切联系,空间地理位置对总体税收负担具有重要影响。因此,我们将进一步充分考虑地理位置的影响,使用空间计量模型进一步分析和识别中国城市群地方政府间总体税收竞争的策略类型。

第四节　地方政府间分税种税收竞争存在性检验

一、增值税税收竞争的存在性检验

(一)全局莫兰指数检验

笔者使用前文测算公式及设定的三种空间权重矩阵测算了2005~2013年增值税税收负担的全局莫兰指数,具体结果如表2-2所示。

表2-2　　2005~2013年中国城市群增值税税收的全局莫兰指数检测结果

年份	地理相邻权重矩阵		地理距离权重矩阵		经济距离权重矩阵	
	莫兰指数	P值	莫兰指数	P值	莫兰指数	P值
2005	0.338	0.000	0.164	0.000	0.326	0.000
2006	0.351	0.000	0.166	0.000	0.344	0.000
2007	0.333	0.000	0.160	0.000	0.329	0.000
2008	0.372	0.000	0.177	0.000	0.359	0.000
2009	0.383	0.000	0.184	0.000	0.362	0.000
2010	0.374	0.000	0.187	0.000	0.374	0.000
2011	0.355	0.000	0.177	0.000	0.342	0.000
2012	0.360	0.000	0.176	0.000	0.364	0.000
2013	0.390	0.000	0.188	0.000	0.370	0.000

从表2-2测算结果看,样本期内增值税税收负担的莫兰指数均为正值,且在1%统计水平上均强烈拒绝"无空间自相关"的原假设,这说明中国城

市增值税税收负担具有显著的空间依赖特征，即从全局视角上看，增值税存在税收竞争策略行为，且增值税呈现出显著的正向自相关效应；结论在三种空间权重矩阵下均稳健存在，即如果本地区的地方政府强化或弱化税收竞争策略，则那些与本地区存在地理相邻、地理距离邻近和经济空间距离接近的地方政府也会采取相同的策略。换言之，增值税较高的城市与同样较高税负的城市相邻，而增值税较低的城市被同样较低税负的城市包围，增值税在其空间相关性上呈现出"一荣俱荣，一损俱损"的格局，这使得地方政府间的增值税税收政策行为呈现出竞争态势。此外，我们通过绘制中国城市群增值税税收竞争的全局莫兰指数趋势变动图（见图2-8），观察到莫兰指数的变化较为稳定，且三种空间权重矩阵下的自相关程度从高到低呈现两极分化的演变趋势，其中地理距离权重矩阵下自相关程度最低，而地理相邻权重矩阵的自相关程度则略高于经济距离权重矩阵的自相关程度。

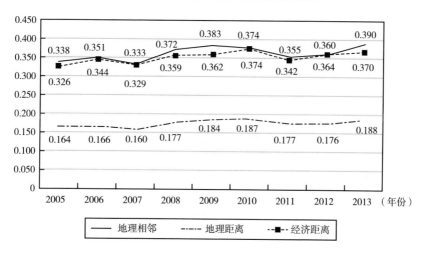

图2-8　2005～2013年中国城市群增值税税收竞争的全局莫兰指数趋势变动

（二）局部莫兰指数检验

同样采用局部莫兰指数的测算公式，选取2005年和2013年的横截面数据进行分析。根据测算结果，本章绘制了样本期内中国145个城市增值税税收负担的局部莫兰散点图（见图2-9～图2-14）。

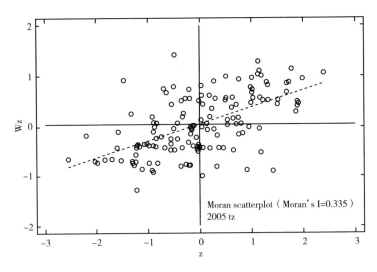

图 2 - 9 2005 年地理相邻权重矩阵下中国城市群增值税税收负担莫兰散点图

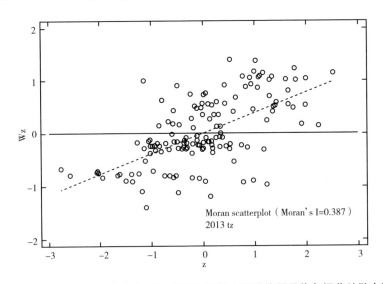

图 2 - 10 2013 年地理相邻权重矩阵下中国城市群增值税税收负担莫兰散点图

对比图 2 - 9 ~ 图 2 - 14，我们不难发现，无论是 2005 年还是 2013 年的局部莫兰散点图，绝大多数城市的增值税均位于 High-High 集聚板块和 Low-Low 集聚板块，这表明结果是具有稳健性的。同时，也发现样本期内中国城市增值税的空间相关性不断增强，但空间集聚模式并没有发生太大变化。

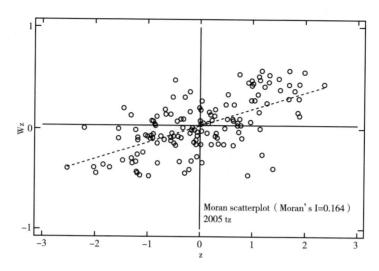

图 2-11　2005 年地理距离权重矩阵下中国城市群增值税税收负担莫兰散点图

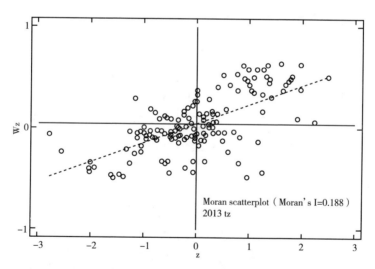

图 2-12　2013 年地理距离权重矩阵下中国城市群增值税税收负担莫兰散点图

综合以上分析，我们可以初步得到以下几点结论：第一，中国城市群地方政府间增值税存在税收竞争的策略行为。第二，中国城市群地方政府间增值税的全局空间相关与局域空间相关之间具有密切联系，空间地理位置对增值税具有重要影响。因此，本章有必要进一步充分考虑地理位置的影响，使用空间计量模型进一步分析和识别中国城市群增值税税收竞争的策略类型。

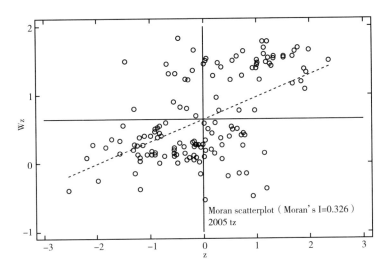

图 2 - 13　2005 年经济距离权重矩阵下中国城市群增值税税收负担莫兰散点图

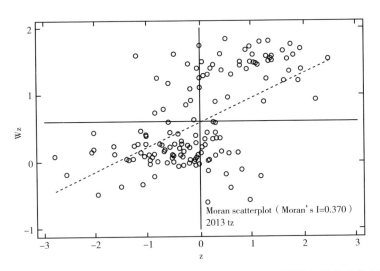

图 2 - 14　2013 年经济距离权重矩阵下中国城市群增值税税收负担莫兰散点图

二、营业税税收竞争的存在性检验

(一) 全局莫兰指数检验

我们同样借鉴安瑟兰 (Anselin, 1988), 拟使用前文测算公式及设定的三种空间权重矩阵测算 2005～2013 年中国城市群地方政府间营业税税收负担的全局莫兰指数，具体结果如表 2－3 所示。

表 2－3　　2005～2013 年中国城市群营业税税收的全局莫兰指数检测结果

年份	地理相邻权重矩阵		地理距离权重矩阵		经济距离权重矩阵	
	莫兰指数	P 值	莫兰指数	P 值	莫兰指数	P 值
2005	0.293	0.000	0.141	0.000	0.243	0.000
2006	0.293	0.000	0.141	0.000	0.243	0.000
2007	0.290	0.000	0.142	0.000	0.247	0.000
2008	0.300	0.000	0.143	0.000	0.254	0.000
2009	0.293	0.000	0.139	0.000	0.253	0.000
2010	0.331	0.000	0.153	0.000	0.312	0.000
2011	0.304	0.000	0.131	0.000	0.238	0.000
2012	0.354	0.000	0.153	0.000	0.262	0.000
2013	0.340	0.000	0.148	0.000	0.245	0.000

从表 2－3 测算结果看，样本期内营业税税收负担的莫兰指数均为正值，且在 1% 统计水平上均强烈拒绝"无空间自相关"的原假设，这说明中国城市营业税税收负担具有显著的空间依赖特征，即从全局视角看，营业税存在税收竞争策略行为，且营业税呈现出显著的正向自相关效应；结论在三种空间权重矩阵下均稳健存在，即如果本地区的地方政府强化或弱化税收竞争策略，则那些与本地区存在地理相邻、地理距离邻近和经济空间距离接近的地方政府也会采取相同的策略。换言之，营业税较高的城市与同样较高税负的相邻，而营业税较低的城市被同样较低税负的城市包围，营业税在其空间相关性上呈现出"一荣俱荣，一损俱损"的格局，这使得地方政府间的营业税税收政策行为呈现出竞争态势。此外，我们通过绘制中国城市群营业税税收竞争的全局莫兰指数趋势变动图（见图 2－15），观察到莫兰指数的变化分化最为明显，且三种空间权重矩阵下的自相关程度均呈现为逐年递增的趋势，其中营业税的地理相邻权重矩阵下自相关程度最高，经济距离权重矩阵的自相关程度居中，而地理距离权重矩阵的自相关程度最低。

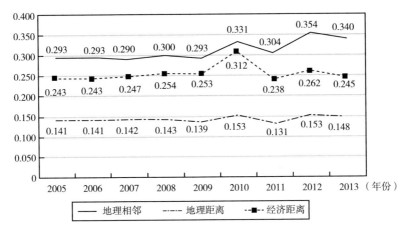

图2-15　2005~2013年中国城市群营业税税收竞争的全局莫兰指数趋势变动

（二）局部莫兰指数检验

本章结合局部莫兰散点图，试图揭示中国城市群地方政府的营业税税收负担在空间上究竟存在何种空间集聚模式，同样采用局部莫兰指数的测算公式，选取2005年和2013年的横截面数据进行分析，并根据测算结果，绘制了样本期内中国城市群145个城市地方政府的营业税税收负担的局部莫兰散点图（见图2-16~图2-21）。

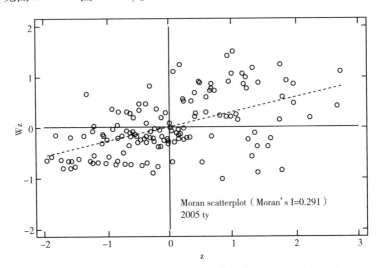

图2-16　2005年地理相邻权重矩阵下中国城市群营业税税收负担莫兰散点图

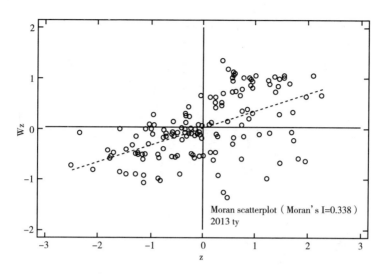

图 2 - 17　2013 年地理相邻权重矩阵下中国城市群营业税税收负担莫兰散点图

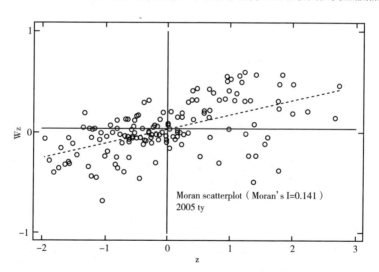

图 2 - 18　2005 年地理距离权重矩阵下中国城市群营业税税收负担莫兰散点图

对比图 2 - 16～图 2 - 21，我们不难发现，无论是 2005 年还是 2013 年的莫兰散点图，绝大多数城市的营业税均位于 High-High 集聚板块和 Low-Low 集聚板块，这表明结果是具有稳健性的。同时，也发现样本期内中国城市群地方政府的营业税的空间集聚模式没有发生太大变化。

综合以上分析，我们可以初步得到以下几点结论：第一，中国城市群地方

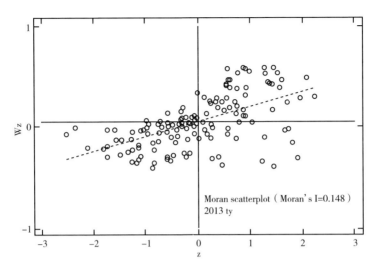

图 2 - 19 2013 年地理距离权重矩阵下中国城市群营业税税收负担莫兰散点图

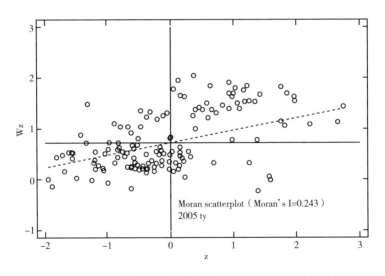

图 2 - 20 2005 年经济距离权重矩阵下中国城市群营业税税收负担莫兰散点图

政府间营业税存在税收竞争的策略行为。第二,中国城市群地方政府间营业税的全局空间相关与局域空间相关之间具有密切联系,空间地理位置对营业税具有重要影响。因此,我们认为有必要充分考虑地理位置的影响,使用空间计量模型进一步分析和识别中国城市群地方政府间营业税税收竞争的策略类型。

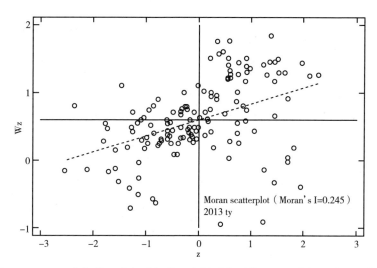

图2-21　2013年经济距离权重矩阵下中国城市群营业税税收负担莫兰散点图

三、企业所得税税收竞争的存在性检验

(一) 全局莫兰指数检验

我们同样采用全局莫兰指数进行中国城市群地方政府的企业所得税税收负担空间相关性的衡量，即使用前文测算公式及设定的三种空间权重矩阵测算2005~2013年中国城市群地方政府的企业所得税税收负担的全局莫兰指数，具体结果如表2-4所示。

表2-4　2005~2013年中国城市群企业所得税税收的全局莫兰指数检测结果

年份	地理相邻权重矩阵		地理距离权重矩阵		经济距离权重矩阵	
	莫兰指数	P 值	莫兰指数	P 值	莫兰指数	P 值
2005	0.278	0.000	0.128	0.000	0.269	0.000
2006	0.276	0.000	0.132	0.000	0.265	0.000
2007	0.269	0.000	0.133	0.000	0.258	0.000
2008	0.264	0.000	0.129	0.000	0.262	0.000
2009	0.249	0.000	0.124	0.000	0.263	0.000

年份	地理相邻权重矩阵		地理距离权重矩阵		经济距离权重矩阵	
	莫兰指数	P 值	莫兰指数	P 值	莫兰指数	P 值
2010	0.262	0.000	0.134	0.000	0.289	0.000
2011	0.209	0.000	0.109	0.000	0.223	0.000
2012	0.206	0.000	0.110	0.000	0.213	0.000
2013	0.175	0.000	0.094	0.000	0.180	0.000

从表 2 - 4 测算结果看，样本期内中国城市群地方政府的企业所得税税收
负担的莫兰指数均为正值，且在 1% 统计水平上均强烈拒绝"无空间自相关"
的原假设，这说明中国城市群地方政府间企业所得税税收负担具有显著的空
间依赖特征，即从全局视角看，企业所得税存在税收竞争策略行为，且企业
所得税呈现出显著的正向自相关效应；结论在三种空间权重矩阵下均稳健存
在，即如果本地区的地方政府强化或弱化税收竞争策略，则那些与本地区存
在地理相邻、地理距离邻近和经济空间距离接近的地方政府也会采取相同的
策略。换言之，企业所得税较高的城市与同样较高税负的相邻，而企业所得
税较低的城市被同样较低税负的城市包围，企业所得税在其空间相关性上呈
现出"一荣俱荣，一损俱损"的格局，这使得地方政府间的企业所得税税收
政策行为呈现出竞争态势。此外，我们通过绘制中国城市群企业所得税税收
竞争的全局莫兰指数趋势变动图（见图 2 - 22），观察到莫兰指数的变化与增

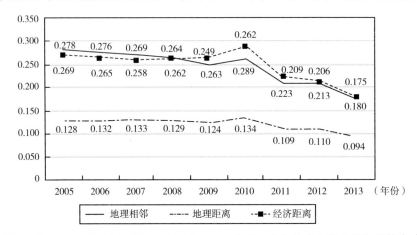

图 2 - 22　2005 ~ 2013 年中国城市群企业所得税税收竞争的全局莫兰指数趋势变动

值税、个人所得税的变化存在较大不同，企业所得税的自相关程度呈现较为明显的递减趋势；相比较而言，三种空间权重矩阵下，企业所得税的经济距离权重矩阵下自相关程度最高，地理相邻权重矩阵的自相关程度仅次于经济距离权重矩阵，而地理距离权重矩阵下自相关程度最低。

（二）局部莫兰指数检验

本章结合局域莫兰散点图，试图揭示中国城市群地方政府的企业所得税税收负担在空间上究竟存在何种的空间集聚模式。同样，我们采用局部莫兰指数的测算公式，选取 2005 年和 2013 年的横截面数据进行分析，并根据测算结果，绘制了样本期内中国 145 个城市企业所得税税收负担的局部莫兰散点图（见图 2 - 23 ~ 图 2 - 28）。

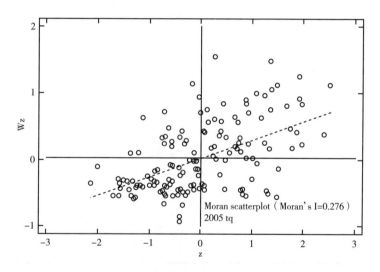

图 2 - 23　2005 年地理相邻权重矩阵下中国城市群企业所得税税收负担莫兰散点图

对比图 2 - 23 ~ 图 2 - 28，我们不难发现，无论是 2005 年还是 2013 年的莫兰散点图，绝大多数城市的企业所得税均位于 High-High 集聚板块和 Low-Low 集聚板块，这表明结果是具有稳健性的。同时，也发现样本期内中国城市群地方政府企业所得的空间集聚模式没有发生太大变化。

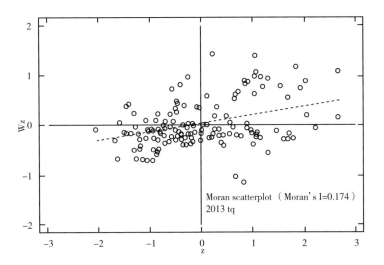

**图 2 - 24　2013 年地理相邻权重矩阵下中国城市群企业所得税税收
负担莫兰散点图**

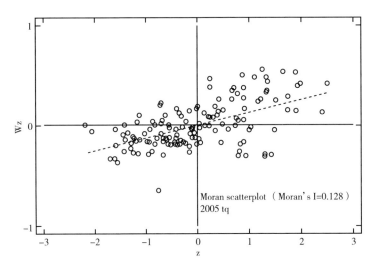

**图 2 - 25　2005 年地理距离权重矩阵下中国城市群企业所得税税收
负担莫兰散点图**

综合以上分析，我们可以初步得到以下几点结论：第一，中国城市群地
方政府间企业所得税存在税收竞争的策略行为。第二，中国城市群地方政府
间企业所得税的全局空间相关与局域空间相关之间具有密切联系，空间地理

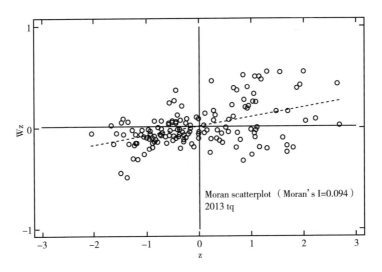

**图 2 - 26　2013 年地理距离权重矩阵下中国城市群企业所得税税收
负担莫兰散点图**

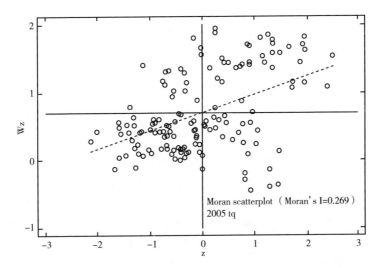

**图 2 - 27　2005 年经济距离权重矩阵下中国城市群企业所得税税收
负担莫兰散点图**

位置对企业所得税具有重要影响。因此，我们认为有必要充分考虑地理位置
的影响，使用空间计量模型进一步分析和识别中国城市群地方政府间企业所
得税税收竞争的策略类型。

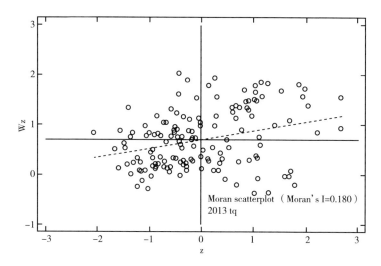

图 2 - 28　2013 年经济距离权重矩阵下中国城市群企业所得税税收

负担莫兰散点图

四、个人所得税税收竞争的存在性检验

（一）全局莫兰指数检验

我们同样借鉴安瑟兰（Anselin，1988），拟采用全局莫兰指数对中国城市群地方政府的个人所得税税收竞争在空间层面上的相关性进行考察，即使用前文测算公式及设定的三种空间权重矩阵测算 2005～2013 年中国城市群地方政府的个人所得税税收负担的全局莫兰指数，具体结果如表 2 - 5 所示。

表 2 - 5　　2005～2013 年中国城市群个人所得税税收的全局莫兰指数检测结果

年份	地理相邻权重矩阵		地理距离权重矩阵		经济距离权重矩阵	
	莫兰指数	P 值	莫兰指数	P 值	莫兰指数	P 值
2005	0.256	0.000	0.123	0.000	0.259	0.000
2006	0.267	0.000	0.128	0.000	0.268	0.000
2007	0.258	0.000	0.127	0.000	0.261	0.000
2008	0.279	0.000	0.135	0.000	0.283	0.000
2009	0.272	0.000	0.133	0.000	0.274	0.000

续表

年份	地理相邻权重矩阵		地理距离权重矩阵		经济距离权重矩阵	
	莫兰指数	P 值	莫兰指数	P 值	莫兰指数	P 值
2010	0.290	0.000	0.144	0.000	0.300	0.000
2011	0.256	0.000	0.130	0.000	0.250	0.000
2012	0.280	0.000	0.128	0.000	0.264	0.000
2013	0.264	0.000	0.121	0.000	0.255	0.000

从表 2 - 5 测算结果看，样本期内个人所得税税收负担的莫兰指数均为正值，且在 1% 统计水平上均强烈拒绝"无空间自相关"的原假设，这说明中国城市群个人所得税税收负担具有显著的空间依赖特征，即从全局视角上看，个人所得税存在税收竞争策略行为，且个人所得税呈现出显著的正向自相关效应；结论在三种空间权重矩阵下均稳健存在，即如果本地区的地方政府强化或弱化税收竞争策略，则那些与本地区存在地理相邻、地理距离邻近和经济空间距离接近的地方政府也会采取相同的策略。换言之，个人所得税较高的城市与同样较高税负的相邻，而个人所得税较低的城市被同样较低税负的城市包围，个人所得税在其空间相关性上呈现出"一荣俱荣，一损俱损"的格局，这使得地方政府间的个人所得税税收政策行为呈现出竞争态势。此外，我们通过绘制中国城市群个人所得税税收竞争的全局莫兰指数趋势变动图（见图 2 - 29），观察到莫兰指数的变化较为稳定，且三种空间权重矩阵下的

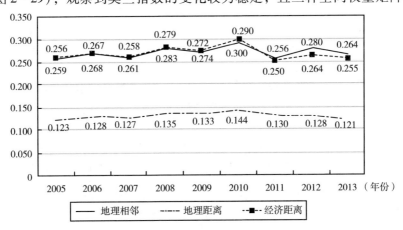

图 2 - 29　2005 ~ 2013 年中国城市群个人所得税税收竞争的全局莫兰指数趋势变动

自相关程度从高到低呈现两极分化的演变趋势，与增值税的变动趋势类似，个人所得税的地理距离权重矩阵下自相关程度最低，而地理相邻权重矩阵的自相关程度则略高于经济距离权重矩阵的自相关程度。

（二）局部莫兰指数检验

本章结合局域莫兰散点图，试图揭示中国城市群地方政府的个人所得税税收负担在空间上究竟存在何种的空间集聚模式，同样采用局部莫兰指数的测算公式，选取 2005 年和 2013 年的横截面数据进行分析。根据测算结果，本章绘制了样本期内中国城市群 145 个城市个人所得税税收负担的局部莫兰散点图（见图 2 - 30 ~ 图 2 - 35）。

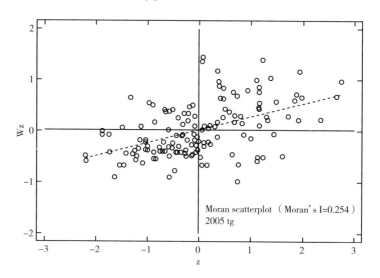

图 2 - 30　2005 年地理相邻权重矩阵下中国城市群个人所得税税收负担莫兰散点图

对比图 2 - 30 ~ 图 2 - 35，我们不难发现，无论是 2005 年还是 2013 年的莫兰散点图，中国城市群中的绝大多数地方政府的个人所得税均位于 High-High 集聚板块和 Low-Low 集聚板块，这表明结果是具有稳健性的。同时，也发现样本期内中国城市群地方政府的个人所得税的空间集聚模式没有发生太大变化。

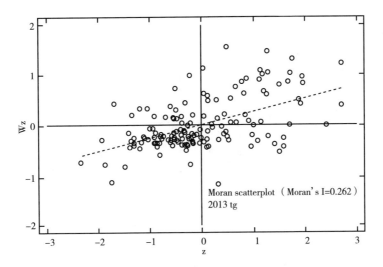

**图 2-31　2013 年地理相邻权重矩阵下中国城市群个人所得税税收
负担莫兰散点图**

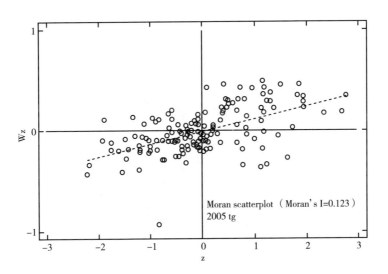

**图 2-32　2005 年地理距离权重矩阵下中国城市群个人所得税税收
负担莫兰散点图**

综合以上分析，我们可以初步得到以下几点结论：第一，中国城市群地
方政府的个人所得税存在税收竞争的策略行为。第二，中国城市群地方政府
的个人所得税的全局空间相关与局域空间相关之间具有密切联系，空间地理

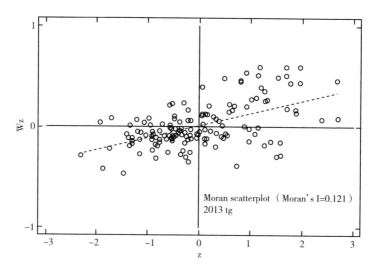

图 2-33　2013 年地理距离权重矩阵下中国城市群个人所得税税收负担莫兰散点图

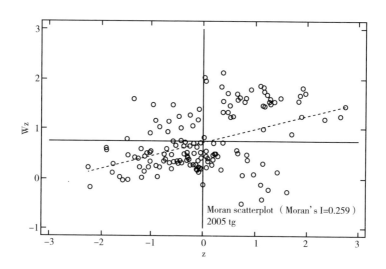

图 2-34　2005 年经济距离权重矩阵下中国城市群个人所得税税收负担莫兰散点图

位置对个人所得税具有重要影响。因此，我们认为有必要充分考虑地理位置的影响，使用空间计量模型进一步分析和识别中国城市群地方政府间个人所得税税收竞争的策略类型。

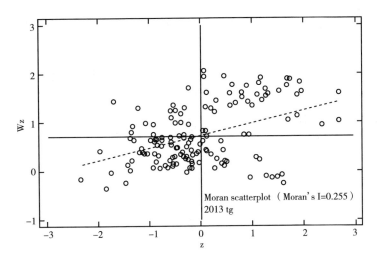

图 2 - 35　2013 年经济距离权重矩阵下中国城市群个人所得税税收
负担莫兰散点图

第五节　本章小结

　　本章对总体税收、增值税、营业税、企业所得税和个人所得税等税收竞争的存在性问题进行了探讨。本章研究认为：中国城市群地方政府间税收负担存在税收竞争的策略行为，该结论在三种地理空间权重矩阵下均稳健存在，即如果本地区的地方政府强化或弱化税收竞争策略，则那些与本地区存在地理相邻、地理距离邻近和经济空间距离接近的地方政府也会采取相同的策略。换言之，某种税负较高的城市与同样较高税负的城市相邻，而某种税负较低的城市被同样较低税负的城市包围，税负在其空间相关性上呈现出"一荣俱荣，一损俱损"的格局，这使得中国城市群地方政府间的税收政策行为呈现出竞争态势。但是需要注意的是，本章采用的方法是莫兰指数法，即通过空间数据的描述性统计来对经济现象进行初步探讨，所得到的结论也是建立在自相关单因素检验的基础上的，因此本章只是初步验证了地方政府间税收竞争的存在，但是对于竞争策略的具体形式还需要进一步加以检验识别。同时，本章的研究也发现，随着时间的变化，虽然样本期内中国城市群地方政府的税收负担的空间相关性有所降低，但其整体空间集聚模式并没有发生根本性改变。这意味着中国城市群地方政府间税收负担的全局空间相关与局域空间相关之间具有密切联系，空间地理位置对地方税收负担具有重要影响。据此，本书后文将使用空间计量模型对中国城市群地方政府间税收竞争的策略类型做进一步分析和识别研究。

第三章　中国城市群地方政府间税收竞争策略类型的识别研究

第一节　地方政府间横向税收竞争演化博弈模型的建构

在关于地方政府间横向税收竞争策略的既往研究文献中，可以发现，较多的理论研究是假设开展税收竞争的政府博弈方式符合完全理性人，这与现实情况存在一定脱节。在地方政府税收政策实践中，参与博弈的地方政府双方往往很难做到完全理性，而其做出的策略选择更多的是面对现实状况，不断调整修正后的动态博弈结果。遵从这个逻辑思路，采用有限理性的演化博弈来理论推演地方政府间的税收竞争行为则更加贴近现实，更具针对性。简而言之，地方政府作为政策博弈方，在有限理性的情况下，开展相互学习的迭代演进的博弈政策行为，并且这种政策行为的策略调整可以采用复制动态模型加以模拟验证。

地方政府间税收竞争集中表征为地方政府之间的税收策略互动行为，这种互动行为除了财政激励和政治激励机制外，地方政府之间的溢出效应也在改变着地方政府竞争行为。溢出效应具体是指地方政府的行为会改变其他地方政府偏好，从而使其行为具有明显空间依赖性。这种溢出效应源于税收政策具有较强的外部性和外溢性。由于中国处于社会主义初级阶段，中国经济社会发展的非均衡性特点还较为明显，据此本章将相邻的地方政府设定为博弈双方，相应的其博弈策略为强化或弱化税收竞争手段。当地方政府积极开展税收竞争时，比如执行税收优惠或者税收补贴政策，就能够在一定程度上吸引更多生产要素进入本地，从而促进当地经济社会发展；当地方政府未强化税收竞争手段，或者执行税收竞争政策的力度和广度存在差距时，地方政府缺乏一种吸引外资、技术等生产要素的政策手段，可能会降低当地经济社会发展的驱动程度。

假定地方政府 A 和地方政府 B 相邻并进行税收竞争策略的博弈，两个相邻地方政府的策略选择包括强化税收竞争政策和弱化税收竞争政策，其策略集为{强化，弱化}。地方政府 A 的税收竞争社会成本设定为 C_A，具体涵盖了强化税收竞争的政策成本和经济影响，其中政策成本是指地方政府强化税收竞争手段时投入的人力、物力和财力等要素成本，而经济影响则是地方政府强化税收竞争时给所辖区域经济发展造成的负面影响，比如减少或者疏忽科教文卫等非生产性公共物品的有效供给。令 E_A 为地方政府 A 强化税收竞争政策时所辖区域内的经济增长效应，P_A 为地方政府 A 弱化税收竞争政策时所辖区域内的经济增长效应，C_B、E_B 和 P_B 分别为地方政府 B 的相关指标。为反映地方政府间税收竞争策略的外部性，本章进一步设定 α 和 β 分别为地方政府 A 和 B 对彼此的外部溢出效应系数。在上述基本假定的基础上，构建地方政府 A 和 B 为 2×2 对称重复博弈，相应的地方政府间税收竞争博弈支付矩阵如图 3-1 所示。

		地方政府 B	
		强化税收竞争	弱化税收竞争
地方政府 A	强化税收竞争	$(-C_A + E_A + \beta E_B, -C_B + E_B + \alpha E_A)$	$(-C_A + E_A - \alpha P_B, -P_B + \alpha E_A)$
	弱化税收竞争	$(-P_A + \beta E_B, -C_B + E_B - \alpha E_A)$	$(-P_A - \beta P_B, -P_B - \alpha E_A)$

图 3-1　地方政府间税收竞争策略博弈的支付矩阵

在地方政府 A 群体中，设定强化税收竞争政策的地方政府占比为 x，相应地弱化税收竞争政策的地方政府占比则为 $1-x$。同理，在地方政府 B 群体中，设定强化和弱化税收竞争政策的地方政府占比分别为 y 和 $1-y$。进一步，通过复制动态方程，本章尝试数理模拟在有限理性条件下地方政府 A 和 B 之间的重复博弈过程。在地方政府 A 群体中，强化和弱化税收竞争政策的地方政府期望收益分别为 U_{A1} 和 U_{A2}，即：

$$U_{A1} = y(-C_A + E_A + \beta E_B) + (1-y)(-C_A + E_A - \beta P_B) \quad (3-1)$$

$$U_{A2} = y(-P_A + \beta E_B) + (1-y)(-P_A - \beta P_B) \quad (3-2)$$

地方政府 A 群体的平均期望收益为：

$$\bar{U}_A = xU_{A1} + (1-x)U_{A2} \quad (3-3)$$

地方政府 A 强化税收竞争政策的复制动态方程为：

$$F(x) = \frac{dx}{dt} = x(U_{A1} - \bar{U}_A) = x(1-x)(P_A + E_A - C_A) \quad (3-4)$$

同理，在地方政府 B 群体中，强化和弱化税收竞争政策的地方政府期望收益分别为 U_{B1} 和 U_{B2}，即：

$$U_{B1} = x(-C_B + E_B + \alpha E_A) + (1-x)(-C_B + E_B - \alpha P_A) \quad (3-5)$$

$$U_{B2} = x(-P_B + \alpha E_A) + (1-x)(-P_B - \alpha P_A) \quad (3-6)$$

地方政府 B 群体的平均期望收益为：

$$\bar{U}_B = yU_{B1} + (1-y)U_{B2} \quad (3-7)$$

地方政府 B 强化税收竞争政策的复制动态方程为：

$$F(y) = \frac{dy}{dt} = y(U_{B1} - \bar{U}_B) = y(1-y)(P_B + E_B - R_B) \quad (3-8)$$

其中，$P_A + E_A - C_A$ 和 $P_B + E_B - R_B$ 分别是地方政府 A 和 B 强化税收竞争政策的净收益。

令 $F(x) = 0$，可以得到地方政府 A 复制动态方程的纳什均衡点分别为 $x^* = 0$ 和 $x^* = 1$。当 $P_A + E_A - C_A > 0$ 时，$F(x) > 0$，$F(0) > 0$，$F(1) < 0$，$x^* = 1$ 为地方政府 A 的纳什均衡策略；当 $P_A + E_A - C_A < 0$ 时，$F(x) < 0$，$F(0) < 0$，$F(1) > 0$，$x^* = 0$ 为地方政府 A 的纳什均衡策略。类似地，令 $F(y) = 0$，可以得到地方政府 B 复制动态方程的纳什均衡点分别为 $y^* = 0$ 和 $y^* = 1$。当 $P_B + E_B - C_B > 0$ 时，$F(y) > 0$，$F(0) > 0$，$F(1) < 0$，$y^* = 1$ 为地方政府 B 的纳什均衡策略；当 $P_B + E_B - C_B < 0$ 时，$F(y) < 0$，$F(0) < 0$，$F(1) > 0$，$y^* = 0$ 为地方政府 B 的纳什均衡策略。

根据地方政府间税收竞争策略的纳什均衡点可知，地方政府对税收竞争策略的选择主要通过权衡税收竞争的收益和成本来确定。当税收竞争的经济社会增长收益大于成本时，即地方政府可以通过税收竞争，使用财政返还税收折扣等手段引致更多生产要素进入本地开办企业发展地方经济，由此带来的经济收益用于填补对科教文卫等民生性公共支出缺口，从而形成中国城市群地方政府间税收"标高竞争"的格局。当税收竞争的收益小于成本时，即在分权治理结构和以经济增长为目标的考核制度下，地方政府对地方经济利益的短期逐利加剧税收竞争的激烈程度，破坏税收中性，特别是扭曲了区域资源配置以及产业结构，阻碍了地方经济的发展，从而形成中国城市群地方政府间税收"逐底竞争"的格局。需要强调的是，地方政府间税收竞争政策存在较为明显的空间外溢效应，即当地方政府强化税收竞争政策时，不仅会让本地区受益，也要承担相邻地区开展税收竞争策略所带来的正向或负向溢出效应，加之各地区对流动性资源的税收竞争激励千差万别，地方政府可能选择不同的税收竞争策略，也可能形成中国城市群地方政府间税收"差异化竞争"的格局。

第二节　实证研究设计及变量说明

一、实证模型设定

地方政府因争夺流动性要素资源不可避免地会产生竞争行为，税收竞争的空间溢出通过影响地区竞争优势成为地方政府间开展税收竞争的关键要素。本节通过构建空间权重矩阵来衡量中国城市群的空间关系，并将地方政府的策略竞争行为纳入税收竞争反应函数，通过检验和讨论地方政府间税收竞争对经济增长的影响，来有效识别地方政府间税收竞争策略。地方政府间税收竞争会产生空间溢出效应，定义相关函数为：$Y_{it} = F(TAX_{it}, Z_{it}, TAX_{it}^*)$，其中 TAX_{it}^* 代表地方政府间税收竞争的空间外溢效应，此时使用非空间下的估计方法将导致一定的估计偏误问题。因此，本章引入能有效解决内生性问题的空间杜宾模型（spatial durbin model，SDM）。结合勒萨热和佩斯（LeSage &

Pace，2009）的研究可知，静态 SDM 的基本函数形式如下：

$$y_{it} = \alpha + \beta \sum_{j=1}^{N} w_{ij} y_{jt} + x_{it} \theta + \sum_{j=1}^{N} w_{ij} x_{ijt} \gamma + \mu_i + \sigma_t + \varepsilon_{it} \qquad (3-9)$$

基于上述考虑，本书用税收负担和税收负担空间滞后项的系数来判断地方政府间的税收竞争策略类型，并在此基础上进一步分析税收竞争的空间溢出，从而构建待估实证模型方程如下：

$$\begin{aligned} GDP_{it} &= \rho GDP_{it} + \beta_1 TAX_{it} + \lambda_1 WTAX_{it} + \beta_2 Z_{it} \\ &+ \lambda_2 WZ_{it} + \mu_i + \sigma_t + \varepsilon_{it} \end{aligned} \qquad (3-10)$$

式（3-10）中包含两类有待解释的变量参数。一是变量的含义。其中，GDP_{it} 为城市 i 在年份 t 的地区生产总值，TAX_{it} 为城市 i 在年份 t 的税收竞争，Z_{it} 为城市 i 在年份 t 的一系列控制变量，W 为空间权重矩阵。考虑到空间权重矩阵在空间计量模型中的关键地位和重要作用，对于 W 的设置，本章在后文将会专门加以具体阐述。二是估计参数的含义。其中，ρ 为被解释变量即经济增长的空间自回归系数，β_1 用来捕捉地区税收竞争对经济增长的影响，λ_1 用来捕捉税收竞争的空间溢出，β_2 表示其他控制变量对经济增长的影响，λ_2 表示其他控制变量的空间溢出，μ_i 和 σ_t 分别代表个体和时间效应，ε_{it} 为 SDM 模型的随机误差项。

如上一章，本章仍将主要采用三种地理空间权重矩阵加以衡量：一是地理相邻空间权重矩阵 W_{ij}^1。其具体设置如下：

$$W_{ij}^1 = \begin{cases} 1, & \text{空间单元相邻} \\ 0, & \text{空间单元不相邻} \end{cases} \qquad (3-11)$$

其中，i 和 j 分别代表城市 i 和 j。若城市群任意两个城市之间存在公共边界，W_{ij}^1 即为 1，代表存在空间相关关系；若城市群任意两个城市之间不存在公共边界，则 W_{ij}^1 为 0，意即不存在空间相关性。

二是地理距离空间权重矩阵 W_{ij}^2。根据托布勒（Tobler，1970）提出的地理学第一定律，现实中万物都存在关联，距离越近关系越紧密，距离越远则关系越疏远，从而构建一阶反地理距离权重矩阵，具体如下：

$$W_{ij}^2 = \begin{cases} 0, & i = j \\ 1/d_{ij}, & i \neq j \end{cases} \qquad (3-12)$$

式中，d_{ij} 代表不同城市 i 和 j 之间的地理距离，采用城市地理中心之间的距离来衡量。

三是经济距离空间权重矩阵 W_{ij}^3。采用不同城市 i 和 j 在样本期间的地区生产总值的平均差值的倒数加以衡量，其设定公式如下：

$$W_{ij}^3 = \begin{cases} 0, & i = j \\ 1/|\overline{GDP_i} - \overline{GDP_j}|, & i \neq j \end{cases} \quad (3-13)$$

当然，本章所涉及的空间权重矩阵都经过了行标准化处理。

通过考察对比 β_1 和 λ_1 的正负及大小，可以综合有效地识别出城市政府间税收竞争策略的类型，具体如表 3-1 所示。

表 3-1　　　　　　　地方政府间税收竞争策略的识别及具体释义

变量	$\beta_1 > 0$	$\beta_1 < 0$
$\lambda_1 > 0$	税收竞争促进本地区经济增长，地方政府间税收竞争采取标尺竞争策略	税收竞争阻碍本地区经济增长，地方政府间税收竞争采取差异化竞争策略
$\lambda_1 < 0$	税收竞争促进本地区经济增长，地方政府间税收竞争采取差异化竞争策略	税收竞争阻碍本地区经济增长，地方政府间税收竞争采取逐底竞争策略

对于表 3-1，我们可以从两个角度加以阐述。首先，若 $\beta_1 > 0$ 且通过显著性检验，则意味着政府间税收竞争将促进本地区经济增长；若 $\beta_1 < 0$ 且通过显著性检验，则意味着政府间税收竞争将阻碍本地区经济增长。其次，在判定 β_1 正负的基础上结合 λ_1 的方向，最终判定地方政府间税收竞争的策略。若 β_1 或者 λ_1 其中之一为 0 值，或者两者同时均为 0，则表示地方政府间税收竞争无策略互动。具体我们以 $\beta_1 > 0$ 为例来说明地方政府间税收的策略性竞争行为。地方政府间税收竞争包括税收标杆竞争、逐底竞争和差异化竞争（"你强我弱" 或 "你弱我强"）三种类型。$\beta_1 > 0$ 意味着政府间税收竞争将促进本地经济增长，邻近地区[①]的地方政府若采取实施或强化的税收竞争的策略将形成标尺竞争，也将有助于该地区的经济增长，这表明地方政府间税收竞争产生了正向的空间溢出效应（$\lambda_1 > 0$）。邻近地区的地方政府若采取不实施

---

① 为了区别后文中的地理相邻空间权重，我们于本章此处采用邻近地区加以区分，涵盖地理相邻、地理距离邻近和经济距离邻近三种邻近地区。

或弱化税收竞争的策略，则将形成差异化竞争，并抑制邻近地区经济增长，即地方政府间税收竞争产生负向的空间溢出效应（$\lambda_1 < 0$）。

这里我们要强调的一点是，地方政府间标杆税收竞争不一定代表地区税收收入的增加，同时标杆税收竞争的结果也不一定仅仅是地区税收收入的降低。换言之，地方政府间税收竞争可能是地区税收"竞高"之争，也可能是地区税收"竞低"之争，这主要体现在地方政府间标杆税收竞争之中，并且共同存在于中国地方政府的税收实践行为。进一步而言：一方面，虽然省级以下地方政府的税收裁量权有限，地区税收竞争的可操作空间日益缩小，并正由制度内的显性税收竞争行为逐渐转向制度外的边缘性税收竞争模式。但是，在当前以地区生产总值为主要导向的官员考核标准的激励机制下，地方政府仍然具有较大内生驱动力希冀通过税收竞争促进地区经济增长，从而以更低的实际税收负担来争取足够多的且相对稀缺的流动性要素资源（周黎安，2007）；同时，在现行税收体制的共享税之中，地方政府所获的实际税收收益比中央政府要少很多，但是地方却承担更多税收征管权责，这会进一步拉低地方政府的税收努力意愿（范子英和田彬彬，2016）。上述原因使得地方政府在开展税收竞争策略时，竞相降低税收负担，从而造成地方政府间税收负担的"竞低"格局。另一方面，政府官员的考核指标除了地区经济发展指标以外，财政指标也是重要内容之一，比如税务部门依然会以足额完成甚至超额完成年度税收计划作为核心任务，同时地方政府也需要发展经济来补充和增加地方公共预算支出。根据这些现实情况，我们也不难发现，地方政府为了提高财政绩效，也可能竞相提高地方税收负担，从而形成地方政府间税收的"竞高"行为。

二、相关指标设计

（一）被解释变量：经济增长（GDP）

我们采用地区生产总值数据作为衡量城市社会发展水平的指标，并以2005年为基期，使用生产总值平减指数进行有关价格因素平减。

（二）核心解释变量：税收竞争（*TAX*）

在关于税收竞争的空间计量研究框架下，较多文献采用税收负担作为衡量税收竞争的指标。我们参考并综合沈坤荣和付文林（2006）、郭杰和李涛（2009）、龙小宁等（2014）、王凤荣和苗妙（2015）、王华春等（2019）的做法，使用地方总体税收收入占地区生产总值的比重来定义，其值越大代表地方政府间税收竞争越激烈。此外，还分别使用了增值税、企业所得税、个人所得税以及营业税等分类税收收入占地区生产总值的比重，来定义地方政府间增值税（*TZ*）、营业税（*TY*）、企业所得税（*TQ*）及个人所得税（*TG*）的税收竞争政策行为。

（三）控制变量（*Z*）

参考相关文献（陆铭等，2005；干春晖等，2011；肖叶和贾鸿，2016）的做法，此处选择了如下控制变量：

（1）贸易开放度（*OPEN*）：借鉴肖叶和刘小兵（2018），采用当年平均汇率折算的城市对外贸易进出口总额占同期地区生产总值的比重来表示。

（2）物质资本存量（*K*）：借鉴刘常青等（2017）的研究，采用永续盘存法计算样本城市的物质资本存量，所用公式如下：$K_{it} = K_{i,t-1}(1 - \delta) + I_t$。其中以 2005 年作为物质资本存量估计的基准年，借鉴扬（Young，2003）和张军等（2004）的做法，用城市群中样本城市 2005 年的物质资本投资额除以10% 作为该市的初始资本存量，并把经济折旧率 δ 设置为近似值 9.6%。

（3）劳动力要素（*LABOR*）：采用城镇就业人口衡量。

（4）财政自给率（*FINANCE*）：为了反映政府财政收支对城市群经济增长的影响，借鉴肖鹏和樊蓉（2019）的做法，采用各城市财政收入占财政支出的比重来衡量。

（5）产业结构（*STRUC*）：考虑到我国主要依靠第二产业拉动经济增长，因此采用第二产业增加值占同期地区生产总值的比重来衡量。

（6）城镇化（*URBAN*）：根据《中国统计年鉴》的相关界定，城镇化率是指某个国家（地区）常住于城镇的人口在该国家（地区）总人口中所占的比重，本章采用常住人口与总人口的比值来衡量某个城市城镇化水平高低。需要说明的一点是，在 2004 年以前，我国除人口普查年份外，地级市人口常以户籍人口来统计而不是以常住人口，而且官方公布的城市统计数据也缺乏全市口径的常住人口数据；从 2004 年开始，国家统计局明确要求地级市人均地区生产总值统计要以常住人口为准（周一星和于海波，2004）。因此，本章采用邹一南和李爱民（2013）、张坤领和刘清杰（2019）的做法，通过城市生产总值除以人均生产总值来间接获取城市常住人口数据。

（7）外商直接投资（FDI）：采用当年平均汇率折算的城市实际外商直接投资总额表示。

（8）教育程度（EDUC）：采用一个城市高等教育在校生人数占城市总人口数的比重来衡量。

三、研究样本及数据来源

作为中国区域经济发展战略的重要依托，城市群也是中国区域经济最具发展活力及潜力的核心地区（方创琳，2011）。2017 年，继国务院批复《北部湾城市群发展规划》，中国已拥有了长三角城市群、珠三角城市群、京津冀城市群、北部湾城市群、成渝城市群、哈长城市群、中原城市群和长江中游城市群八大城市群。参考既有文献（钱金保和才国伟，2017）以及城市层面税收数据的可得性，本章最终选择这八大城市群中的 145 个地级市作为研究样本，考察期确定为 2005 ~ 2013 年。本章相关数据主要来源于历年《中国城市统计年鉴》《中国区域经济统计年鉴》以及中经网统计数据库。表 3 - 2 给出了涉及变量的描述性统计结果。为了降低异方差所带来的不必要的回归性偏误，本章对有关原始数据进行对数化等处理，并采用线性插值法进行了数据补缺。

表 3 - 2　　　　　相关变量描述性统计（观察值 = 1305）

变量符号	变量名称	均值	标准差	最小值	最大值
GDP	经济增长	6.071	0.872	4.190	8.924
TAX	税收竞争	60.77	14.16	15.66	92.91
TZ	增值税税收竞争	32.22	15.89	− 20.14	75.81

续表

变量符号	变量名称	均值	标准差	最小值	最大值
TG	个人所得税税收竞争	6.767	20.67	-54.01	66.12
TQ	企业所得税税收竞争	20.99	21.96	-46.56	76.09
TY	营业税税收竞争	40.26	16.47	-6.263	80.34
$OPEN$	贸易开放度	2.372	1.421	-1.843	5.858
K	物质资本存量	16.71	0.875	14.91	19.34
$LABOR$	劳动力要素	5.506	0.662	1.974	7.420
$FINANCE$	财政自给率	3.837	0.473	2.088	5.219
$STRUC$	产业结构	3.897	0.214	3.102	4.963
$URBAN$	城镇化	4.297	0.243	3.326	6.026
FDI	外商直接投资	2.785	1.619	-2.684	7.065
$EDUC$	教育程度	1.691	2.197	0	12.55

第三节　地方政府间总体税收竞争策略类型的识别

为了确定空间计量模型函数的合理形式，对应于前文设定的三种地理空间权重矩阵，我们主要通过式（3-10）对中国城市群总体税负采用如下检验方法：通过非空间效应下的 OLS 回归，分别得到拉格朗日乘数（LM）及其稳健统计量（R-LM），检验是选择使用空间自回归（SAR）还是空间误差模型（SEM），进一步判断是否存在空间效应，结果均显著拒绝"无空间自相关"的原假设，再次表明进行空间实证分析是必要的。进一步，根据埃洛斯特（Elhorst，2014）的研究，使用更具一般意义的空间杜宾模型（SDM）进行空间计量估计，并对静态空间杜宾模型进行 Hausman 检验，以判断回归模型是采用固定效应还是随机效应。Hausman 检验结果的 P 值均为 0.000，显著拒绝使用随机效应的原假设，表明回归模型适用固定效应。最后，对静态 SDM 进行 Wald 或 LR 检验，以判断其是否会弱化为 SAR 或 SEM 模型。具体检验结果如表 3-3 所示。

表 3 - 3   中国城市群总体税负静态 SDM 的 Wald 或 LR 检验结果

检验项	SDM/SAR			SDM/SEM		
	地理相邻	地理距离	经济距离	地理相邻	地理距离	经济距离
Wald 检验	129.19 ***	113.72 ***	183.54 ***	127.25 ***	96.20 ***	170.58 ***
LR 检验	130.16 ***	116.12 ***	179.39 ***	223.58 ***	125.55 ***	251.66 ***

注：*** 代表在1%统计水平上显著。

根据表 3 - 3 可知，三种空间权重矩阵下，对应于 SAR 模型，中国城市群总体税负的 Wald 和 LR 检验 P 值均在 1% 统计水平上显著拒绝 "SDM 模型可以简化为 SAR 模型" 的原假设，表明 SDM 模型不会简化成 SAR 模型；对应于 SEM 模型，总体税负的 Wald 和 LR 检验 P 值也均在 1% 统计水平上显著拒绝 "SDM 模型可以简化为 SEM 模型" 的原假设，表明 SDM 模型不会简化成 SEM 模型。综合可知，在三类空间权重矩阵中采用固定效应的 SDM 更适用于本章的空间计量估计。据此，我们采用李龙飞和余继海（Lee & Yu，2010）提出的偏误修正的准最大似然估计法（BC-QML）来估计中国城市群总体税负的时空双重固定效应静态 SDM 模型。具体结果如表 3 - 4 所示。

表 3 - 4   不同空间矩阵下中国城市群总体税收竞争的空间计量估计结果

变量	地理相邻权重矩阵	地理距离权重矩阵	经济距离权重矩阵
TAX	- 0.003 *** (0.001)	- 0.003 *** (0.001)	- 0.003 *** (0.001)
OPEN	- 0.009 ** (0.005)	- 0.003 (0.005)	- 0.006 (0.005)
URBAN	- 0.143 *** (0.016)	- 0.122 *** (0.016)	- 0.147 *** (0.015)
FINANCE	0.072 *** (0.012)	0.085 *** (0.013)	0.083 *** (0.013)
STRUC	- 0.130 *** (0.026)	- 0.106 *** (0.027)	- 0.137 *** (0.027)
K	0.163 *** (0.026)	0.152 *** (0.026)	0.136 *** (0.027)
LABOR	0.015 (0.010)	0.025 ** (0.010)	0.016 (0.011)

续表

变量	地理相邻权重矩阵	地理距离权重矩阵	经济距离权重矩阵
FDI	0.007 ** (0.003)	0.003 (0.003)	0.005 (0.003)
EDUC	−0.002 (0.004)	−0.003 (0.004)	−0.003 (0.004)
W · TAX	0.008 *** (0.001)	0.009 *** (0.002)	0.011 *** (0.001)
W · OPEN	0.033 ** (0.014)	0.124 *** (0.031)	0.006 (0.015)
W · URBAN	0.015 (0.035)	0.051 (0.058)	0.044 (0.030)
W · FINANCE	−0.069 *** (0.023)	−0.169 *** (0.043)	−0.097 *** (0.030)
W · STRUC	0.094 (0.062)	0.453 *** (0.125)	0.189 *** (0.058)
W · K	−0.051 (0.048)	0.048 (0.079)	−0.080 (0.052)
W · LABOR	0.100 *** (0.029)	0.112 * (0.066)	0.077 ** (0.034)
W · FDI	−0.029 *** (0.007)	−0.084 *** (0.015)	−0.042 *** (0.009)
W · EDUC	−0.023 * (0.012)	−0.092 *** (0.024)	−0.009 ** (0.005)
时间变量	控制	控制	控制
个体变量	控制	控制	控制
Log-Lik	1818.5605	1826.0021	1826.0021
R^2	0.7761	0.7838	0.7730
N	1305	1305	1305

注：*** 、** 和 * 分别代表在1%、5%和10%统计水平上显著。括号内为标准误。

根据表3-4的结果可知，在控制时间、个体效应以及一系列控制变量的前提下，三种不同空间权重矩阵的回归结果基本一致，表明本章的相关研究具有较好的稳健性。从核心解释变量（*TAX*）的估计结果看，城市群地方政府间税收竞争对本地经济增长的估计系数为负值，且在1%统计水平上显著；其他地区对本地经济增长的估计系数为正值，也均通过1%统计水平检验。结合表3-1中关于地方政府间税收竞争策略的识别界定，我们认为中国八大城市群地方政府间的总体税收竞争表现为差异化竞争，即：若本地区采取实施或强化的总体税收竞争策略，则邻近地区采取不实施或弱化的总体税收竞争策略；若本地区采取不实施或弱化的总体税收竞争策略，则邻近地区采取实施或强化的总体税收竞争策略。

第四节　地方政府间分税种税收竞争策略类型的识别

一、增值税税收竞争策略类型的识别

（一）SDM 对增值税税收竞争策略类型的识别

为了确定空间计量模型函数的合理形式，同样对应于前文设定的三种空间权重矩阵，通过式（3-10）首先对中国城市群增值税进行"无空间自相关"原假设的检验判断，然后进一步区分固定效应与随机效应，最终确定对静态 SDM 进行 Wald 或 LR 检验，以判断其是否会弱化为 SAR 或 SEM 模型。具体检验结果如表3-5所示。

表3-5　　中国城市群增值税静态 SDM 的 Wald 或 LR 检验结果

检验项	SDM/SAR			SDM/SEM		
	地理相邻	地理距离	经济距离	地理相邻	地理距离	经济距离
Wald 检验	70.19 ***	78.53 ***	112.61 ***	114.12 ***	82.71 ***	154.45 ***
LR 检验	71.64 ***	77.57 ***	112.13 ***	182.83 ***	106.62 ***	203.14 ***

注：*** 代表在1%统计水平上显著。

根据表3-5可知，在三种不同的空间权重矩阵下，对应于 SAR 模型，增值税税负的 Wald 和 LR 检验 P 值均在 1% 统计水平上显著拒绝 "SDM 模型可以简化为 SAR 模型"的原假设，表明 SDM 模型不会简化成 SAR 模型；对应于 SEM 模型，增值税税负的 Wald 和 LR 检验 P 值也均在 1% 统计水平上显著拒绝 "SDM 模型可以简化为 SEM 模型"的原假设，表明 SDM 模型不会简化成 SEM 模型。综合可知，在三类空间权重矩阵中采用固定效应的 SDM 更适用于本章的空间计量估计。据此，我们采用李龙飞和余继海（Lee & Yu，2010）提出的 BC-QML 方法来估计增值税的时空双重固定效应静态 SDM 模型。具体结果如表 3 – 6 所示。

表 3 – 6　　不同空间矩阵下中国城市群增值税税收竞争的空间计量估计结果

变量	地理相邻权重矩阵	地理距离权重矩阵	经济距离权重矩阵
TZ	0. 002 *** （0. 001）	0. 002 *** （0. 001）	0. 002 *** （0. 001）
$OPEN$	− 0. 016 *** （0. 005）	− 0. 011 ** （0. 005）	− 0. 014 *** （0. 005）
$URBAN$	− 0. 130 *** （0. 016）	− 0. 112 *** （0. 016）	− 0. 145 *** （0. 016）
$FINANCE$	0. 038 *** （0. 012）	0. 048 *** （0. 012）	0. 045 *** （0. 012）
$STRUC$	− 0. 181 *** （0. 026）	− 0. 169 *** （0. 027）	− 0. 203 *** （0. 027）
K	0. 132 *** （0. 025）	0. 125 *** （0. 026）	0. 089 *** （0. 027）
$LABOR$	0. 019 * （0. 010）	0. 027 ** （0. 010）	0. 024 ** （0. 011）
FDI	0. 007 * （0. 003）	0. 002 （0. 003）	0. 006 （0. 003）
$EDUC$	0. 001 （0. 004）	− 0. 001 （0. 004）	0 （0. 004）
$W \cdot TZ$	0. 005 *** （0. 001）	0. 004 ** （0. 002）	0. 008 *** （0. 001）
$W \cdot OPEN$	0. 026 * （0. 015）	0. 097 *** （0. 031）	0. 003 （0. 015）

续表

变量	地理相邻权重矩阵	地理距离权重矩阵	经济距离权重矩阵
$W \cdot URBAN$	-0.012 (0.036)	0.026 (0.059)	0.037 (0.030)
$W \cdot FINANCE$	-0.063 *** (0.023)	-0.138 *** (0.043)	-0.099 *** (0.030)
$W \cdot STRUC$	0.122 * (0.063)	0.507 *** (0.125)	0.255 *** (0.058)
$W \cdot K$	0.083 * (0.043)	0.165 ** (0.072)	0.087 * (0.047)
$W \cdot LABOR$	0.057 * (0.030)	0.076 (0.067)	0.039 (0.034)
$W \cdot FDI$	-0.026 *** (0.007)	-0.064 *** (0.015)	-0.037 *** (0.008)
$W \cdot EDUC$	-0.022 * (0.012)	-0.076 *** (0.023)	-0.010 ** (0.005)
时间变量	控制	控制	控制
个体变量	控制	控制	控制
$Log\text{-}Lik$	2117.5928	1816.3566	2118.6849
R^2	0.7772	0.7784	0.7688
N	1305	1305	1305

注: *** 、 ** 和 * 分别代表在1% 、5% 和10% 统计水平上显著。括号内为标准误。

根据表3-6的结果可知,在控制时间、个体效应以及一系列控制变量的前提下,三种不同空间权重矩阵的回归结果基本一致,表明本章的相关研究具有较好的稳健性。从核心解释变量(TZ)的估计结果看,增值税税收竞争对本地经济增长的估计系数为正值,且在1%统计水平上显著;其他地区对本地经济增长的估计系数为正值,也均通过1%统计水平检验。结合表3-1中关于地方政府间税收竞争策略类型的识别界定,我们认为中国八大城市群地方政府间增值税税收竞争表现为标杆竞争,即:若本地区采取实施或强化的增值税的税收竞争策略,则邻近地区采取实施或更强的增值税的税收竞争策略;若本地区采取不实施或弱化的增值税的税收竞争策略,则邻近地区也采取不实施或弱化的增值税的税收竞争策略。

（二）非对称反应模型对增值税税收竞争类型的细分识别

对于标杆税收竞争策略的研究，国内学者大多认为其会体现为"竞低"或"竞高"中的一种，但大多数研究只是通过传统空间计量模型的空间滞后项系数判断税收竞争是标杆竞争还是差异化竞争，而缺乏进一步对"竞低"或"竞高"两种效应的定量分析。邓慧慧和虞义华（2017）通过研究企业所得税发现，地方政府为争夺经济资源虽然进行税收竞争，但不能排除"竞高"和"竞低"效应同时存在的可能性。虽然高凤勤和徐震寰（2020）基于我国省级层面的数据，实证研究了个人所得税、企业所得税和增值税的税收竞争的"竞低"或"竞高"策略效应，但并未涉及对省级以下层面地方政府的"竞低"或"竞高"两种效应的定量分析。

前文研究显示，中国八大城市群地方政府间增值税税收竞争属于标杆竞争类型，本章将进一步借鉴高凤勤和徐震寰（2020）的研究，依托弗雷德里克松和米利米特（Fredriksson & Millimet，2002）提出的非对称反应模型，实现对地方政府间增值税标杆税收竞争所涵盖两种效应的分离和判定。对此，本章将采用如下形式的非对称反应模型的函数：

$$TZ_{it} = \alpha + \delta_1 d_{it} \sum_{j \neq i}^{N} w_{ij} TZ_{jt} + \delta_2 (1 - d_{it}) \sum_{j \neq i}^{N} w_{ij} TZ_{jt}$$
$$+ X\beta + \mu_i + \eta_t + \varepsilon_{it} \qquad (3 - 14)$$

其中，被解释变量 TZ_{it} 为第 t 年第 i 个城市的增值税税负；X 为控制变量矩阵，包括一系列影响社会和经济环境的变量，前文已有相关界定，此处不再赘述；$X\beta$ 表示该市相关解释变量对该市组织征收的增值税税收收入的影响。w_{ij} 为空间权重矩阵对应元素，$\sum_{j \neq i}^{N} w_{ij} TZ_{jt}$ 为经过空间权重矩阵加权过的除第 i 个城市之外的其他城市平均税收收入。μ_i 和 η_t 分别为衡量地区和时间的固定效应，且满足 $\sum_i \mu_i = \sum_t \eta_t = 0$，$\varepsilon_{it}$ 为随机误差项，服从独立同分布，且均值为 0，方差为 σ^2。d_{it} 为显示变量，$d_{it} \sum_{j \neq i}^{N} w_{ij} TZ_{jt}$ 和 $(1 - d_{it}) \sum_{j \neq i}^{N} w_{ij} TZ_{jt}$ 分别代表第一区制与第二区制中被解释变量之间的空间相互作用，在本章中，d_{it} 选取以下经典形式：

$$d_{it} = \begin{cases} 1, & \sum_{j \neq i}^{N} w_{ij} TZ_{jt} > \sum_{j \neq i}^{N} w_{ij} TZ_{jt-1} \\ 0, & \text{其他} \end{cases} \qquad (3-15)$$

其中，当 $\sum_{j \neq i}^{N} w_{ij} TZ_{jt} > \sum_{j \neq i}^{N} w_{ij} TZ_{jt-1}$ 时，d_{it} 为 1，此时的系数衡量竞高项的"标高竞争"倾向，此处将其称为增值税竞高效应系数；而当 $\sum_{j \neq i}^{N} w_{ij} TZ_{jt} \leqslant \sum_{j \neq i}^{N} w_{ij} TZ_{jt-1}$ 时，d_{it} 为 0，此时的系数衡量竞低项的"逐底竞争"倾向，此处将其称为增值税竞低效应系数。当竞高和竞低效应同时显著存在时，要通过比较系数大小来判断哪种效应占主导地位。当 $\delta_1 > \delta_2$ 时，意味着竞高倾向大于竞低倾向，地方政府间增值税整体呈现"逐顶竞争"的空间溢出效应；反之，$\delta_1 < \delta_2$ 时，意味着竞低效应大于竞高效应，地方政府间增值税整体呈现"逐底竞争"的空间溢出效应。表 3-7 为基于 2005～2013 年中国城市群的面板数据，具体考察三种空间权重矩阵下中国城市群地方政府间增值税税收竞争的非对称反应模型估计结果。

表 3-7　　　　中国城市群增值税的非对称反应模型估计结果

变量	地理相邻权重矩阵	地理距离权重矩阵	经济距离权重矩阵
竞高效应系数	0.1955 ***	0.1278 ***	0.0370 ***
竞低效应系数	0.2751 ***	0.5707 ***	0.2309 ***
GDP	5.5313 ***	5.7458 ***	5.2926 ***
OPEN	0.4237 *	0.4239 *	0.4069 *
FINANCE	3.4502 ***	3.4823 ***	3.8434 ***
STRUC	17.9692 *	17.6310 ***	17.9478 ***
URBAN	4.6111 ***	4.6297 ***	4.9224 ***
K	-1.6745 ***	-1.4621 ***	-1.6008 ***
LABOR	3.6795 ***	3.2787 ***	3.6071 ***
FDI	2.3520 ***	2.3326 ***	2.3975 ***
EDUC	0.4409 ***	0.4072 ***	0.4446 ***

变量	地理相邻权重矩阵	地理距离权重矩阵	经济距离权重矩阵
时间变量	控制	控制	控制
个体变量	控制	控制	控制
Log-Lik	−4368.2628	−4365.3259	−4366.0237
R^2	0.8136	0.8149	0.8140
N	1305	1305	1305

注：***、** 和 * 分别代表在 1%、5% 和 10% 统计水平上显著。

据表 3-7 可知，增值税在三种空间权重矩阵下的竞高效应系数与竞低效应系数均为正值，并且在 1% 统计水平上显著，这表明增值税的税收竞争体现为"竞高"效应与"竞低"效应并存，且以"竞低"效应为主。换句话说，在一定程度上说明我国城市群地方政府为了吸引更多的技术、资本等生产要素流入本地，往往会更加倾向于对企业等市场主体实施增值税退税或减免等税收优惠政策，以减少引入企业的增值税税负，进而增加本地区的政策吸引力。这一实证发现与"后营改增"时期的增值税改革的作用方向相一致，即不断降低增值税税收负担。

二、营业税税收竞争策略类型的识别

同理，为了确定空间计量模型函数的合理形式，我们对三种空间权重矩阵下式（3-10）对中国城市群营业税税负首先进行"无空间自相关"原假设的检验判断，然后进一步区分固定效应与随机效应，最终确定对静态 SDM 进行 Wald 或 LR 检验，以判断其是否会弱化为 SAR 或 SEM 模型。具体检验结果如表 3-8 所示。

表 3-8　　中国城市群营业税静态 SDM 的 Wald 或 LR 检验结果

检验项	SDM/SAR			SDM/SEM		
	地理相邻	地理距离	经济距离	地理相邻	地理距离	经济距离
Wald 检验	92.10***	88.10***	130.53***	114.98***	85.39***	151.40***
LR 检验	93.97***	88.91***	129.40***	194.52***	111.14***	202.45***

注：*** 代表在 1% 统计水平上显著。

根据表3－8可知，三种不同空间权重矩阵下，分别对应于 SAR 模型和 SEM 模型，营业税税负 Wald 或 LR 检验 P 值均在1%统计水平上显著拒绝 "SDM 模型可以简化为 SAR 模型" 的原假设和 "SDM 模型可以简化为 SEM 模型" 的原假设。综合可知，在三类空间权重矩阵中采用固定效应的 SDM 更适用于本章的空间计量估计。据此，我们同样采用李龙飞和余继海（Lee & Yu，2010）的做法，按照 BC-QML 方法来估计营业税的时空双重固定效应静态 SDM 模型。具体结果如表3－9所示。

表3－9　不同空间矩阵下中国城市群营业税税收竞争的空间计量估计结果

变量	地理相邻权重矩阵	地理距离权重矩阵	经济距离权重矩阵
TY	－0.001 （0.001）	－0.001 *** （0.001）	－0.001 （0.001）
$OPEN$	－0.011 ** （0.005）	－0.006 （0.005）	－0.009 * （0.005）
$URBAN$	－0.139 *** （0.016）	－0.120 *** （0.016）	－0.144 *** （0.016）
$FINANCE$	0.052 *** （0.012）	0.064 *** （0.012）	0.062 *** （0.012）
$STRUC$	－0.152 *** （0.026）	－0.132 *** （0.026）	－0.162 *** （0.027）
K	0.146 *** （0.027）	0.145 *** （0.027）	0.126 *** （0.029）
$LABOR$	0.017 * （0.011）	0.028 *** （0.010）	0.021 * （0.011）
FDI	0.007 ** （0.003）	0.003 （0.003）	0.005 （0.004）
$EDUC$	0.001 （0.004）	－0.001 （0.004）	0.000 （0.004）
$W \cdot TY$	0.007 *** （0.001）	0.007 *** （0.002）	0.009 *** （0.001）
$W \cdot OPEN$	0.032 ** （0.015）	0.134 *** （0.032）	－0.001 （0.015）

变量	地理相邻权重矩阵	地理距离权重矩阵	经济距离权重矩阵
$W \cdot URBAN$	0.019 (0.035)	0.069 (0.058)	0.059 * (0.030)
$W \cdot FINANCE$	- 0.052 ** (0.023)	- 0.150 *** (0.043)	- 0.075 ** (0.030)
$W \cdot STRUC$	0.154 ** (0.061)	0.472 *** (0.127)	0.258 *** (0.059)
$W \cdot K$	- 0.092 * (0.056)	- 0.005 (0.092)	- 0.132 ** (0.060)
$W \cdot LABOR$	0.055 * (0.031)	0.075 (0.069)	0.031 (0.036)
$W \cdot FDI$	- 0.036 *** (0.007)	- 0.081 *** (0.017)	- 0.046 *** (0.009)
$W \cdot EDUC$	- 0.011 (0.011)	- 0.075 *** (0.023)	- 0.004 (0.005)
时间变量	控制	控制	控制
个体变量	控制	控制	控制
$Log\text{-}Lik$	1804.7904	1812.8199	1800.8678
R^2	0.7724	0.7776	0.7643
N	1160.000	1160.000	1160.000

注：***、** 和 * 分别代表在 1%、5% 和 10% 统计水平上显著。括号内为标准误。

根据表 3 - 9 的结果可知，在控制时间、个体效应以及一系列控制变量的前提下，从核心解释变量（TY）的估计结果看，营业税税收竞争对本地经济增长的估计系数均为负值，但仅地理距离权重矩阵下在 1% 统计水平上显著；其他地区对本地经济增长的估计系数均为正值，也均通过 1% 统计水平检验。结合表 3 - 1 关于地方政府间税收竞争策略的识别界定，我们认为中国城市群地方政府间营业税税收竞争表现为差异化竞争，即：若本地区采取实施或强化的营业税的税收竞争策略，则邻近地区采取不实施或弱化的营业税的税收竞争策略；若本地区采取不实施或弱化的营业税的税收竞争策略，则邻近地区采取实施或强化的营业税的税收竞争策略。

三、企业所得税税收竞争策略类型的识别

（一）SDM 对企业所得税税收竞争策略类型的识别

为了确定空间计量模型函数的合理形式，同样对应于前文设定的三种空间权重矩阵，主要通过式（3－10）对中国城市群企业所得税税负首先进行"无空间自相关"原假设的检验判断，然后进一步区分固定效应与随机效应，最终确定对静态 SDM 进行 Wald 或 LR 检验，以判断其是否会弱化为 SAR 或 SEM 模型。具体检验结果如表 3－10 所示。

表 3－10　中国城市群企业所得税静态 SDM 的 Wald 或 LR 检验结果

检验项	SDM/SAR			SDM/SEM		
	地理相邻	地理距离	经济距离	地理相邻	地理距离	经济距离
Wald 检验	81.74 ***	76.24 ***	141.02 ***	119.93 ***	77.22 ***	166.44 ***
LR 检验	83.02 ***	75.94 ***	141.26 ***	199.27 ***	103.42 ***	231.27 ***

注：*** 代表在 1% 统计水平上显著。

根据表 3－10 可知，三种不同空间权重矩阵下，分别对应于 SAR 模型和 SEM 模型，企业所得税税负的 Wald 和 LR 检验 P 值均在 1% 统计水平上显著拒绝"SDM 模型可以简化为 SAR 模型"的原假设和"SDM 模型可以简化为 SEM 模型"的原假设。综合可知，在三类空间权重矩阵中采用固定效应的 SDM 更适用于本章的空间计量估计。据此，我们同样采用李龙飞和余继海（Lee & Yu，2010）的做法，按照 BC-QML 方法来估计企业所得税的时空双重固定效应静态 SDM 模型。具体结果如表 3－11 所示。

表 3－11　不同空间矩阵下中国城市群企业所得税税收竞争的空间计量估计结果

变量	地理相邻权重矩阵	地理距离权重矩阵	经济距离权重矩阵
TQ	0.001 ** (0.000)	0.0004 (0.000)	0.001 (0.000)

续表

变量	地理相邻权重矩阵	地理距离权重矩阵	经济距离权重矩阵
OPEN	− 0.014 *** (0.005)	− 0.008 * (0.005)	− 0.011 ** (0.005)
URBAN	− 0.128 *** (0.016)	− 0.111 *** (0.016)	− 0.130 *** (0.016)
FINANCE	0.040 *** (0.012)	0.053 *** (0.013)	0.050 *** (0.012)
STRUC	− 0.172 *** (0.026)	− 0.155 *** (0.027)	− 0.184 *** (0.027)
K	0.123 *** (0.026)	0.121 *** (0.026)	0.097 *** (0.027)
LABOR	0.017 * (0.010)	0.028 *** (0.010)	0.021 * (0.011)
FDI	0.006 * (0.003)	0.003 (0.004)	0.005 (0.003)
EDUC	− 0.001 (0.004)	− 0.002 (0.004)	− 0.003 (0.004)
W · TQ	0.005 *** (0.001)	0.005 *** (0.002)	0.007 *** (0.001)
W · OPEN	0.015 (0.015)	0.093 *** (0.031)	− 0.009 (0.015)
W · URBAN	0.052 (0.035)	0.094 (0.059)	0.052 * (0.030)
W · FINANCE	− 0.074 *** (0.023)	− 0.164 *** (0.045)	− 0.120 *** (0.030)
W · STRUC	0.113 * (0.062)	0.476 *** (0.126)	0.172 *** (0.059)
W · K	− 0.029 (0.048)	0.068 (0.079)	− 0.005 (0.049)
W · LABOR	0.064 ** (0.030)	0.097 (0.067)	0.036 (0.034)
W · FDI	− 0.029 *** (0.007)	− 0.075 *** (0.016)	− 0.041 *** (0.008)

变量	地理相邻权重矩阵	地理距离权重矩阵	经济距离权重矩阵
$W \cdot EDUC$	-0.034^{***} (0.012)	-0.093^{***} (0.025)	-0.013^{***} (0.005)
时间变量	控制	控制	控制
个体变量	控制	控制	控制
$Log\text{-}Lik$	1815.3329	1812.6122	1823.9813
R^2	0.7776	0.7803	0.7827
N	1160	1160	1160

注： *** 、 ** 和 * 分别代表在1%、5%和10%统计水平上显著。括号内为标准误。

根据表3-11的结果可知，在控制时间、个体效应以及一系列控制变量的前提下，从核心解释变量（TQ）的估计结果看，企业所得税税收竞争对本地经济增长的估计系数为正值，且在1%统计水平上显著；其他地区对本地经济增长的估计系数为正值，也均通过1%统计水平检验。结合表3-1关于地方政府间税收竞争策略的识别界定，我们认为中国八大城市群地方政府间企业所得税税收竞争表现为标杆竞争，即：若本地区采取实施或强化的企业所得税的税收竞争策略，则邻近地区采取实施或更强的企业所得税的税收竞争策略；若本地区采取不实施或弱化的企业所得税的税收竞争策略，则邻近地区也采取不实施或弱化的企业所得税的税收竞争策略。与增值税一样，我们将进一步对中国城市群地方政府间企业所得税税收竞争的"竞低"或"竞高"策略效应开展识别研究。

（二）非对称反应模型对企业所得税税收竞争类型的细分识别

前文研究显示，中国八大城市群地方政府间的企业所得税税收竞争属于标杆竞争类型，本章将同样采取非对称反应模型实现对企业所得税税收竞争两种效应的分离和判定。本章将非对称反应模型的函数形式设置如下：

$$TQ_{it} = \alpha + \delta_1 d_{it} \sum_{j \neq i}^{N} w_{ij} TQ_{jt} + \delta_2 (1 - d_{it}) \sum_{j \neq i}^{N} w_{ij} TQ_{jt} + X\beta + \mu_i + \eta_t + \varepsilon_{it} \quad (3-16)$$

其中，被解释变量 TQ_{it} 为第 t 年第 i 个城市的企业所得税税负，其余变量的界定同式（3-14）。在式（3-16）中，d_{it} 选取以下经典形式：

$$d_{it} = \begin{cases} 1, & \sum_{j \neq i}^{N} w_{ij} TQ_{jt} > \sum_{j \neq i}^{N} w_{ij} TQ_{jt-1} \\ 0, & \text{其他} \end{cases} \qquad (3-17)$$

其中，当 $\sum_{j \neq i}^{N} w_{ij} TQ_{jt} > \sum_{j \neq i}^{N} w_{ij} TQ_{jt-1}$ 时，d_{it} 为 1，此时的系数衡量地方政府间企业所得税竞高项的"标高竞争"倾向，此时将其称为企业所得税的竞高效应系数；而当 $\sum_{j \neq i}^{N} w_{ij} TQ_{jt} \leqslant \sum_{j \neq i}^{N} w_{ij} TQ_{jt-1}$ 时，d_{it} 为 0，此时的系数衡量地方政府间企业所得税竞低项的"逐底竞争"倾向，本章将其称为企业所得税的竞低效应系数。当竞高和竞低效应同时显著存在时，要通过比较系数大小来判断哪种效应占主导地位。当 $\delta_1 > \delta_2$ 时，意味着竞高倾向大于竞低倾向，地方政府间企业所得税整体呈现"标高竞争"的空间溢出效应；反之，当 $\delta_1 < \delta_2$ 时，意味着竞低效应大于竞高效应，地方政府间企业所得税整体呈现"逐底竞争"的空间溢出效应。

表 3-12 为基于 2005～2013 年中国城市群面板数据，具体考察三种空间权重矩阵下中国城市群地方政府间企业所得税税收竞争的非对称反应模型估计结果。

表 3-12　　　　中国城市群企业所得税的非对称反应模型估计结果

变量	地理相邻权重矩阵	地理距离权重矩阵	经济距离权重矩阵
竞高效应系数	0.2344 ***	0.2922 ***	0.1181 ***
竞低效应系数	0.1202 ***	0.2659 ***	0.0916 ***
GDP	4.0182 ***	4.3882 ***	4.1159 ***
OPEN	-0.1766	-0.0990	-0.0570
FINANCE	2.5456 *	2.6723 *	2.9810 *
STRUC	19.1566 ***	18.5216 ***	18.8120 ***
URBAN	2.5760	2.4553	2.5017
K	4.4587 ***	4.6409 ***	4.5267 ***
LABOR	0.9928	0.6510	0.9379

变量	地理相邻权重矩阵	地理距离权重矩阵	经济距离权重矩阵
FDI	4.6240 ***	4.5501 ***	4.5935 ***
EDUC	1.2015 ***	1.1741 ***	1.2011 ***
时间变量	控制	控制	控制
个体变量	控制	控制	控制
Log-Lik	-4913.3465	-4916.2434	-4917.7614
R^2	0.7740	0.7730	0.7723
N	1305	1305	1305

注：*** 、** 和 * 分别代表在1%、5%和10%统计水平上显著。

据表3-12可知，企业所得税税收竞争的"竞高"和"竞低"效应系数的估计值在1%统计水平上均显著为正，同样表明城市政府间企业所得税的标杆竞争会具体体现为"竞高"和"竞低"效应并存。对企业所得税的"竞高"税收竞争反应系数是否显著大于"竞低"税收竞争反应系数进行检验，结果证明，对于企业所得税而言，在1%统计水平上，"竞高"的税收竞争反应系数均显著大于"竞低"的税收竞争反应系数。换言之，企业所得税税收竞争策略是以"竞高"效应为主。此外，在三种不同空间权重矩阵下，企业所得税税收竞争的估计系数在方向和显著性上保持一致，也表明相关研究结论具有稳健性。

四、个人所得税税收竞争策略类型的识别

（一）SDM 对个人所得税税收竞争策略类型的识别

为了确定空间计量模型函数的合理形式，同样对应于前文设定的三种空间权重矩阵，主要通过式（3-10）对个人所得税税负首先进行"无空间自相关"原假设的检验判断，然后进一步区分固定效应与随机效应，最终确定对静态SDM进行 Wald 或 LR 检验，以判断其是否会弱化为 SAR 或 SEM 模型。具体检验结果如表3-13所示。

表3-13   中国城市群个人所得税静态 SDM 的 Wald 或 LR 检验结果

检验项	SDM/SAR			SDM/SEM		
	地理相邻	地理距离	经济距离	地理相邻	地理距离	经济距离
Wald 检验	62.80 ***	65.56 ***	107.34 ***	120.12 ***	74.90 ***	143.21 ***
LR 检验	64.32 ***	64.58 ***	108.69 ***	191.77 ***	99.75 ***	207.33 ***

注: *** 代表在1%统计水平上显著。

根据表3-13可知,三种不同空间权重矩阵下,分别对应于 SAR 模型和 SEM 模型,个人所得税税负的 Wald 和 LR 检验 P 值均在1%统计水平上显著拒绝"SDM 模型可以简化为 SAR 模型"的原假设和"SDM 模型可以简化为 SEM 模型"的原假设。综合可知,在三类空间权重矩阵中采用固定效应的 SDM 更适用于本章的空间计量估计。据此,我们同样采用李龙飞和余继海(Lee & Yu, 2010)的做法,按照 BC-QML 方法来估计个人所得税的时空双重固定效应静态 SDM 模型。具体结果如表3-14所示。

表3-14   不同空间矩阵下中国城市群个人所得税税收竞争的空间计量估计结果

变量	地理相邻权重矩阵	地理距离权重矩阵	经济距离权重矩阵
TG	0.003 *** (0.000)	0.002 *** (0.000)	0.002 *** (0.000)
$OPEN$	-0.011 ** (0.005)	-0.007 (0.005)	-0.009 * (0.005)
$URBAN$	-0.122 *** (0.016)	-0.110 *** (0.016)	-0.125 *** (0.015)
$FINANCE$	0.035 *** (0.012)	0.043 *** (0.012)	0.047 *** (0.012)
$STRUC$	-0.154 *** (0.025)	-0.147 *** (0.025)	-0.177 *** (0.026)
K	0.102 *** (0.025)	0.091 *** (0.026)	0.065 ** (0.026)
$LABOR$	0.019 * (0.010)	0.027 *** (0.010)	0.023 ** (0.010)

续表

变量	地理相邻权重矩阵	地理距离权重矩阵	经济距离权重矩阵
FDI	0.008 ** (0.003)	0.003 (0.003)	0.005 (0.003)
$EDUC$	0.001 (0.004)	− 0.001 (0.004)	0.000 (0.004)
$W \cdot TG$	0.003 *** (0.001)	0.002 *** (0.002)	0.006 *** (0.001)
$W \cdot OPEN$	0.028 * (0.014)	0.107 *** (0.030)	0.005 (0.014)
$W \cdot URBAN$	0.053 (0.035)	0.101 * (0.059)	0.084 *** (0.030)
$W \cdot FINANCE$	− 0.052 ** (0.022)	− 0.131 *** (0.042)	− 0.094 *** (0.029)
$W \cdot STRUC$	0.191 *** (0.060)	0.522 *** (0.123)	0.277 *** (0.058)
$W \cdot K$	0.070 (0.044)	0.149 ** (0.073)	0.091 * (0.046)
$W \cdot LABOR$	0.031 (0.031)	− 0.001 (0.073)	0.006 (0.035)
$W \cdot FDI$	− 0.016 ** (0.007)	− 0.044 *** (0.014)	− 0.019 ** (0.008)
$W \cdot EDUC$	− 0.008 (0.011)	− 0.059 *** (0.022)	− 0.007 (0.004)
时间变量	控制	控制	控制
个体变量	控制	控制	控制
$Log\text{-}Lik$	1830.7292	1831.4871	2144.6922
R^2	0.7857	0.7823	0.7865
N	1160	1160	1160

注：***、** 和 * 分别代表在 1%、5% 和 10% 统计水平上显著。括号内为标准误。

根据表 3 - 14 的结果可知，在控制时间、个体效应以及一系列控制变量的前提下，三种不同空间权重矩阵的回归结果基本一致，表明本章的相关研究具有较好的稳健性。从核心解释变量（TG）的估计结果看，个人所得税税收竞争对本地经济增长的估计系数为正值，且在1%统计水平上显著；其他地区对本地经济增长的估计系数为正值，也均通过1%统计水平检验。结合表3-1关于地方政府间税收竞争策略的识别界定，我们认为中国八大城市群地方政府间的个人所得税税收竞争表现为标杆竞争，即：若本地区采取实施或强化的个人所得税的税收竞争策略，则邻近地区采取实施或更强的个人所得税的税收竞争策略；若本地区采取不实施或弱化的个人所得税的税收竞争策略，则邻近地区也采取不实施或弱化的个人所得税的税收竞争策略。相类似，后文我们将对中国城市群地方政府间个人所得税税收竞争的"竞低"或"竞高"策略效应开展识别研究。

（二）非对称反应模型对个人所得税税收竞争类型的细分识别

前文研究显示，中国八大城市群地方政府的个人所得税税收竞争属于标杆竞争类型，本章将同样采取非对称反应模型实现对个人所得税税收竞争的两种效应的分离和判定。本章将非对称反应模型的函数形式设置如下：

$$TG_{it} = \alpha + \delta_1 d_{it} \sum_{j \neq i}^{N} w_{ij} TG_{jt} + \delta_2 (1 - d_{it}) \sum_{j \neq i}^{N} w_{ij} TG_{jt}$$
$$+ X\beta + \mu_i + \eta_t + \varepsilon_{it} \qquad (3-18)$$

其中，被解释变量 TG_{it} 为第 t 年第 i 个城市的个人所得税税负，其余变量的界定同式（3-14）。在式（3-18）中，d_{it} 选取以下经典形式：

$$d_{it} = \begin{cases} 1, & \sum_{j \neq i}^{N} w_{ij} TG_{jt} > \sum_{j \neq i}^{N} w_{ij} TG_{jt-1} \\ 0, & 其他 \end{cases} \qquad (3-19)$$

其中，当 $\sum_{j \neq i}^{N} w_{ij} TG_{jt} > \sum_{j \neq i}^{N} w_{ij} TG_{jt-1}$ 时，d_{it} 为1，此时的系数衡量地方政府间个人所得税竞高项的"标高竞争"倾向，此时将其称为个人所得税竞高效应系数；而当 $\sum_{j \neq i}^{N} w_{ij} TG_{jt} \leqslant \sum_{j \neq i}^{N} w_{ij} TG_{jt-1}$ 时，d_{it} 为0，此时的系数衡量地方政府间个人所得税竞低项的"逐底竞争"倾向，此时将其称为个人所得税竞低效应系数。当竞高和竞低效应同时显著存在时，要通过比较系数大小来判断哪种效应占主导地位。当 $\delta_1 > \delta_2$ 时，意味着竞高倾向大于竞低倾向，地方政府间个人所得税整体呈现"标高竞争"的空间溢出效应；反之，当 $\delta_1 < \delta_2$ 时，意味着竞低效应大于竞高效应，地方政府间个人所得税整体呈现"逐底竞争"的空间溢出效应。

表 3-15 为基于 2005~2013 年中国城市群面板数据，具体考察三种空间权重矩阵下中国城市群地方政府间个人所得税税收竞争的非对称反应模型估计结果。

表 3-15　　　　　中国城市群个人所得税的非对称反应模型估计结果

变量	地理相邻权重矩阵	地理距离权重矩阵	经济距离权重矩阵
竞高效应系数	0.1020	0.0198 ***	-0.1161
竞低效应系数	0.1049 ***	0.2505 ***	0.0886 ***
GDP	10.0815 ***	10.1979 ***	10.0273 ***
OPEN	0.0069	-0.0093	0.0052
FINANCE	0.9418	0.8605	1.0998
STRUC	9.2994 ***	9.0373 ***	9.3482 ***
URBAN	5.1986 ***	5.1825 ***	5.3516 ***
K	5.3770 ***	5.4854 ***	5.3418 ***
LABOR	-0.1722	-0.3949	-0.1366
FDI	1.8075 ***	1.7716 ***	1.8236 ***
EDUC	0.7203 ***	0.7091 ***	0.7446 ***
时间变量	控制	控制	控制
个体变量	控制	控制	控制
Log-Lik	-4391.1684	-4388.686	-4390.0196
R^2	0.8854	0.8859	0.8855
N	1305	1305	1305

注：*** 代表在1%统计水平上显著。

据表 3-15 可知，个人所得税在三种空间权重矩阵下的竞高效应系数与竞低效应系数表现存在一定差异性。具体而言，地理相邻空间权重矩阵下，地方政府间个人所得税的税收竞争仅存在"竞低"效应，"竞高"效应不显著；而在地理距离空间权重矩阵下，地方政府间个人所得税的税收竞争体现为"竞高"效应与"竞低"效应并存，且以"竞低"效应为主。因此，我们认为地方政府间个人所得税在地理邻近地区的税收竞争效应是以"竞低"效应为主；在经济距离空间权重矩阵下，"竞低"效应系数显著为正，这意味着地方政府间个人所得税在经济发展水平相近的地区存在税收模仿追随行为。综合这三种研究结果，我们认为地方政府间个人所得税竞争主要表现为"竞低"效应，即：当本地政府开展个人所得税竞争策略，地理邻近地区追随模仿，反而推动了本地政府个人所得税税收负担的进一步降低。

第五节　本章小结

综合本章上述研究，我们对中国城市群地方政府间税收竞争类型的问题，主要得出以下三点结论：

第一，中国八大城市群地方政府间的总体税收、营业税税收竞争表现为差异化竞争，即：本地区采取实施或强化的税收竞争策略，则邻近地区采取不实施或弱化的税收竞争策略；若本地区采取不实施或弱化的税收竞争策略，则邻近地区采取实施或强化的税收竞争策略。

第二，中国八大城市群地方政府间的增值税、企业所得税和个人所得税税收竞争表现为标杆竞争，即：本地区采取实施或强化的税收竞争策略，则邻近地区采取实施或更强的税收竞争策略；若本地区采取不实施或弱化的税收竞争策略，则邻近地区也采取不实施或弱化的税收竞争策略。

第三，中国八大城市群地方政府间的增值税、企业所得税和个人所得税的税收标杆竞争类型存在差异。具体而言，增值税和个人所得税的税收标杆竞争体现为"竞高"效应与"竞低"效应并存，且以"竞低"效应为主；企业所得税的税收标杆竞争同样会体现为"竞高"和"竞低"效应并存，但其税收竞争策略则是以"竞高"效应为主。

第四章　中国城市群地方政府间税收竞争时空差异性研究

第一节　问题的提出

在第二章中，我们从税收总量和具体税种两个维度，初步探讨和验证了中国城市群地方政府间税收竞争的存在性问题，并在第三章中，以此为基础引入税收竞争的经济增长效应来构建税收竞争博弈演化模型，具体解构和经验识别出中国城市群地方政府间税收竞争类型。前述分析已经给出了一个研究中国地方政府间税收竞争存在性及性质的研究框架，本章将结合税收竞争的时空差异性来进一步拓展对地方政府间税收竞争性质的研究。

1994 年我国实施"分税制"改革以来，地区税负差异有不断扩大的趋势，尤其是企业所得税改革和"营改增"以后，地方政府筹集税收收入的能力存在更大的不平衡性，而现有文献对此研究还很不足，其中对地方政府间税收竞争时空差异性的探讨就更为鲜见了。在"分税制"的财政框架内，地方政府政策尤其是财税体制及实践运用往往是研究中国地区发展不平衡问题的一个重要方面。税收始终是市场经济体制下政府收入的主要部分，成为支撑地方政府提供教育、医疗、基础设施建设等公共服务的主要资金来源。对于中国这样的地区不平衡状况严重的发展中国家来说，在现有财税管理体制下地方政府需要更有能力运用好财税政策来提供更多公共物品，促进地区经济社会发展。对中国来说，虽然税权由中央政府掌握，地方政府表面上只具有税收征管的责任，但在实际过程中，地方政府对本地的税收收入仍有一定的管控能力。

为了更细致地展示中国地方政府税收竞争的状况、理解地区税收收入的时空差异，本章主要是以税收竞争指数为基础，首先利用核密度估计法（刘华军和曲惠敏，2019），通过绘制核密度估计图，更加科学准确捕捉反映地方政府间税收竞争绝对差异的动态信息；然后利用 Dagum 基尼系数及其分解方法对中国八大城市群总体税收、增值税、营业税、企业所得税和个人所得税等税收竞争的地区差异进行测算，试图更加全面地比较和分析地区间的差异，更深入地把握中国地方政府间横向税收竞争规律，以期建立更合理的评价体系来鼓励地方政府增加税收的主动性，同时避免地方过度减免税收或恶性税收竞争状况的出现。

第二节　研究方法与数据说明

一、核密度估计（Kernel）

这种非参估计方法可以通过连续的密度曲线形式对随机变量的分布形态给予反映，进而估计随机变量的概率密度（Silverman，1986）。我们设定随机变量 x 的密度函数为 $f(x)$，那么在点 x 的概率密度可以用式（4-1）进行估计：

$$f(x) = \frac{1}{Nh} \sum_{i=1}^{n} K\left(\frac{X_i - x}{h}\right) \qquad (4-1)$$

式（4-1）中：N 为观测值的个数；X_i 为独立同分布的观察值；h 为带宽；x 为均值；$K(\cdot)$ 为核函数。核函数包括高斯核函数、Epanechnikov 核函数等形式，本节采用高斯核函数进行估计，其表达式为：

$$K(x) = \frac{1}{\sqrt{2\pi}} \exp\left(-\frac{x^2}{2}\right) \qquad (4-2)$$

核密度估计没有确定的表达式，往往是通过估计值的图形分布变化来反映随机变量的分布位置、延展性和形态变化等信息。

二、Dagum 基尼系数及其分解方法

达格姆（Dagum，1997）提出的基尼系数方法最初用于衡量地区收入差距，该基尼系数及其按子群分解的方法可以有效解决地区差距的来源问题，因而目前这一方法已被广泛应用于许多领域，用以刻画地区发展不平衡问题。据此，本章结合研究目标构建如下 Dagum 基尼系数，从整体刻画中国城市群税收竞争的地区差异：

$$G = \sum_{j=1}^{k} \sum_{h=1}^{k} \sum_{i=1}^{n_j} \sum_{r=1}^{n_h} |r_{ji} - r_{hr}| / 2n^2 \bar{R} \qquad (4-3)$$

其中，n 是城市的数量，k 是子群数量，$n_j(n_h)$ 是 $j(h)$ 某个子群内城市的数量，j 和 h 为子群划分个数，i 和 r 为子群内城市的个数。G 是总体基尼系数，$r_{ji}(r_{hr})$ 是 $j(h)$ 城市群内任意一城市的税收竞争程度，$\bar{R}$ 代表所有城市税收竞争的平均值，其计算公式为 $\sum_{j=1}^{k} \sum_{i=1}^{n_j} r_{ji} / n$。Dagum 基尼系数值越大，则意味着税收竞争地区发展越不平衡。

构建子群 j 的税收竞争基尼系数 G_{jj} 函数形式如下：

$$G_{jj} = \frac{\dfrac{1}{2\overline{TAX_j}} \sum_{i=1}^{n_j} \sum_{r=1}^{n_j} |tax_{ji} - tax_{jr}|}{n_j^2} \qquad (4-4)$$

式（4-4）中 $\overline{TAX_j}$ 代表子群 j 税收竞争的平均值。

构建子群 j 和 h 之间的基尼系数 G_{jh} 函数形式如下：

$$G_{jh} = \frac{\sum_{i=1}^{n_j} \sum_{r=1}^{n_h} |tax_{ji} - tax_{hr}|}{n_j n_h (\overline{TAX_j} + \overline{TAX_h})} \qquad (4-5)$$

式（4-5）中 $\overline{TAX_h}$ 代表子群 h 税收竞争的平均值。

为构建 Dagum 基尼系数子群分解函数，进一步定义如下变量：

$$E_j = n_j/n \qquad (4-6)$$

$$s_j = \frac{n_j \overline{TAX_j}}{n \overline{TAX}} \qquad (4-7)$$

$$d_{jh} = \int_0^\infty dF_j(tax) \int_0^y (tax - x) dF_h(x) \qquad (4-8)$$

$$E_{jh} = \int_0^\infty dF_h(tax) \int_0^y (tax - x) dF_j(x) \qquad (4-9)$$

$$D_{jh} = \frac{d_{jh} - E_{jh}}{d_{jh} + E_{jh}} \qquad (4-10)$$

其中，d_{jh} 衡量的是子群间税收竞争的差距，可将之视为子群 j 和 h 中所有 $tax_{ji} - tax_{hr} > 0$ 的数学期望，而 E_{jh} 则代表子群 j 和 h 中所有 $tax_{ji} - tax_{hr} < 0$ 的数学期望。D_{jh} 指的是子群 j 和 h 间的税收竞争的相互影响，$F(\cdot)$ 为子群税收竞争的累积密度函数。

综上所述，本章将中国城市群 Dagum 基尼系数分解为：子群内部的税收竞争不平衡 G_w、子群之间的税收竞争不平衡 G_b 和税收竞争超变密度 G_s 三个部分，它们之间的关系满足 $G = G_w + G_b + G_s$，其函数形式分别表示如下：

$$G_w = \sum_{j=1}^k G_{jj} E_j s_j \qquad (4-11)$$

$$G_b = \sum_{j=2}^k \sum_{h=1}^{j-1} G_{jh} D_{jh} (E_j s_h + E_h s_j) \qquad (4-12)$$

$$G_s = \sum_{j=2}^k \sum_{h=1}^{j-1} G_{jk} (1 - D_{jh})(E_j s_h + E_h s_j) \qquad (4-13)$$

本章采用以上方法对中国城市群 2004～2013 年税收竞争的地区差距进行测算和分解，并据此进行地区分解。

三、数据说明

目前国内对于地方政府间横向税收竞争的衡量主要是基于以下两大维度：一类是空间实证维度，即利用税收收入占当期生产总值的比重，通过空间计量模型的空间反应系数值来衡量税收竞争（曾亚敏和张俊生，2009）；另一类是非空间实证维度，比较有代表性的是傅勇和张晏（2007）构建的税收竞争指数，以某个地区实际相对税率变化来衡量税收竞争的激烈程度。本章是在非空间实证模型的研究框架下开展地方政府间税收竞争差距的定量测算研究，因此主要采用后一种税收竞争衡量方法，即采用税收竞争指数作为衡量指标。其计算公式为：$(TAX_t/GDP_t)/(TAX_{it}/GDP_{it})$。其中，$TAX_t$ 和 GDP_t 分别代表 t 年某一样本城市群的税收收入和生产总值，其比值构建的算式分子反映了 t 年城市群的总体平均实际税率；TAX_{it} 和 GDP_{it} 则分别代表 t 年某一样本城市的税收收入和生产总值，其比值构建的算式分母反映了 t 年某个城市的实际税率。因此，该城市的 $TCOMP$ 数值越大，则其相对税率就越低，代表其横向税收竞争程度越高。

第三节　地方政府间总体税收竞争的时空差异

一、总体税收竞争的分布动态演进规律

（一）城市群总体层面

为保证核密度估计结果的精确性及曲线的平滑性，下面以 2005 年、2010 年、2013 年作为观测年份，分析中国城市群地方政府间总体税收竞争的分布动态（见图 4 - 1）。根据图 4 - 1 可知，观测期内，分布曲线中心位置明显逐年左移，即地方政府间总体税收竞争指数不断下降，竞争的激烈程度逐渐减弱。城市群总体税收竞争分布的主峰高度呈波动下降的趋势，而且宽度逐渐增大，这说明中国城市群地方政府间总体税收竞争的绝对差异呈现扩大的趋势；但同时，还可明显观测到，分布曲线右拖尾现象逐渐减少，这意味着地方政府间总体税收竞争能力弱的城市增速呈现强劲态势，与发达城市之间的相对差距在不断缩小。此外，从波峰情况来看，城市群地方政府间总体税收竞争的分布曲线经历了"双峰—多峰—双峰"的演变过程，表明城市群地方政府间总体税收竞争不具有显著的多极化现象，发展水平差异显著。

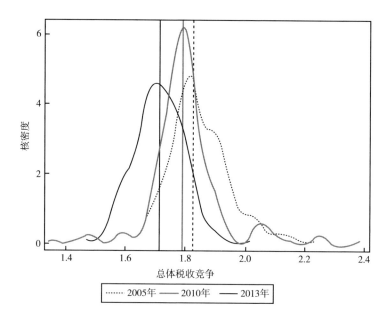

图 4 - 1　中国城市群总体税收竞争的分布密度

（二）城市群个体层面

进一步，我们同样以 2005 年、2010 年、2013 年作为观测年份，分别绘制了样本期内中国长三角城市群等八大城市群总体税收竞争的分布密度图（见图 4 - 2 ~ 图 4 - 9）。

（1）从分布位置来看，八大城市群分布曲线中心位置均随着时间的变化而明显左移，说明八大城市群地方政府间总体税收竞争整体上都呈下降态势。

（2）从分布形态来看，八大城市群分布曲线变化过程存在差异。其中，长三角城市群主峰高度下降、曲线宽度变大，意味着该城市群地方政府间总体税收竞争的绝对差异呈现扩大的趋势；珠三角、京津冀、成渝、哈长和北部湾城市群主峰高度均上升、曲线宽度变窄，意味着这些城市群地方政府间总体税收竞争的绝对差异呈现收缩的趋势；中原城市群和长江中游城市群主峰高度和曲线宽度变化不明显，意味着这些城市群地方政府间总体税收竞争的绝对差异变化并不显著。

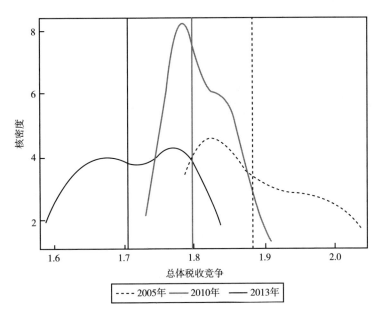

图4-2 长三角城市群总体税收竞争的分布密度

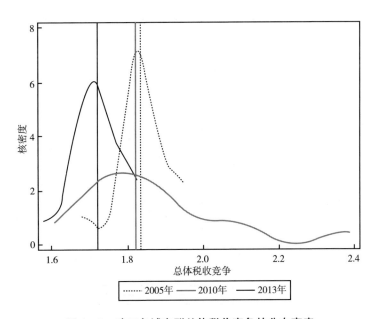

图4-3 珠三角城市群总体税收竞争的分布密度

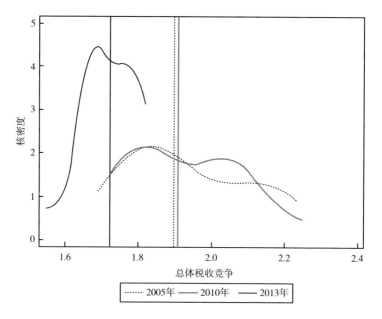

图 4 - 4 京津冀城市群总体税收竞争的分布密度

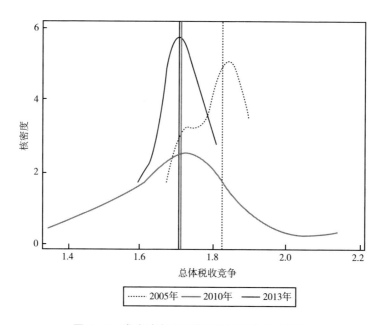

图 4 - 5 成渝城市群总体税收竞争的分布密度

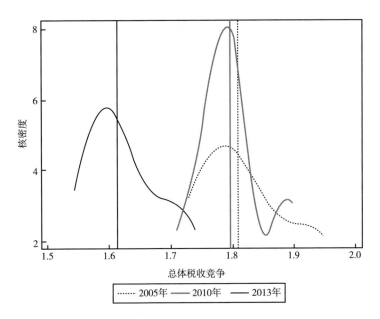

图 4 - 6　哈长城市群总体税收竞争的分布密度

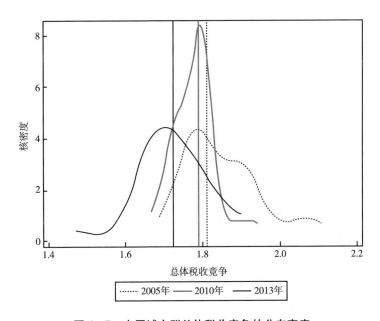

图 4 - 7　中原城市群总体税收竞争的分布密度

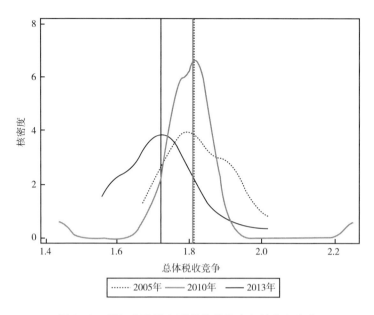

图 4 - 8 长江中游城市群总体税收竞争的分布密度

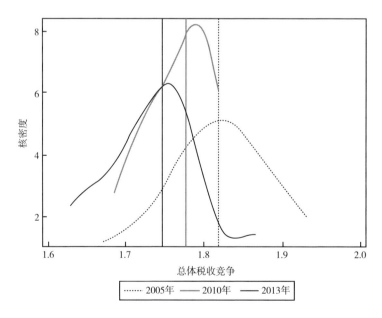

图 4 - 9 北部湾城市群总体税收竞争的分布密度

（3）从拖尾情况来看，相比较而言，八大城市群地方政府间总体税收竞争的分布曲线右拖尾现象逐渐减少，这意味着城市群地方政府间总体税收竞争能力弱的城市增速呈现强劲态势，与发达城市之间的相对差距在不断缩小。

（4）从波峰情况来看，八大城市群地方政府间总体税收竞争的分布曲线经历了由"双峰—单峰"的演变过程，表明城市群地方政府间总体税收竞争不具有显著的多极化现象，发展水平相对均衡。

二、总体税收竞争的区域差异与来源

本节运用 Dagum 基尼系数及其按子群分解的方法对总体税收竞争的发展差异、城市群内差异、城市群间差异、超变密度进行测度，并依照八大城市群的空间尺度对 Dagum 基尼系数进行分解，以此揭示中国地方政府间总体税收竞争地区差距的主要来源。

（一）中国城市群总体税收竞争的发展差异

为了刻画税收竞争的总体差异，本节根据其 Dagum 总体基尼系数值绘制了图 4-10。根据图 4-10，我们可以清晰地发现，在考察期内，中国城市群地方政府间总体税收竞争的发展差异呈现不断下降的趋势，Dagum 基尼系数由研究初始期的 0.030，下降至研究末期的 0.027，每年平均减少 1.3%，这

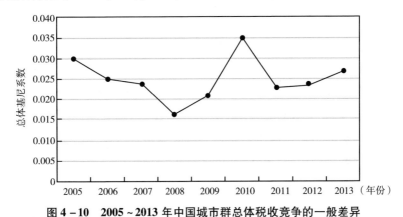

图 4-10 2005～2013 年中国城市群总体税收竞争的一般差异

资料来源：笔者经由 Dagum 基尼系数测算而得。

说明中国城市群总体税收竞争的发展差距在逐渐缩小。具体而言，2005 年中国城市群税收竞争的基尼系数为 0.030，随后不断下降到 2008 年的 0.016，然后逆势上升至 2010 年的峰值 0.035，以后直至考察期末，税收竞争基尼系数整体呈现较为平稳的发展趋势。

（二）中国城市群总体税收竞争的群内差异

中国城市群总体税收竞争的群内差异系数的测算结果如表 4 - 1 所示，图 4 - 11 则展示了考察期内总体税收竞争的城市群内差异的演变趋势。

表 4 - 1　　　　　2005 ~ 2013 年中国城市群总体税收竞争的空间差异

年份	长三角	珠三角	京津冀	成渝	哈长	中原	长江中游	北部湾
2005	0.024	0.019	0.048	0.021	0.023	0.029	0.028	0.021
2006	0.021	0.018	0.017	0.024	0.025	0.028	0.017	0.017
2007	0.022	0.020	0.017	0.016	0.032	0.025	0.026	0.012
2008	0.014	0.020	0.006	0.017	0.010	0.018	0.012	0.018
2009	0.018	0.022	0.013	0.025	0.020	0.020	0.016	0.019
2010	0.014	0.054	0.044	0.058	0.016	0.017	0.028	0.013
2011	0.020	0.014	0.021	0.020	0.036	0.025	0.021	0.014
2012	0.017	0.039	0.020	0.015	0.026	0.019	0.021	0.017
2013	0.024	0.020	0.024	0.021	0.021	0.029	0.034	0.021

资料来源：笔者经由 Dagum 基尼系数测算而得。

根据图 4 - 11，我们发现考察期内，除中原城市群、珠三角城市群和京津冀城市群外，其余城市群总体税收竞争的城市群内部差异均呈现相对较为稳定的变化趋势。此外，城市群总体税收竞争基尼系数的大小也存在明显差异，2005 ~ 2010 年中国八大城市群基尼系数从大到小排序为中原城市群、珠三角城市群、京津冀城市群、成渝城市群、哈长城市群、长江中游城市群、长三角城市群和北部湾城市群。2010 ~ 2013 年中原城市群、珠三角城市群和京津冀城市群基尼系数迅速下降，其中珠三角城市群基尼系数下降最为明显，已由第 2 位下降至末位，中原城市群基尼系数则由第 1 位下降到第 5 位，而京津冀城市群基尼系数的降低相对最小，由第 3 位下降到第 4 位。综合看来，虽然中国八大城市群总体税收竞争基尼系数在不同年份有增有减，起伏波动，但大趋势还是在减少，这意味着城市群总体税收竞争的不平衡具有不断降低的趋势。同时，长江中游城市群总体税收竞争的不平衡存在扩大的变化特征，该城市群 Dagum 基尼系数由初始期的 0.028，增长至研究末期的 0.034，每年平均增长 2.5%，因此在追求城市群经济高质量发展的过程中，有必要兼顾区域协调发展问题。

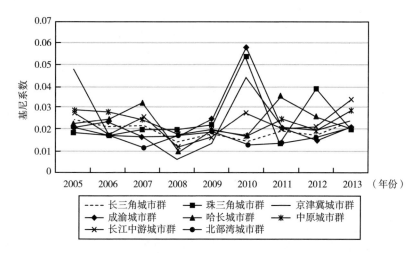

图 4 - 11 2005 ~ 2013 年中国城市群内总体税收竞争的发展差异

（三）中国城市群总体税收竞争的群间差异

为了展示八大城市群总体税收竞争的城市群间差异，本节采用 Dagum 基尼系数按照子群分解的方法对差异进行分解，相关分解值如表 4 - 2 所示。

表 4 - 2　　　2005 ~ 2013 年中国八大城市群总体税收竞争的群间差异

配对	2005 年	2006 年	2007 年	2008 年	2009 年	2010 年	2011 年	2012 年	2013 年
1 对 2	0.0237	0.0211	0.0216	0.0176	0.0201	0.0301	0.0181	0.0271	0.0231
1 对 3	0.0341	0.0229	0.0207	0.0158	0.0168	0.0303	0.0208	0.0219	0.0241
1 对 4	0.0279	0.0269	0.0243	0.0187	0.0205	0.0162	0.0236	0.0186	0.0266
1 对 5	0.0278	0.0192	0.0245	0.0143	0.0199	0.0216	0.0207	0.0197	0.0293

续表

配对	2005 年	2006 年	2007 年	2008 年	2009 年	2010 年	2011 年	2012 年	2013 年
1 对 6	0.0257	0.0277	0.0261	0.0153	0.0194	0.0148	0.0292	0.0201	0.0268
1 对 7	0.0264	0.0226	0.0225	0.0176	0.0239	0.0359	0.0202	0.0168	0.0230
1 对 8	0.0254	0.0212	0.0243	0.0176	0.0199	0.0150	0.0184	0.0176	0.0234
2 对 3	0.0378	0.0251	0.0194	0.0143	0.0185	0.0507	0.0180	0.0314	0.0224
2 对 4	0.0265	0.0296	0.0236	0.0191	0.0212	0.0329	0.0222	0.0290	0.0262
2 对 5	0.0255	0.0189	0.0241	0.0152	0.0190	0.0389	0.0190	0.0289	0.0298
2 对 6	0.0215	0.0326	0.0267	0.0163	0.0212	0.0409	0.0290	0.0348	0.0263
2 对 7	0.0214	0.0225	0.0197	0.0188	0.0250	0.0615	0.0177	0.0297	0.0209
2 对 8	0.0205	0.0215	0.0214	0.0197	0.0212	0.0413	0.0142	0.0330	0.0210
3 对 4	0.0384	0.0251	0.0241	0.0149	0.0193	0.0342	0.0242	0.0247	0.0273
3 对 5	0.0380	0.0188	0.0243	0.0117	0.0179	0.0392	0.0213	0.0233	0.0309
3 对 6	0.0421	0.0217	0.0261	0.0085	0.0172	0.0393	0.0309	0.0253	0.0280
3 对 7	0.0399	0.0236	0.0209	0.0132	0.0235	0.0631	0.0209	0.0230	0.0224
3 对 8	0.0419	0.0182	0.0235	0.0120	0.0178	0.0413	0.0189	0.0243	0.0230
4 对 5	0.0288	0.0239	0.0253	0.0158	0.0187	0.0235	0.0238	0.0210	0.0317
4 对 6	0.0280	0.0288	0.0274	0.0163	0.0202	0.0169	0.0307	0.0216	0.0309
4 对 7	0.0275	0.0285	0.0222	0.0181	0.0229	0.0359	0.0244	0.0178	0.0260
4 对 8	0.0278	0.0262	0.0233	0.0186	0.0202	0.0159	0.0233	0.0187	0.0269
5 对 6	0.0266	0.0231	0.0278	0.0120	0.0177	0.0256	0.0289	0.0228	0.0339
5 对 7	0.0259	0.0197	0.0231	0.0146	0.0200	0.0432	0.0208	0.0197	0.0295
5 对 8	0.0263	0.0173	0.0244	0.0146	0.0172	0.0254	0.0195	0.0208	0.0308
6 对 7	0.0225	0.0302	0.0240	0.0147	0.0239	0.0467	0.0318	0.0200	0.0251
6 对 8	0.0224	0.0248	0.0253	0.0146	0.0196	0.0157	0.0320	0.0221	0.0279
7 对 8	0.0216	0.0222	0.0159	0.0182	0.0233	0.0440	0.0179	0.0160	0.0212

注：由于篇幅所限，本章采用"1""2""3""4""5""6""7""8"分别代表长三角城市群、珠三角城市群、京津冀城市群、成渝城市群、哈长城市群、中原城市群、长江中游城市群和北部湾城市群。

据表 4 - 2 相关计算结果可知，从整体来看，样本考察期内中国八大城市群总体税收竞争的群间差异呈现不断下降的趋势。第一，群间基尼系数年均递减的城市群配对数占比超过一半，为 58%。具体而言，在 28 个城市群配对组中，只有 12 个配对组的年度基尼系数是呈现递增变动，其中哈长城市群与中原城市群的群间差异系数增速最大，年均增长 3.085%，其次为中原城市群和北部湾城市群，其群间差异系数年均增长 2.818%。其余 16 个配对组的年度基尼系数均呈现递减变化，其中京津冀城市群和北部湾城市群的群间差异系数减速最大，年均减少 7.246%，其次为京津冀城市群和长江中游城市群，其群间差异系数年均减少 6.943%。第二，以城市群间差异最大的京津冀城市群和长江中游城市群间差异为例，其群间基尼系数年度均值为 0.0278，城市群间差异的演变趋势以 2010 年为分界点大体分为两个阶段：第一阶段是 2005～2010 年，为平稳递增阶段，年均增加率为 9.627%；第二阶段是 2010～2013 年，为迅速下降阶段，由 2010 年的 0.0631 下降为末期的 0.0224，年均下降率为 29.184%。

（四）中国城市群总体税收竞争差异的来源及贡献

为了揭示八大城市群总体税收竞争差异的来源，本节测算了群内、群间和超变密度的贡献率（见表 4-3），图 4-12 则展示了贡献率的演变趋势。考察期内城市群间、超变密度和城市群内的年平均贡献率分别为 36.55%、50.67%、12.79%，因此导致总体税收竞争存在差异的来源依次是超变密度、城市群间差异和城市群内差异，而超变密度是造成总体税收竞争差异的主要来源。从图 4-12 中我们可以清晰地发现，考察期内城市群间差异呈逐渐下降趋势，贡献率由 2005 年的 38.278% 下降至 2013 年的 18.393%，年平均下降 8.754%；考察期内群内贡献率稳定在 11%～15%，其演变趋势呈缓慢上升态势，贡献率由 2005 年的 13.159% 上升至 2013 年的 14.228%，年平均上升 0.981%；考察期内超变密度贡献率则稳中有升，并以 2010 年为分界点大体分为两个阶段，其中 2004～2010 年表现为平稳阶段，而 2010～2013 年为迅速上升阶段，贡献率由 2010 年的 40.256% 上升为末期的 67.379%，年均上升率为 18.731%。超变密度是用来衡量和识别不同区域间发展的交叉重叠程度，本节该项指标增长最大，说明这种交叉重叠现象不断得到增强，表明中国城市群地方政府间总体税收竞争的地区间差异日趋减弱明显。当然，中国城市群总体税收竞争具有收敛还是发散特征，还需要后面进一步的经验探讨加以论证。

表4-3   2005～2013年中国城市群总体税收竞争区域差异的来源分解

年份	群间贡献	贡献率（%）	超变密度贡献	贡献率（%）	群内贡献	贡献率（%）
2005	0.011	38.278	0.015	48.563	0.004	13.159
2006	0.013	50.467	0.009	37.241	0.003	12.292
2007	0.009	36.955	0.012	49.781	0.003	13.264
2008	0.006	37.643	0.008	49.672	0.002	12.685
2009	0.007	35.067	0.011	52.125	0.003	12.808
2010	0.017	48.629	0.014	40.256	0.004	11.115
2011	0.007	31.545	0.013	55.267	0.003	13.188
2012	0.008	31.948	0.013	55.700	0.003	12.352
2013	0.005	18.393	0.018	67.379	0.004	14.228

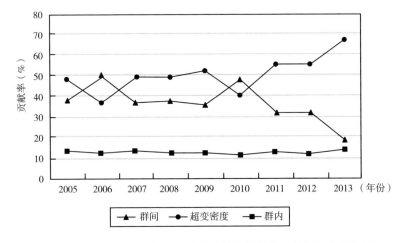

图4-12   2005～2013年中国城市群总体税收竞争差异的来源解析

第四节   地方政府间增值税税收竞争的时空差异

一、增值税税收竞争的分布动态演进规律

（一）城市群总体层面

为保证核密度估计结果的精确性及曲线的平滑性，下面以2005年、2010

年、2013 年作为观测年份，分析中国城市群地方政府间增值税税收竞争的分布动态（见图 4 - 13）。根据图 4 - 13 可知，观测期内，分布曲线中心位置明显不断右移，即平均来看，地方政府间增值税税收竞争指数不断提高，意味着税收竞争的激烈程度逐年增强。城市群增值税税收竞争分布的主峰高度呈波动下降的趋势，而且宽度逐渐增大，这说明中国城市群地方政府间增值税税收竞争的绝对差异呈现扩大的趋势；但同时，还可明显观测到，分布曲线右拖尾现象逐渐增多，这意味着地方政府间增值税税收竞争能力弱的城市增速依然滞后，与发达城市之间的相对差距仍很显著。此外，从波峰情况来看，城市群地方政府间增值税税收竞争的分布曲线经历了"单峰—单峰—双峰"的演变过程，表明城市群地方政府间总体税收竞争具有显著的多极化现象，发展水平相对均衡。

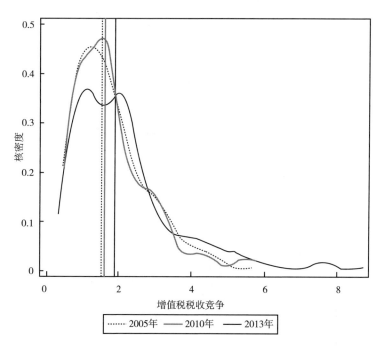

图 4 - 13　中国城市群增值税税收竞争的分布密度

（二）城市群个体层面

进一步，我们同样以 2005 年、2010 年、2013 年作为观测年份，分别绘

制了样本期内中国长三角城市群等八大城市群增值税税收竞争的分布密度图
（见图 4 - 14 ~ 图 4 - 21）。

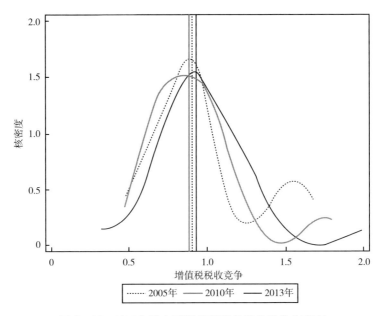

图 4 - 14　长三角城市群增值税税收竞争的分布密度

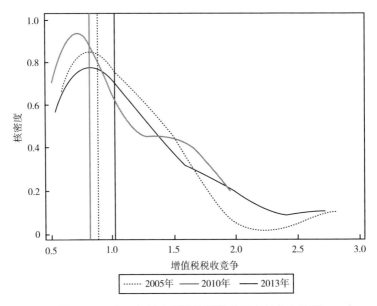

图 4 - 15　珠三角城市群增值税税收竞争的分布密度

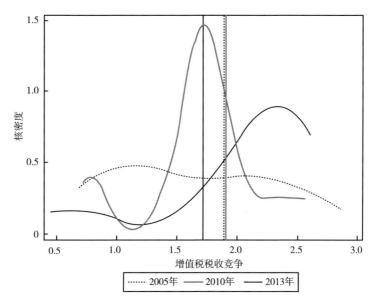

图 4 - 16　京津冀城市群增值税税收竞争的分布密度

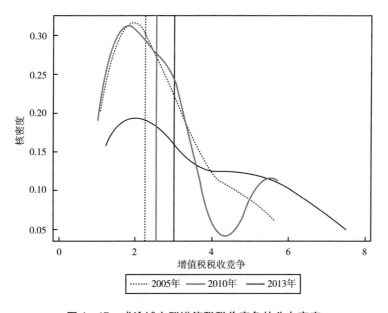

图 4 - 17　成渝城市群增值税税收竞争的分布密度

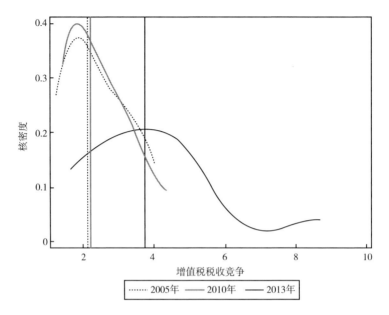

图 4 – 18　哈长城市群增值税税收竞争的分布密度

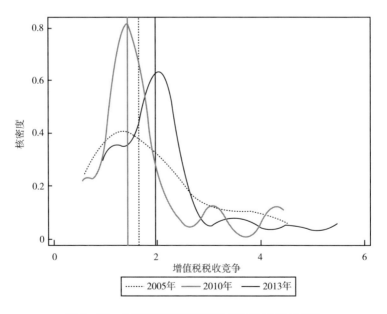

图 4 – 19　中原城市群增值税税收竞争的分布密度

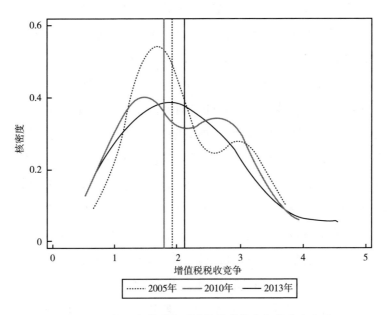

图 4 – 20 长江中游城市群增值税税收竞争的分布密度

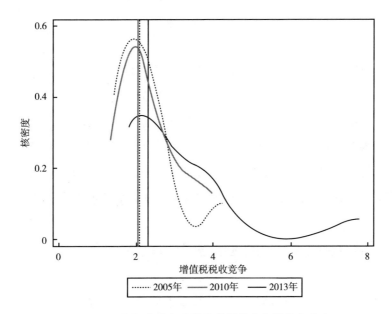

图 4 – 21 北部湾城市群增值税税收竞争的分布密度

（1）从分布位置来看，八大城市群分布曲线中心位置的变化具有一定差异。其中，长三角城市群、珠三角城市群、中原城市群、长江中游城市群和北部湾城市群的分布曲线中心位置随着时间的推移，呈现先左移再右移的变动趋势，说明这五大城市群地方政府间增值税税收竞争整体上都呈上升态势；京津冀城市群的分布曲线中心位置随着时间的推移，呈现先右移再左移的变动趋势，说明该城市群地方政府间增值税税收竞争呈下降态势；成渝城市群和哈长城市群的分布曲线中心位置则随着时间的推移，一直呈现右移的变动趋势，说明这两大城市群地方政府间增值税税收竞争也具有上升态势。

（2）从分布形态来看，八大城市群基本呈现主峰高度下降、曲线宽度变大的特征，表明中国城市群地方政府间增值税税收竞争的绝对差异呈现扩大的趋势。值得注意的是，长三角城市群主峰高度和曲线宽度变化相对不太明显，意味着该城市群地方政府间增值税税收竞争的绝对差异变化并不显著。

（3）从拖尾情况来看，除京津冀城市群外，其余城市群地方政府间增值税税收竞争的分布曲线右拖尾现象显著增多，表明这七大城市群地方政府间增值税税收竞争能力弱的城市增速依然严重滞后，与发达城市之间的相对差距仍在不断扩大。

（4）从波峰情况来看，八大城市群中长三角城市群、珠三角城市群和长江中游城市群地方政府间增值税税收竞争的分布曲线表现为"单峰"的突出特征，表明这三大城市群地方政府间增值税税收竞争不具有显著的多极化现象，发展水平差异显著；京津冀城市群等其余五大城市群地方政府间增值税税收竞争的分布曲线表现为"多峰"的突出特征，表明这五大城市群地方政府间增值税税收竞争具有显著的多极化现象，发展水平相对较为均衡。

二、增值税税收竞争的区域差异分解与来源

本节同样运用 Dagum 基尼系数及其按子群分解的方法对中国城市群地方政府间增值税税收竞争的发展差异、城市群内差异、城市群间差异、超变密度进行测度。

（一）中国城市群增值税税收竞争的发展差异

为了刻画中国城市群地方政府间增值税税收竞争的发展差异，本节根据其 Dagum 总体基尼系数值绘制了图4－22。根据图4－22，我们可以清晰地发现在考察期内，中国城市群地方政府间增值税税收竞争的发展差异呈现不断上升的趋势，Dagum 基尼系数由初始期的 0.298，上升至研究末期的 0.343，每年平均增加 2.5%，这说明中国城市群地方政府间增值税税收竞争的发展差距在逐渐扩大。2005 年中国城市群地方政府间增值税税收竞争的基尼系数为0.298，随后在 2008 年和 2010 年有少量下降，其他时期均呈现较为显著的增长趋势。

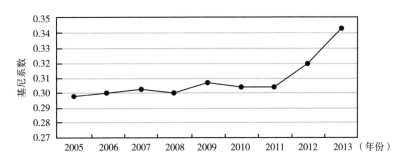

图4－22 2005～2013年中国城市群增值税税收竞争的一般差异

资料来源：笔者经由 Dagum 基尼系数测算而得。

（二）中国城市群增值税税收竞争的群内差异

八大城市群增值税税收竞争的群内差异系数的测算结果如表4－4所示，图4－23 展示了考察期内增值税税收竞争的城市群内差异的演变趋势。

表4－4　　　　2005～2013年中国城市群增值税税收竞争的空间差异

年份	长三角	珠三角	京津冀	成渝	哈长	中原	长江中游	北部湾
2005	0.184	0.246	0.229	0.259	0.212	0.298	0.205	0.178
2006	0.209	0.213	0.212	0.272	0.238	0.290	0.210	0.171
2007	0.183	0.202	0.218	0.307	0.208	0.289	0.228	0.157
2008	0.183	0.184	0.203	0.305	0.200	0.285	0.206	0.131

续表

年份	长三角	珠三角	京津冀	成渝	哈长	中原	长江中游	北部湾
2009	0.195	0.218	0.272	0.293	0.187	0.267	0.201	0.160
2010	0.165	0.233	0.145	0.277	0.202	0.275	0.235	0.181
2011	0.154	0.231	0.140	0.305	0.189	0.254	0.238	0.199
2012	0.175	0.241	0.153	0.317	0.207	0.259	0.227	0.250
2013	0.164	0.264	0.158	0.302	0.258	0.247	0.249	0.252

资料来源：作者经由 Dagum 基尼系数测算而得。

结合表4-4的数据和图4-23，我们发现，考察期内八大城市群增值税税收竞争呈现四个变化特征：一是成渝城市群和中原城市群始终位于发展差异第一梯队，年均差异系数值分别为0.293和0.274，分列第一位和第二位。二是珠三角城市群、长江中游城市群和哈长城市群增值税税收竞争的群内差异度稳中递增，其年均差异系数值分别为0.226、0.222和0.211。三是京津冀城市群和北部湾城市群波动变化最大，其中京津冀城市群增值税税收竞争在2008年之前处于相对平稳阶段，2009年显著上升为峰值后转为下降通道，从2010年开始，其群内差异系数值始终处于低位平稳期；北部湾城市群增值税税收竞争则恰恰相反，其群内差异系数值在2008年以前不断下降，2008年开始逆势上升，并持续这个增长趋势至考察期末。四是长三角城市群增值税

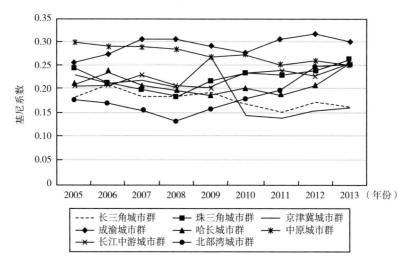

图4-23 2005~2013年中国城市群内增值税税收竞争的发展差异

税收竞争具有下降趋势，且其年均差异系数值最低，为0.179，这表明长三角城市群增值税税收竞争的不平衡程度最低。

（三）中国城市群增值税税收竞争的群间差异

为了展示八大城市群地方政府间增值税税收竞争的城市群间差异，本节同样采用Dagum基尼系数按照子群分解的方法对差异进行分解，相关分解值如表4－5所示。

表4－5　　　　2005～2013年中国城市群增值税税收竞争的群间差异

配对	2005年	2006年	2007年	2008年	2009年	2010年	2011年	2012年	2013年
1对2	0.2112	0.2141	0.1923	0.1865	0.2085	0.1956	0.1883	0.2028	0.2112
1对3	0.2504	0.2596	0.2488	0.2448	0.2919	0.2362	0.2404	0.2516	0.2738
1对4	0.3562	0.3696	0.3791	0.3911	0.3945	0.3732	0.3747	0.3888	0.4208
1对5	0.3073	0.3376	0.3126	0.3129	0.3248	0.3126	0.3122	0.3487	0.4196
1对6	0.3162	0.3147	0.2995	0.2978	0.3028	0.2916	0.2765	0.2864	0.3040
1对7	0.2872	0.2940	0.2864	0.2800	0.2836	0.3023	0.2780	0.2861	0.3051
1对8	0.2853	0.2975	0.2741	0.2755	0.3092	0.3003	0.3216	0.3498	0.3651
2对3	0.2650	0.2443	0.2477	0.2324	0.2909	0.2333	0.2354	0.2503	0.2643
2对4	0.3446	0.3454	0.3714	0.3754	0.3730	0.3670	0.3726	0.3932	0.4016
2对5	0.3134	0.3243	0.3095	0.3012	0.3068	0.3210	0.3149	0.3563	0.4129
2对6	0.3175	0.3017	0.2979	0.2892	0.2866	0.2951	0.2763	0.2889	0.2913
2对7	0.2654	0.2614	0.2684	0.2524	0.2526	0.2886	0.2717	0.2769	0.2905
2对8	0.2898	0.2750	0.2654	0.2537	0.2876	0.3062	0.3250	0.3640	0.3667
3对4	0.2806	0.2810	0.3059	0.3085	0.3130	0.2665	0.2764	0.2940	0.3012
3对5	0.2440	0.2525	0.2373	0.2304	0.2504	0.1997	0.1884	0.2230	0.2828
3对6	0.2809	0.2700	0.2685	0.2606	0.2721	0.2385	0.2246	0.2294	0.2237
3对7	0.2217	0.2184	0.2288	0.2108	0.2275	0.2200	0.2116	0.2078	0.2260
3对8	0.2214	0.2081	0.2032	0.1866	0.2370	0.1843	0.1962	0.2314	0.2326
4对5	0.2458	0.2615	0.2771	0.2770	0.2638	0.2559	0.2697	0.2806	0.2899
4对6	0.2951	0.2991	0.3195	0.3236	0.3076	0.3052	0.3065	0.3148	0.3083
4对7	0.2381	0.2473	0.2796	0.2714	0.2663	0.2665	0.2916	0.2897	0.3094
4对8	0.2398	0.2458	0.2705	0.2665	0.2595	0.2525	0.2720	0.2970	0.2947

续表

配对	2005 年	2006 年	2007 年	2008 年	2009 年	2010 年	2011 年	2012 年	2013 年
5 对 6	0.2793	0.2867	0.2780	0.2755	0.2580	0.2698	0.2570	0.2746	0.2996
5 对 7	0.2105	0.2259	0.2300	0.2126	0.2076	0.2309	0.2394	0.2440	0.2986
5 对 8	0.2009	0.2131	0.1900	0.1759	0.1769	0.1942	0.1959	0.2335	0.2714
6 对 7	0.2536	0.2525	0.2606	0.2484	0.2367	0.2624	0.2522	0.2467	0.2499
6 对 8	0.2699	0.2641	0.2601	0.2525	0.2482	0.2627	0.2628	0.2799	0.2658
7 对 8	0.2006	0.2024	0.2119	0.1898	0.1962	0.2247	0.2451	0.2510	0.2674

注：由于篇幅所限，本章采用"1""2""3""4""5""6""7""8"分别代表长三角城市群、珠三角城市群、京津冀城市群、成渝城市群、哈长城市群、中原城市群、长江中游城市群和北部湾城市群。

从表4-5相关计算结果可知，从整体来看，样本考察期内八大城市群地方政府间增值税税收竞争的群间差异呈现不断上升的趋势。第一，群间增值税税收竞争的基尼系数年均递增的城市群配对数占比率为75%，为绝大多数。具体而言，在28个城市群配对组中，只有7个配对组的年度增值税税收竞争的基尼系数是呈现递减变动，其中京津冀城市群与中原城市群的群间差异系数减速最大，年均减少2.805%，其次为珠三角城市群与中原城市群，其群间差异系数年均减少1.074%。其余21个配对组的年度增值税税收竞争的基尼系数均呈递增变化，其中哈长城市群和长江中游城市群的群间差异系数增速最大，年均增加4.465%，其次为长三角城市群和哈长城市群，其群间差异系数年均增加3.971%。第二，以城市群间差异最大的长三角城市群和成渝城市群间差异为例，其群间增值税税收竞争的基尼系数年度均值为0.3831，城市群间差异的演变趋势以2009年为分界点大体分为两个阶段，两个阶段均呈现明显的递增趋势，其年均增长率分别为2.585%和4.080%。

（四）中国城市群增值税税收竞争差异的来源及贡献

为了揭示八大城市群增值税税收竞争差异的来源，本节测算了城市群地方政府间增值税税收竞争群内、群间、超变密度的贡献率（见表4-6）。据表4-6结果可以计算出，考察期内城市群间、超变密度和城市群内的年平均贡献率分别为62.18%、27.34%和10.48%，因此导致城市群地方政府间增值税税收竞争存在差异的来源从高到低依次是城市群间差异、超变密度和城市群内差异，而城市群间差异是造成地方政府间增值税税收竞争差异的主要来源。

表 4 - 6　　2005～2013 年中国城市群增值税税收竞争区域差异的来源分解

年份	群间贡献	贡献率（%）	超变密度贡献	贡献率（%）	群内贡献	贡献率（%）
2005	0.174	58.298	0.091	30.676	0.033	11.026
2006	0.180	59.997	0.087	29.017	0.033	10.986
2007	0.182	60.167	0.087	28.784	0.033	11.050
2008	0.190	63.367	0.078	25.939	0.032	10.694
2009	0.190	61.978	0.085	27.628	0.032	10.394
2010	0.191	62.829	0.081	26.641	0.032	10.530
2011	0.189	62.359	0.083	27.423	0.031	10.217
2012	0.201	63.064	0.086	26.906	0.032	10.030
2013	0.232	67.573	0.079	23.052	0.032	9.375

图 4 - 24 展示了贡献率的演变趋势，从图 4 - 24 中我们可以清晰地发现，考察期内城市群间增值税税收竞争差异呈稳中上升趋势，其贡献率由 2005 年的 58.298% 上升至 2013 年的 67.573%，年平均增长 1.863%；超变密度贡献率则逐渐下降，其贡献率由 2005 年的 30.676% 下降至 2013 年的 23.052%，年平均下降 3.509%；群内贡献率稳定在 9%～12%，其演变趋势呈缓慢下降态势，贡献率由 2005 年的 11.026% 下降至 2013 年的 9.375%，年平均下降

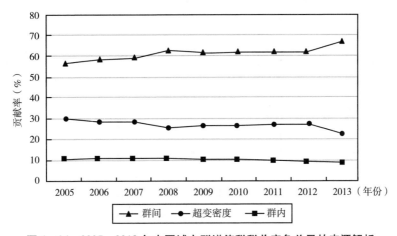

图 4 - 24　2005～2013 年中国城市群增值税税收竞争差异的来源解析

2.007%。同样，中国城市群地方政府间增值税税收竞争具有收敛还是发散特征，还需要后面进一步的经验探讨加以论证。

第五节　地方政府间营业税税收竞争的时空差异

一、营业税税收竞争的分布动态演进规律

（一）城市群总体层面

为保证核密度估计结果的精确性及曲线的平滑性，下面以 2005 年、2010 年、2013 年作为观测年份，分析中国城市群地方政府间营业税税收竞争的分布动态（见图 4 - 25）。根据图 4 - 25 可知，观测期内，分布曲线中心位置明显不断左移，即平均来看，地方政府间营业税税收竞争指数不断降低，意味着税收竞争的激烈程度逐年减弱。城市群营业税税收竞争分布的主峰高度呈逐年上升的趋势，而且宽度逐渐变窄，这说明中国城市群地方政府间营业税

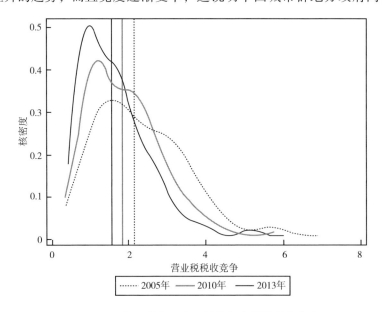

图 4 - 25　中国城市群营业税税收竞争的分布密度

税收竞争的绝对差异呈现缩小的趋势；但同时，还可明显观测到，分布曲线右拖尾现象有所减少，这意味着地方政府间营业税税收竞争能力弱的城市增速不断变大，与发达城市之间的相对差距不断缩小。此外，从波峰情况来看，城市群地方政府间营业税税收竞争的分布曲线均呈现单峰的外部特征，表明城市群地方政府间营业税税收竞争不具有显著的多极化现象，发展水平差距明显。

（二）城市群个体层面

进一步，我们同样以 2005 年、2010 年、2013 年作为观测年份，分别绘制了样本期内中国长三角城市群等八大城市群营业税税收竞争的分布密度图（见图 4－26～图 4－33）。

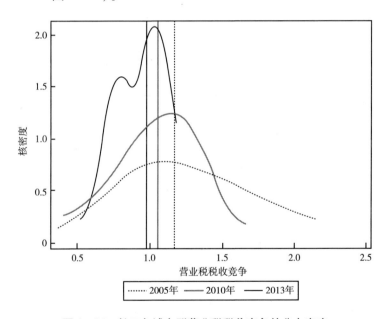

图 4－26　长三角城市群营业税税收竞争的分布密度

（1）从分布位置来看，八大城市群分布曲线中心位置主流呈现左移的变化特点，即城市群地方政府间营业税税收竞争整体表征为下降态势。其中，长三角城市群、京津冀城市群、成渝城市群和中原城市群的分布曲线中心位置随着时间的推移，一直呈现左移的变动趋势，说明这四大城市群地方政府

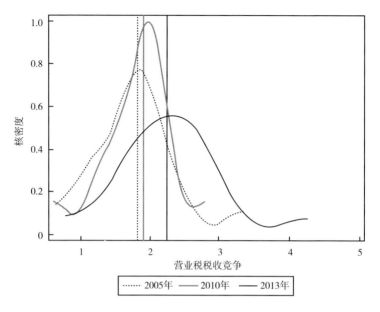

图 4 - 27   珠三角城市群营业税税收竞争的分布密度

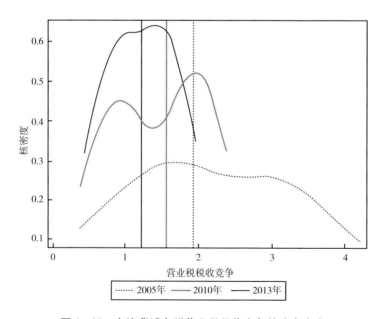

图 4 - 28   京津冀城市群营业税税收竞争的分布密度

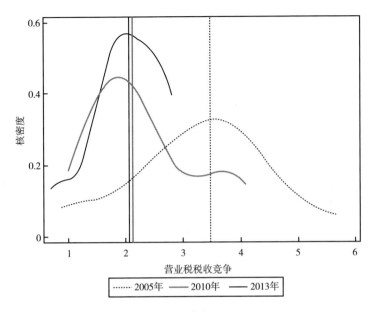

图 4 - 29　成渝城市群营业税税收竞争的分布密度

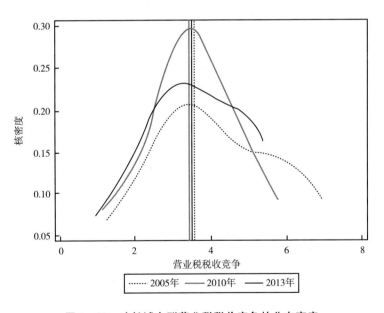

图 4 - 30　哈长城市群营业税税收竞争的分布密度

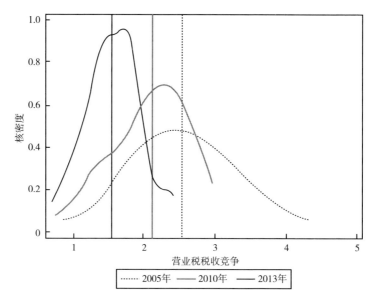

图 4 – 31　中原城市群营业税税收竞争的分布密度

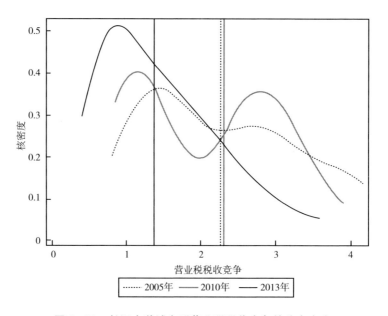

图 4 – 32　长江中游城市群营业税税收竞争的分布密度

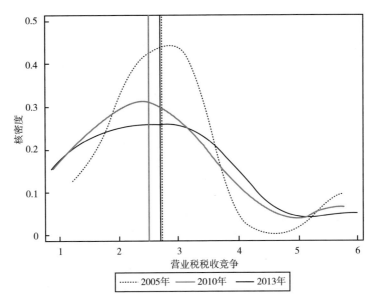

图 4－33　北部湾城市群营业税税收竞争的分布密度

间营业税税收竞争也具有下降态势；珠三角城市群的分布曲线中心位置则逐年不断右移，说明该城市群地方政府间营业税税收竞争具有上升态势；长江中游城市群的分布曲线中心位置随着时间的推移，先小幅右移然后大幅左移，意味着该城市群地方政府间营业税税收竞争整体表现为下降态势；哈长城市群和北部湾城市群的分布曲线中心位置随着时间的推移，先左移后右移，但中心位置大小仍低于初始年份即 2005 年，意味着这两大城市群地方政府间营业税税收竞争还是表现为下降态势。

（2）从分布形态来看，八大城市群的主峰高度和曲线宽度变化差异较为明显。其中，长三角城市群、京津冀城市群、成渝城市群、中原城市群和长江中游城市群均呈现主峰高度上升、曲线宽度变小的特征，表明中国城市群地方政府间营业税税收竞争的绝对差异呈现缩小的趋势；哈长城市群主峰高度先上升后下降，仍高于初始期即 2005 年，表明该城市群地方政府间营业税税收竞争的绝对差异仍具有缩小的趋势；珠三角城市群主峰高度先上升后大幅下降，变成最低，而北部湾城市群主峰高度则随着时间的推移一直下降，相应的曲线宽度也在增加，意味着这两大城市群地方政府间营业税税收竞争的绝对差异具有扩大的趋势。

（3）从拖尾情况来看，长三角城市群、京津冀城市群、成渝城市群、哈长城市群、中原城市群和长江中游城市群的分布曲线右拖尾现象有所减少，表明这六大城市群地方政府间营业税税收竞争能力弱的城市增速有所提高，与发达城市之间的相对差距呈现收缩趋势；珠三角城市群和北部湾城市群的分布曲线右拖尾现象显著增多，表明这两大城市群地方政府间营业税税收竞争能力弱的城市增速依然严重滞后，与发达城市之间的相对差距仍在不断扩大。

（4）从波峰情况来看，长三角城市群地方政府间营业税税收竞争的分布曲线表现为"单峰—单峰—多峰"的变化特征，表明该城市群地方政府间营业税税收竞争具有显著的多极化现象，发展水平相对平衡；其余七大城市群地方政府间营业税税收竞争的分布曲线依然主要表现为"单峰"的突出特征，表明城市群地方政府间营业税税收竞争不具有显著的多极化现象，发展水平差异显著。

二、营业税税收竞争的区域差异分解与来源

本节运用 Dagum 基尼系数及其按子群分解的方法对中国城市群地方政府间营业税税收竞争的发展差异、城市群内差异、城市群间差异、超变密度进行测度。

（一）中国城市群营业税税收竞争的发展差异

为了刻画营业税税收竞争的发展差异，本节根据其 Dagum 总体基尼系数值绘制了图 4-34。根据图 4-34，我们可以清晰地发现在考察期内，中国城市群地方政府间营业税税收竞争的发展差异呈现两阶段变化特点，具体而言：2004~2011 年期间，营业税税收竞争基尼系数处于较为平稳阶段，2011~2013 年则快速上升，并处于高位运行。样本期内地方政府间营业税税收竞争 Dagum 基尼系数由初始期的 0.286，上升至研究末期的 0.305，每年平均增长 2.5%，这说明中国城市群地方政府间营业税税收竞争的发展差距在逐渐扩大。

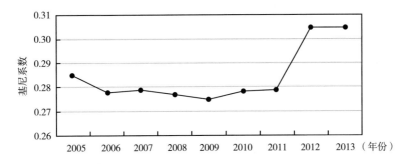

图4-34　2005~2013年中国城市群营业税税收竞争的一般差异

资料来源：笔者经由Dagum基尼系数测算而得。

（二）中国城市群营业税税收竞争的群内差异

八大城市群地方政府间营业税税收竞争的群内差异系数的测算结果如表4-7所示，图4-35展示了考察期内地方政府间营业税税收竞争的城市群内差异的演变趋势。

表4-7　　　2005~2013年中国城市群营业税税收竞争的空间差异

年份	长三角	珠三角	京津冀	成渝	哈长	中原	长江中游	北部湾
2005	0.204	0.187	0.277	0.204	0.224	0.164	0.247	0.205
2006	0.201	0.199	0.278	0.197	0.205	0.164	0.239	0.209
2007	0.180	0.210	0.274	0.217	0.183	0.152	0.237	0.209
2008	0.173	0.217	0.270	0.191	0.196	0.133	0.215	0.241
2009	0.153	0.194	0.244	0.230	0.169	0.153	0.224	0.265
2010	0.161	0.152	0.243	0.215	0.198	0.145	0.251	0.269
2011	0.137	0.182	0.232	0.204	0.187	0.137	0.261	0.294
2012	0.127	0.188	0.225	0.181	0.229	0.161	0.290	0.282
2013	0.105	0.178	0.218	0.168	0.219	0.142	0.295	0.278

资料来源：笔者经由Dagum基尼系数测算而得。

结合表4-7的数据和图4-35，我们发现，考察期内八大城市群地方政府间营业税竞争发展的群内差异存在两极分化特点。长江中游城市群和北部湾城市群营业税竞争发展的群内差异呈现扩大趋势，这两个城市群营业税税收竞争的基尼系数年均增长分别为2.24%和3.88%。其余六大城市群营业税税收竞争的基尼系数则均具有显著的递减趋势，其中长三角城市群营业税税收竞争的群内差异收敛最大，其税收竞争的基尼系数年均减少为 7.97%；其次为京津冀城市群，其税收竞争的基尼系数年均减少为 2.95%。

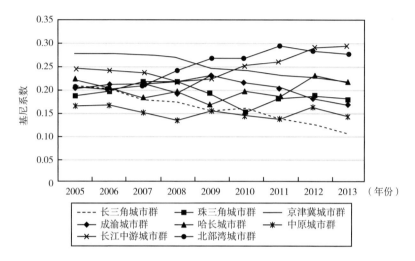

图 4 - 35   2005～2013 年中国城市群内营业税税收竞争的发展差异

（三）中国城市群营业税税收竞争的群间差异

为了展示八大城市群营业税税收竞争的城市群间差异，本节采用 Dagum 基尼系数按照子群分解的方法对差异进行分解，相关分解值如表 4 - 8 所示。

表 4 - 8   2005～2013 年中国城市群营业税税收竞争的群间差异

配对	2005 年	2006 年	2007 年	2008 年	2009 年	2010 年	2011 年	2012 年	2013 年
1 对 2	0.2211	0.2365	0.2347	0.2371	0.2340	0.2268	0.2695	0.2916	0.2892
1 对 3	0.2877	0.2865	0.2715	0.2608	0.2273	0.2234	0.2030	0.1982	0.1732
1 对 4	0.3407	0.3304	0.3308	0.3338	0.3221	0.2912	0.2679	0.2849	0.2626
1 对 5	0.3831	0.3814	0.3749	0.3751	0.3571	0.3686	0.3491	0.3907	0.3818
1 对 6	0.2668	0.2635	0.2512	0.2442	0.2546	0.2455	0.2191	0.2296	0.1963
1 对 7	0.2851	0.2836	0.2739	0.2583	0.2592	0.2901	0.2497	0.2625	0.2602
1 对 8	0.2971	0.3092	0.3084	0.3042	0.3044	0.3200	0.3206	0.3412	0.3309
2 对 3	0.2508	0.2483	0.2486	0.2483	0.2232	0.2054	0.2438	0.2526	0.2632

续表

配对	2005 年	2006 年	2007 年	2008 年	2009 年	2010 年	2011 年	2012 年	2013 年
2 对 4	0.2670	0.2435	0.2530	0.2491	0.2431	0.2020	0.1959	0.1859	0.1762
2 对 5	0.3167	0.2963	0.2911	0.2938	0.2643	0.2628	0.2260	0.2517	0.2396
2 对 6	0.1955	0.1871	0.1814	0.1727	0.1756	0.1526	0.1637	0.1870	0.1927
2 对 7	0.2444	0.2347	0.2329	0.2208	0.2216	0.2364	0.2496	0.2785	0.2813
2 对 8	0.2349	0.2349	0.2415	0.2536	0.2502	0.2386	0.2490	0.2423	0.2348
3 对 4	0.2597	0.2519	0.2632	0.2588	0.2744	0.2578	0.2444	0.2431	0.2373
3 对 5	0.3054	0.2998	0.2998	0.3097	0.3053	0.3322	0.3269	0.3621	0.3698
3 对 6	0.2078	0.2069	0.1989	0.1860	0.1972	0.1950	0.1829	0.1940	0.1770
3 对 7	0.2593	0.2531	0.2510	0.2345	0.2377	0.2713	0.2580	0.2745	0.2792
3 对 8	0.2549	0.2594	0.2620	0.2739	0.2867	0.3067	0.3289	0.3289	0.3375
4 对 5	0.2243	0.2169	0.2230	0.2075	0.2254	0.2415	0.2400	0.2513	0.2541
4 对 6	0.1993	0.1935	0.1984	0.1844	0.1957	0.1801	0.1697	0.1826	0.1752
4 对 7	0.2523	0.2392	0.2478	0.2340	0.2439	0.2450	0.2509	0.2710	0.2654
4 对 8	0.2149	0.2059	0.2165	0.2169	0.2469	0.2428	0.2583	0.2379	0.2372
5 对 6	0.2268	0.2265	0.2242	0.2163	0.2095	0.2209	0.2247	0.2732	0.2829
5 对 7	0.2854	0.2742	0.2748	0.2691	0.2624	0.2723	0.3049	0.3563	0.3578
5 对 8	0.2454	0.2316	0.2218	0.2456	0.2367	0.2474	0.2521	0.2669	0.2615
6 对 7	0.2126	0.2068	0.2009	0.1808	0.1950	0.2111	0.2094	0.2358	0.2313
6 对 8	0.1790	0.1831	0.1809	0.1752	0.1951	0.1989	0.2200	0.2381	0.2428
7 对 8	0.2434	0.2389	0.2409	0.2329	0.2472	0.2650	0.3017	0.3288	0.3309

注：由于篇幅所限，本章采用"1""2""3""4""5""6""7""8"分别代表长三角城市群、珠三角城市群、京津冀城市群、成渝城市群、哈长城市群、中原城市群、长江中游城市群和北部湾城市群。

据表 4-8 相关计算结果可知，从整体来看，样本考察期内八大城市群地方政府间营业税税收竞争的群间差异呈现不断发散的趋势。第一，群间基尼系数年均递增的城市群配对数占比率刚超过一半，为 57%。具体而言，在 28 个城市群配对组中，12 个配对组的年度基尼系数是呈现递减变动，其中长三角城市群与京津冀城市群的群间差异系数减速最大，年均减少 6.143%，其次为珠三角城市群与成渝城市群，其群间差异系数年均减少 5.064%。其余 16

个配对组的年度基尼系数均呈现递增变化，其中长江中游城市群和北部湾城市群的群间差异系数增速最大，年均增加3.912%，其次为中原城市群和北部湾城市群，其群间差异系数年均增加3.882%。第二，以城市群间差异最大的长三角城市群和哈长城市群间差异为例，其群间基尼系数年度均值为0.3735，城市群间差异的演变呈现较为明显的递减趋势。

（四）中国城市群营业税税收竞争差异的来源及贡献

为了揭示八大城市群地方政府间营业税税收竞争差异的来源，本节测算了群内、群间、超变密度的贡献率（见表4-9）。据表4-9结果可以计算出，考察期内城市群间、超变密度和城市群内的年平均贡献率分别为64.63%、25.94%和9.43%，因此导致地方政府间营业税税收竞争存在差异的来源从高到低依次是城市群间差异、超变密度和城市群内差异，而城市群间差异是造成营业税税收竞争差异的主要来源。

表4-9   2005~2013年中国城市群营业税税收竞争区域差异的来源分解

年份	群间贡献	贡献率（%）	超变密度贡献	贡献率（%）	群内贡献	贡献率（%）
2005	0.179	62.539	0.078	27.426	0.029	10.034
2006	0.171	61.382	0.080	28.571	0.028	10.047
2007	0.174	62.046	0.079	28.225	0.027	9.729
2008	0.180	64.862	0.072	25.922	0.026	9.216
2009	0.175	63.193	0.075	27.262	0.026	9.545
2010	0.173	61.992	0.079	28.257	0.027	9.751
2011	0.182	65.038	0.072	25.679	0.026	9.282
2012	0.213	69.711	0.065	21.465	0.027	8.824
2013	0.216	70.981	0.063	20.610	0.026	8.409

图4-36展示了贡献率的演变趋势。从图4-36中我们可以清晰地发现，考察期内城市群内营业税税收竞争差异变化较为平稳，群内贡献率稳定在9%~11%；超变密度贡献率则逐渐下降，其贡献率由2005年的27.426%减少至2013年的20.610%，年平均减少3.508%；群间贡献率由2005年的

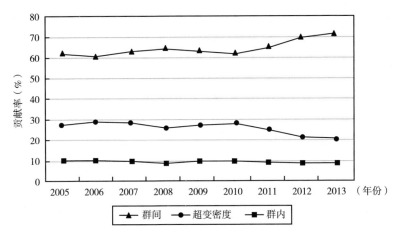

图4-36 2005~2013年中国城市群营业税税收竞争差异的来源解析

62.539%上升至2013年的70.981%，年平均增长1.595%；同样，八大城市群地方政府间营业税税收竞争具有收敛还是发散特征，还需要后面进一步的经验探讨加以论证。

第六节 地方政府间企业所得税税收竞争的时空差异

一、企业所得税税收竞争的分布动态演进规律

（一）城市群总体层面

为保证核密度估计结果的精确性及曲线的平滑性，下面以2005年、2010年、2013年作为观测年份，分析中国城市群地方政府间企业所得税税收竞争的分布动态（见图4-37）。根据图4-37可知，观测期内，分布曲线中心位置明显不断左移，即平均来看，地方政府间企业所得税税收竞争指数不断降低，意味着税收竞争的激烈程度逐年减弱。城市群企业所得税税收竞争分布的主峰高度呈逐年上升的趋势，而且宽度逐渐变窄，这说明中国城市群地方政府间企业所得税税收竞争的绝对差异呈现缩小的趋势；但同时，还可明显观测到，分布曲线右拖尾现象明显减少，这意味着地方政府间企业所得税税

收竞争能力弱的城市增速不断变大，与发达城市之间的相对差距不断缩小。此外，从波峰情况来看，城市群地方政府间企业所得税税收竞争的分布曲线均呈现单峰的外部特征，表明城市群地方政府间企业所得税税收竞争不具有显著的多极化现象，发展水平差距明显。

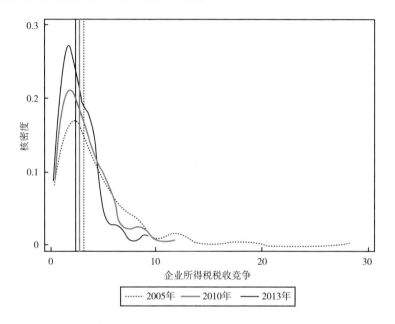

图 4 - 37　中国城市群企业所得税税收竞争的分布密度

（二）城市群个体层面

进一步，我们同样以 2005 年、2010 年、2013 年作为观测年份，分别绘制了样本期内中国长三角城市群等八大城市群企业所得税税收竞争的分布密度图（见图 4 - 38～图 4 - 45）。

（1）从分布位置来看，中国城市群分布曲线中心位置主流呈现左移的变化特点，即城市群地方政府间企业所得税税收竞争整体表征为下降态势。其中，长三角城市群的分布曲线中心位置随着时间的推移，略微呈现右移的变动趋势，说明该城市群地方政府间企业所得税税收竞争变大的趋势十分有限。

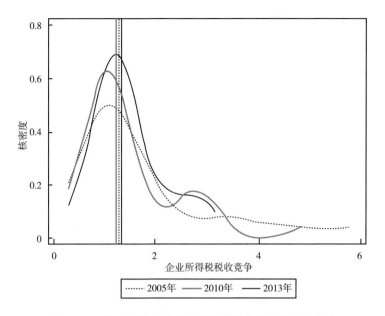

图 4 - 38　长三角城市群企业所得税税收竞争的分布密度

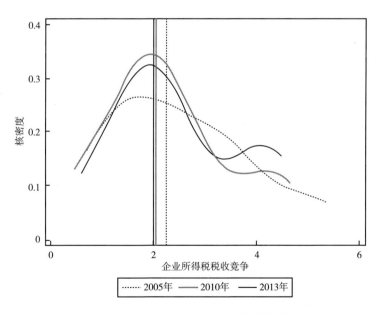

图 4 - 39　珠三角城市群企业所得税税收竞争的分布密度

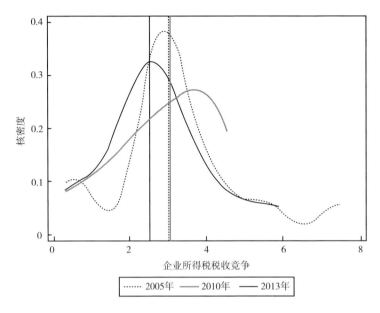

图 4 – 40　京津冀城市群企业所得税税收竞争的分布密度

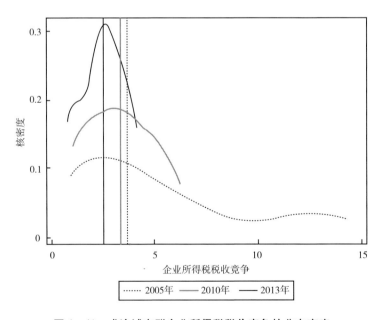

图 4 – 41　成渝城市群企业所得税税收竞争的分布密度

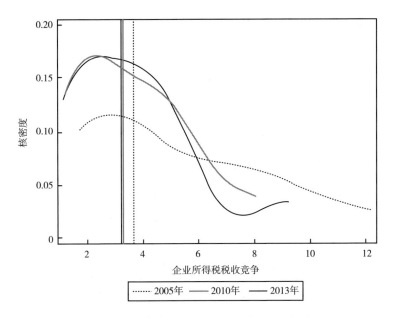

图4-42　哈长城市群企业所得税税收竞争的分布密度

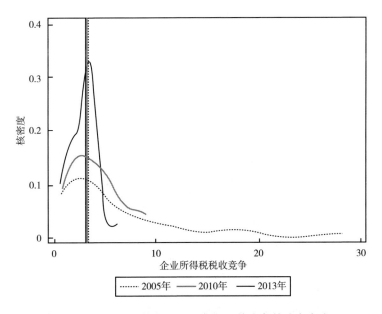

图4-43　中原城市群企业所得税税收竞争的分布密度

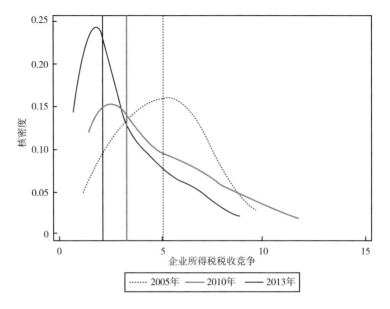

图 4 - 44　长江中游城市群企业所得税税收竞争的分布密度

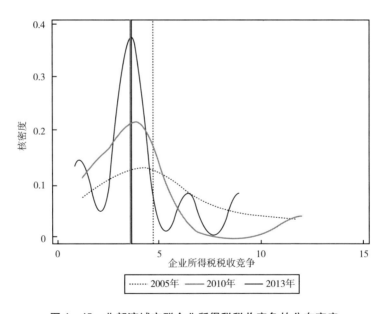

图 4 - 45　北部湾城市群企业所得税税收竞争的分布密度

（2）从分布形态来看，八大城市群的主峰高度和曲线宽度变化比较一致，即均呈现主峰高度上升、曲线宽度变小的特征，表明中国城市群地方政府间企业所得税税收竞争的绝对差异呈现缩小的趋势。

（3）从拖尾情况来看，八大城市群的分布曲线右拖尾现象均有所减少，表明中国城市群地方政府间企业所得税税收竞争能力弱的城市增速有所提高，与发达城市之间的相对差距呈现收缩趋势。

（4）从波峰情况来看，北部湾城市群地方政府间企业所得税税收竞争的分布曲线表现为"单峰—单峰—多峰"的变化特征，表明该城市群地方政府间企业所得税税收竞争具有显著的多极化现象，发展水平相对平衡；其余七大城市群地方政府间企业所得税税收竞争的分布曲线依然主要表现为"单峰"的突出特征，表明城市群地方政府间企业所得税税收竞争不具有显著的多极化现象，发展水平差异显著。

二、企业所得税税收竞争的区域差异分解与来源

本节运用 Dagum 基尼系数及其按子群分解的方法对地方政府间企业所得税税收竞争的发展差异、城市群内差异、城市群间差异、超变密度进行测度。

（一）中国城市群企业所得税税收竞争的发展差异

为了刻画地方政府间企业所得税税收竞争的发展差异，本节根据其 Dagum 总体基尼系数值绘制了图 4 - 46。根据图 4 - 46，我们可以清晰地发现在

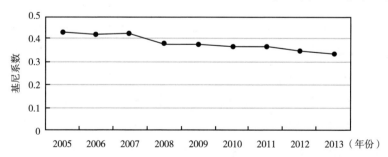

图 4 - 46　2005～2013 年中国城市群企业所得税税收竞争的一般差异

资料来源：笔者经由 Dagum 基尼系数测算而得。

考察期内，中国城市群地方政府间企业所得税税收竞争的发展差异呈现不断下降的趋势，企业所得税的 Dagum 基尼系数由研究初始期的 0.430，下降至研究末期的 0.332，每年平均减少 3.2%，这说明中国城市群地方政府间企业所得税税收竞争的发展差距在逐渐缩小。

（二）中国城市群企业所得税税收竞争的群内差异

八大城市群地方政府间企业所得税税收竞争的群内差异系数的测算结果如表 4 - 10 所示，图 4 - 47 展示了考察期内企业所得税税收竞争的城市群内差异的演变趋势。

表 4 - 10　　2005 ~ 2013 年中国城市群企业所得税税收竞争的空间差异

年份	长三角	珠三角	京津冀	成渝	哈长	中原	长江中游	北部湾
2005	0.378	0.289	0.280	0.416	0.345	0.498	0.236	0.327
2006	0.384	0.257	0.265	0.407	0.278	0.478	0.265	0.310
2007	0.345	0.259	0.243	0.377	0.292	0.474	0.355	0.321
2008	0.347	0.301	0.276	0.285	0.273	0.405	0.313	0.315
2009	0.326	0.286	0.245	0.311	0.328	0.358	0.321	0.332
2010	0.324	0.287	0.249	0.284	0.297	0.330	0.332	0.335
2011	0.304	0.320	0.242	0.293	0.307	0.290	0.364	0.384
2012	0.252	0.286	0.244	0.253	0.315	0.266	0.356	0.337
2013	0.256	0.267	0.277	0.249	0.324	0.238	0.358	0.297

资料来源：笔者经由 Dagum 基尼系数测算而得。

结合表 4 - 10 的数据和图 4 - 47，我们发现，考察期内八大城市群地方政府间企业所得税税收竞争呈现如下变化特征：一是样本期内八大城市群企业所得税的变化以 2010 年为分割点，2010 年以前分化趋势较为明显，从 2011 年开始差异逐级缩小，趋于稳态。二是除了长江中游城市群以外，其余七大城市群地方政府间企业所得税竞争发展的群内差异均显著降低。具体而言，长江中游城市群企业所得税税收竞争的基尼系数在 2005 年为 0.236，到研究末期即 2013 年增加到 0.358，年均增长 5.35%；中原城市群企业所得税税收竞争的基尼系数年均减少最大，约为 8.82%，其次则为成渝城市群，其年均减少 6.21%。

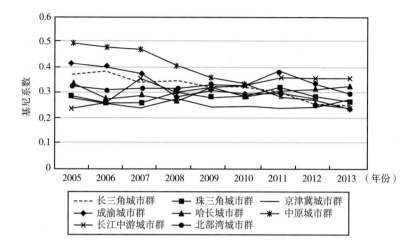

图 4 - 47　2005～2013 年中国城市群内企业所得税税收竞争的发展差异

（三）中国城市群企业所得税税收竞争的群间差异

为了展示八大城市群企业所得税税收竞争的城市群间差异，本节采用 Dagum 基尼系数按照子群分解的方法对差异进行分解，相关分解值如表 4 - 11 所示。

表 4 - 11　　2005～2013 年中国八大城市群企业所得税税收竞争的群间差异

配对	2005 年	2006 年	2007 年	2008 年	2009 年	2010 年	2011 年	2012 年	2013 年
1 对 2	0.3623	0.3506	0.3327	0.3552	0.3335	0.3340	0.3606	0.3315	0.2998
1 对 3	0.3874	0.3810	0.3540	0.3730	0.3404	0.3532	0.3428	0.3251	0.3219
1 对 4	0.4876	0.4825	0.4527	0.4030	0.3785	0.3733	0.3551	0.3100	0.2964
1 对 5	0.4584	0.4113	0.3986	0.3699	0.3815	0.3885	0.3913	0.3789	0.3690
1 对 6	0.5464	0.5263	0.5098	0.4709	0.4288	0.4156	0.3772	0.3548	0.3139
1 对 7	0.3923	0.4044	0.4413	0.4160	0.4142	0.4311	0.4130	0.3933	0.3773
1 对 8	0.4566	0.4437	0.4510	0.4255	0.4360	0.4123	0.4203	0.3989	0.3778
2 对 3	0.2964	0.2786	0.2614	0.2979	0.2737	0.2800	0.2915	0.2750	0.2783
2 对 4	0.4193	0.4161	0.3841	0.3224	0.3190	0.3055	0.3091	0.2760	0.2617
2 对 5	0.3728	0.3087	0.3110	0.2974	0.3229	0.3201	0.3267	0.3130	0.3159
2 对 6	0.4941	0.4773	0.4630	0.4087	0.3673	0.3496	0.3072	0.2803	0.2557
2 对 7	0.2974	0.3200	0.3725	0.3397	0.3448	0.3612	0.3570	0.3413	0.3399
2 对 8	0.3677	0.3538	0.3661	0.3452	0.3666	0.3458	0.3633	0.3307	0.3135
3 对 4	0.3943	0.3877	0.3606	0.2972	0.2953	0.2751	0.2763	0.2526	0.2659

配对	2005 年	2006 年	2007 年	2008 年	2009 年	2010 年	2011 年	2012 年	2013 年
3 对 5	0.3408	0.2827	0.2869	0.2866	0.2948	0.2846	0.2902	0.2979	0.3129
3 对 6	0.4721	0.4542	0.4459	0.3906	0.3469	0.3218	0.2865	0.2643	0.2551
3 对 7	0.2734	0.2912	0.3529	0.3219	0.3267	0.3362	0.3405	0.3340	0.3413
3 对 8	0.3358	0.3176	0.3318	0.3126	0.3346	0.3033	0.3311	0.3063	0.3067
4 对 5	0.3939	0.3743	0.3533	0.2980	0.3219	0.2934	0.3087	0.3050	0.3059
4 对 6	0.4739	0.4561	0.4427	0.3722	0.3494	0.3198	0.2964	0.2710	0.2472
4 对 7	0.3165	0.3273	0.3654	0.3088	0.3285	0.3314	0.3483	0.3355	0.3362
4 对 8	0.3883	0.3778	0.3594	0.3024	0.3370	0.3122	0.3455	0.3156	0.2998
5 对 6	0.4661	0.4439	0.4388	0.3902	0.3559	0.3237	0.2978	0.2861	0.2763
5 对 7	0.2729	0.2730	0.3433	0.3163	0.3293	0.3300	0.3528	0.3508	0.3535
5 对 8	0.3414	0.3031	0.3216	0.3178	0.3467	0.3235	0.3522	0.3336	0.3161
6 对 7	0.3938	0.3878	0.4181	0.3623	0.3401	0.3346	0.3351	0.3218	0.3135
6 对 8	0.4636	0.4453	0.4389	0.3861	0.3537	0.3357	0.3241	0.2945	0.2684
7 对 8	0.2642	0.2787	0.3494	0.3185	0.3263	0.3407	0.3722	0.3581	0.3514

注：由于篇幅所限，本章采用"1""2""3""4""5""6""7""8"分别代表长三角城市群、珠三角城市群、京津冀城市群、成渝城市群、哈长城市群、中原城市群、长江中游城市群和北部湾城市群。

据表 4－11 相关计算结果可知，从整体来看，样本考察期内八大城市群地方政府间企业所得税税收竞争的群间差异呈现不断收敛的趋势。第一，群间基尼系数年均递减的城市群配对数占比率为 82%，为绝大多数。具体而言，在 28 个城市群配对组中，只有 5 个配对组的年度基尼系数是呈现递增变动的，其中长江中游城市群与北部湾城市群的群间差异系数增速最大，年均增加 3.628%，其次为长江中游城市群与哈长城市群，其群间差异系数年均增加 3.288%。其余 23 个配对组的年度基尼系数均呈现递减变化，其中珠三角城市群和中原城市群的群间差异系数减速最大，年均减少 7.901%，其次为成渝城市群和中原城市群，其群间差异系数年均减少 7.812%。第二，以城市群间差异最大的长三角城市群和中原城市群为例，其群间基尼系数年度均值为 0.4382，城市群间差异的演变一直呈现明显的递减趋势。

（四）中国城市群企业所得税税收竞争差异的来源及贡献

为了揭示八大城市群企业所得税税收竞争差异的来源，本章测算了群内、群间、超变密度的贡献率（见表4-12）。据表4-12结果可以计算出，考察期内城市群间、超变密度和城市群内的年平均贡献率分别为45.89%、41.63%和12.48%，因此导致地方政府间企业所得税税收竞争存在差异的来源从高到低依次是城市群间差异、超变密度和城市群内差异，而城市群间差异是造成企业所得税税收竞争差异的主要来源。

表4-12 2005~2013年中国城市群企业所得税税收竞争区域差异的来源分解

年份	群间贡献	贡献率（%）	超变密度贡献	贡献率（%）	群内贡献	贡献率（%）
2005	0.204	47.408	0.173	40.320	0.053	12.272
2006	0.197	47.072	0.169	40.393	0.052	12.536
2007	0.190	44.918	0.178	42.197	0.054	12.885
2008	0.179	46.498	0.157	40.741	0.049	12.761
2009	0.185	49.202	0.144	38.241	0.047	12.557
2010	0.184	49.777	0.140	37.686	0.046	12.536
2011	0.147	40.550	0.170	46.982	0.045	12.468
2012	0.153	44.260	0.151	43.699	0.042	12.041
2013	0.144	43.385	0.148	44.478	0.040	12.137

图4-48展示了贡献率的演变趋势。从图4-48中我们可以清晰地发现，考察期内企业所得税税收竞争城市群内差异变化较为平稳，群内贡献率稳定在12%左右；城市群间、超变密度贡献率交叉变化，其中在2010年以前，即

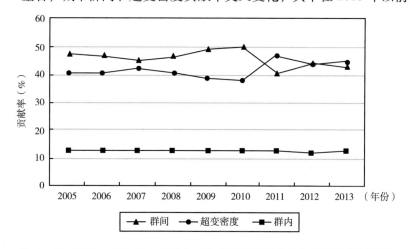

图4-48 2005~2013年中国城市群企业所得税税收竞争差异的来源解析

前五年群间贡献率明显大于超变密度贡献率，2010 年以后的三年间，两者贡献率差距明显缩小，超变密度贡献率甚至略微反超群间贡献率。当然，中国城市群地方政府间企业所得税税收竞争具有收敛还是发散特征，还需要后面进一步的经验探讨加以论证。

第七节 地方政府间个人所得税税收竞争的时空差异

一、个人所得税税收竞争的分布动态演进规律

（一）城市群总体层面

为保证核密度估计结果的精确性及曲线的平滑性，下面以 2005 年、2010 年、2013 年作为观测年份，分析中国城市群地方政府间个人所得税税收竞争的分布动态（见图 4 - 49）。根据图 4 - 49 可知，观测期内，分布曲线中心位

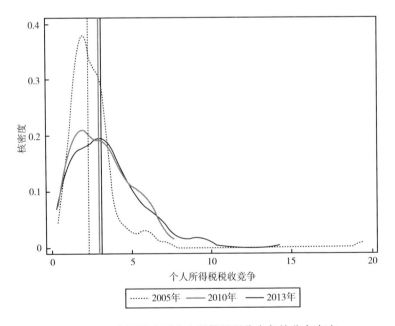

图 4 - 49　中国城市群个人所得税税收竞争的分布密度

置不断右移，即平均来看，地方政府间个人所得税税收竞争指数不断提高，意味着税收竞争的激烈程度逐年增强。城市群个人所得税税收竞争分布的主峰高度呈逐年下降的趋势，而且宽度逐渐变大，这说明中国城市群地方政府间个人所得税税收竞争的绝对差异呈现扩大的趋势；但同时，还可明显观测到，分布曲线右拖尾现象有所减少，这意味着地方政府间个人所得税税收竞争能力弱的城市增速不断变大，与发达城市之间的相对差距不断缩小。此外，从波峰情况来看，城市群个人所得税税收竞争的分布曲线均呈现单峰的外部特征，表明城市群地方政府间个人所得税税收竞争不具有显著的多极化现象，发展水平差距明显。

（二）城市群个体层面

进一步，我们同样以 2005 年、2010 年、2013 年作为观测年份，分别绘制了样本期内中国长三角城市群等八大城市群个人所得税税收竞争的分布密度图（见图 4 – 50 ~ 图 4 – 57）。

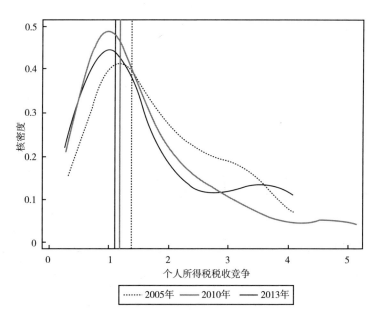

图 4 – 50　长三角城市群个人所得税税收竞争的分布密度

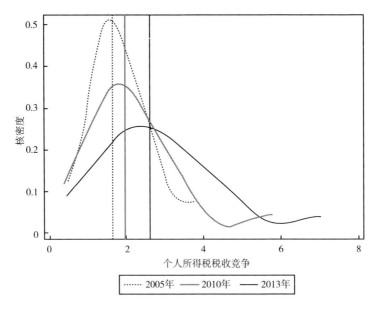

图 4 – 51　珠三角城市群个人所得税税收竞争的分布密度

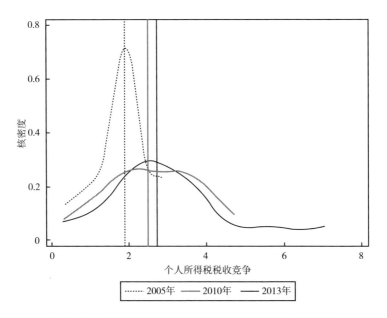

图 4 – 52　京津冀城市群个人所得税税收竞争的分布密度

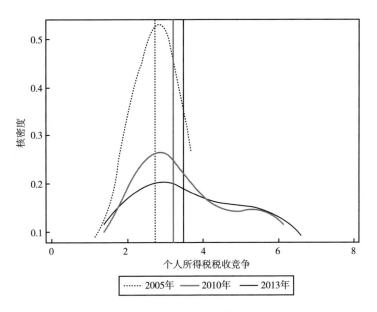

图 4 - 53 成渝城市群个人所得税税收竞争的分布密度

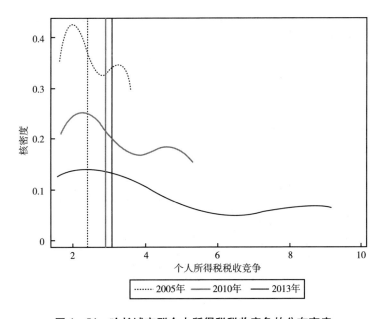

图 4 - 54 哈长城市群个人所得税税收竞争的分布密度

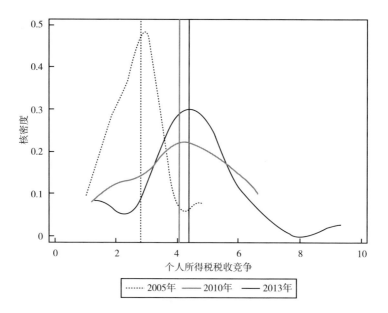

图4-55　中原城市群个人所得税税收竞争的分布密度

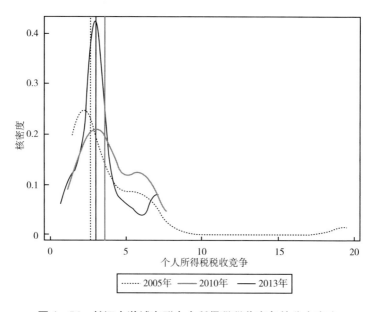

图4-56　长江中游城市群个人所得税税收竞争的分布密度

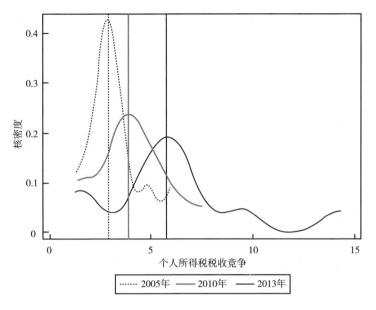

图 4-57　北部湾城市群个人所得税税收竞争的分布密度

（1）从分布位置来看，中国城市群分布曲线中心位置主流呈现右移的变化特点。其中，珠三角城市群、京津冀城市群、成渝城市群、哈长城市群、中原城市群和北部湾城市群的分布曲线中心位置随着时间的推移，一直呈现右移的变动趋势，说明这六大城市群地方政府间个人所得税税收竞争具有上升态势；长江中游城市群的分布曲线中心位置则先右移，再左移，但仍然大于初始期即2005年，这意味着该城市群地方政府间个人所得税税收竞争还是表现为上升态势。只有长三角城市群的分布曲线中心位置随着时间的推移，一直呈现左移的变动趋势，说明该城市群地方政府间个人所得税税收竞争具有下降态势。

（2）从分布形态来看，相比于2005年而言，珠三角城市群、京津冀城市群、成渝城市群、哈长城市群、中原城市群和北部湾城市群的主峰高度和曲线宽度均呈现主峰高度下降、曲线宽度变大的特征，表明这六大城市群地方政府间个人所得税税收竞争的绝对差异呈现扩大的趋势；长三角城市群和长江中游城市群主峰高度则随着时间的推移有所抬高，相应的曲线宽度也在缩小，意味着这两大城市群地方政府间个人所得税税收竞争的绝对差异具有收缩的趋势。

（3）从拖尾情况来看，珠三角城市群、京津冀城市群、成渝城市群、哈长城市群、中原城市群和北部湾城市群的分布曲线右拖尾现象显著增加，表明这六大城市群地方政府间个人所得税税收竞争能力弱的城市增速依然严重滞后，与发达城市之间的相对差距仍在不断扩大；长三角城市群和长江中游城市群的分布曲线右拖尾现象显著减少，表明这两大城市群地方政府间个人所得税税收竞争能力弱的城市增速有所提高，与发达城市之间的相对差距呈现收缩趋势。

（4）从波峰情况来看，八大城市群地方政府间个人所得税税收竞争的分布曲线均表现为"单峰"的变化特征，表明中国城市群地方政府间个人所得税税收竞争不具有显著的多极化现象，发展水平差异显著。

二、个人所得税税收竞争的区域差异分解与来源

本节运用 Dagum 基尼系数及其按子群分解的方法对地方政府间个人所得税税收竞争的发展差异、城市群内差异、城市群间差异、超变密度进行测度。

（一）中国城市群个人所得税税收竞争的发展差异

为了刻画地方政府间个人所得税税收竞争的发展差异，本节根据其 Dagum 总体基尼系数值绘制了图 4 – 58。根据图 4 – 58，我们可以清晰地发现，在考察期内中国城市群地方政府间个人所得税税收竞争的发展差异呈现不断上升的趋势，个人所得税税收竞争的 Dagum 基尼系数由研究初始期的 0.290，

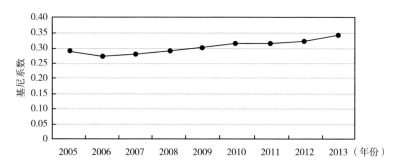

图 4 – 58　2005 ~ 2013 年中国城市群个人所得税税收竞争的一般差异

资料来源：笔者经由 Dagum 基尼系数测算而得。

上升至研究末期的 0.339，每年平均增长 2.0%，这说明中国城市群地方政府间个人所得税税收竞争的发展差距在逐渐扩大。

（二）中国城市群个人所得税税收竞争的群内差异

八大城市群地方政府间个人所得税税收竞争的群内差异系数的测算结果如表 4 – 13 所示，图 4 – 59 展示了考察期内地方政府间个人所得税税收竞争的城市群内差异的演变趋势。

表 4 – 13　　　2005 ~ 2013 年中国城市群个人所得税税收竞争的空间差异

年份	长三角	珠三角	京津冀	成渝	哈长	中原	长江中游	北部湾
2005	0.298	0.233	0.210	0.138	0.163	0.178	0.363	0.216
2006	0.317	0.272	0.213	0.145	0.181	0.182	0.273	0.221
2007	0.300	0.285	0.209	0.179	0.182	0.197	0.267	0.228
2008	0.324	0.298	0.234	0.184	0.224	0.196	0.249	0.247
2009	0.340	0.308	0.222	0.210	0.248	0.197	0.243	0.223
2010	0.358	0.296	0.259	0.217	0.226	0.218	0.258	0.237
2011	0.382	0.303	0.257	0.246	0.251	0.228	0.258	0.245
2012	0.372	0.304	0.286	0.245	0.295	0.214	0.237	0.222
2013	0.353	0.299	0.298	0.241	0.360	0.203	0.252	0.304

资料来源：笔者经由 Dagum 基尼系数测算而得。

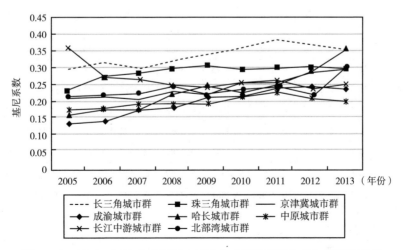

图 4 – 59　2005 ~ 2013 年中国城市群内个人所得税税收竞争的发展差异

结合表 4 - 13 的数据和图 4 - 59，我们发现考察期内，除了长江中游城市群以外，其余七大城市群地方政府间个人所得税竞争发展的群内差异均显著增强。具体而言，长江中游城市群个人所得税税收竞争的基尼系数在 2005 年为 0.363，到研究末期即 2013 年增加到 0.252，年均减少 4.46%；哈长城市群个人所得税税收竞争的基尼系数年均增长最大，约为 10.41%，其次则为成渝城市群，其年均增长为 7.22%。

（三）中国城市群个人所得税税收竞争的群间差异

为了展示八大城市群地方政府间个人所得税税收竞争的城市群间差异，本节采用 Dagum 基尼系数按照子群分解的方法对差异进行分解，相关分解值如表 4 - 14 所示。

表 4 - 14　　2005 ~ 2013 年中国城市群个人所得税税收竞争的群间差异

配对	2005 年	2006 年	2007 年	2008 年	2009 年	2010 年	2011 年	2012 年	2013 年
1 对 2	0.2798	0.3069	0.3015	0.3245	0.3392	0.3469	0.3756	0.3845	0.3649
1 对 3	0.2755	0.2881	0.2773	0.3049	0.3124	0.3478	0.3606	0.3787	0.3694
1 对 4	0.2568	0.2688	0.2730	0.3068	0.3395	0.3622	0.3872	0.3876	0.3733
1 对 5	0.2733	0.3005	0.2933	0.3334	0.3592	0.3603	0.3771	0.4133	0.4301
1 对 6	0.2574	0.2729	0.2756	0.3095	0.3280	0.3601	0.3658	0.3721	0.3595
1 对 7	0.3819	0.3392	0.3349	0.3436	0.3475	0.3690	0.3530	0.3486	0.3458
1 对 8	0.3071	0.3446	0.3454	0.3634	0.3607	0.3903	0.4100	0.4392	0.4734
2 对 3	0.2247	0.2487	0.2538	0.2697	0.2700	0.2861	0.2834	0.2980	0.3000
2 对 4	0.2055	0.2119	0.2358	0.2513	0.2804	0.2856	0.2921	0.2816	0.2780
2 对 5	0.2188	0.2452	0.2534	0.2845	0.3056	0.2881	0.2876	0.3129	0.3519
2 对 6	0.2177	0.2227	0.2365	0.2528	0.2646	0.2874	0.2734	0.2609	0.2565
2 对 7	0.3675	0.2972	0.2967	0.2908	0.2898	0.3040	0.2784	0.2619	0.2705
2 对 8	0.2711	0.2918	0.3060	0.3139	0.3054	0.3208	0.3099	0.3145	0.3690
3 对 4	0.1986	0.1881	0.2059	0.2240	0.2481	0.2524	0.2755	0.2718	0.2760
3 对 5	0.2099	0.2211	0.2191	0.2551	0.2669	0.2540	0.2617	0.3025	0.3497
3 对 6	0.2142	0.2117	0.2186	0.2361	0.2434	0.2583	0.2617	0.2524	0.2557
3 对 7	0.3670	0.2932	0.2893	0.2779	0.2707	0.2787	0.2625	0.2553	0.2694
3 对 8	0.2677	0.2839	0.2897	0.2893	0.2666	0.2778	0.2886	0.3029	0.3654

配对	2005 年	2006 年	2007 年	2008 年	2009 年	2010 年	2011 年	2012 年	2013 年
4 对 5	0.1509	0.1644	0.1846	0.2042	0.2284	0.2245	0.2543	0.2697	0.3059
4 对 6	0.1645	0.1714	0.1929	0.1952	0.2035	0.2228	0.2367	0.2285	0.2227
4 对 7	0.3140	0.2500	0.2550	0.2372	0.2356	0.2462	0.2618	0.2451	0.2532
4 对 8	0.1801	0.2083	0.2324	0.2243	0.2176	0.2305	0.2506	0.2552	0.3029
5 对 6	0.1770	0.1833	0.1936	0.2078	0.2156	0.2290	0.2413	0.2412	0.2648
5 对 7	0.3363	0.2596	0.2542	0.2494	0.2468	0.2569	0.2573	0.2609	0.3000
5 对 8	0.2061	0.2211	0.2269	0.2469	0.2423	0.2430	0.2634	0.2774	0.3531
6 对 7	0.3024	0.2434	0.2448	0.2298	0.2251	0.2415	0.2539	0.2384	0.2459
6 对 8	0.1951	0.2083	0.2236	0.2155	0.2057	0.2250	0.2351	0.2256	0.2557
7 对 8	0.3339	0.2636	0.2596	0.2505	0.2409	0.2549	0.2676	0.2684	0.3175

注：由于篇幅所限，本章采用"1""2""3""4""5""6""7""8"分别代表长三角城市群、珠三角城市群、京津冀城市群、成渝城市群、哈长城市群、中原城市群、长江中游城市群和北部湾城市群。

据表 4-14 相关计算结果可知，从整体来看，样本考察期内八大城市群地方政府间个人所得税税收竞争的群间差异呈现不断发散的趋势。

第一，群间基尼系数年均递增的城市群配对数占比率较高，为 75%。具体而言，在 28 个城市群配对组中，只有 7 个配对组的年度基尼系数是呈现递减变动的，其中长江中游城市群与京津冀城市群的群间差异系数减速最大，年均减少 3.792%，其次为长江中游城市群与珠三角城市群，其群间差异系数年均减少 3.758%。其余 21 个配对组的年度基尼系数均呈现递增变化，其中成渝城市群和哈长城市群的群间差异系数增速最大，年均增加 9.239%，其次为哈长城市群和北部湾城市群，其群间差异系数年均增加 6.964%。

第二，以城市群间差异最大的长三角城市群和北部湾城市群为例，其群间基尼系数年度均值为 0.3816，城市群间差异的演变一直呈现明显的增长趋势。

（四）中国城市群个人所得税税收竞争差异的来源及贡献

为了揭示八大城市群地方政府间个人所得税税收竞争差异的来源，本节测算了其税收竞争的群内、群间、超变密度的贡献率（见表 4-15）。据表 4-15 结果可以计算出，考察期内地方政府间个人所得税税收竞争城市群间、超变密度和城市群内的年平均贡献率分别为 52.08%、35.83% 和

12.09%，因此导致地方政府间个人所得税税收竞争存在差异的来源从高到低依次是城市群间差异、超变密度和城市群内差异，而城市群间差异是造成个人所得税税收竞争差异的主要来源。

表4-15   2005～2013年中国城市群个人所得税税收竞争区域差异的来源分解

年份	群间贡献	贡献率（%）	超变密度贡献	贡献率（%）	群内贡献	贡献率（%）
2005	0.155	53.520	0.095	32.737	0.040	13.743
2006	0.147	53.785	0.091	33.448	0.035	12.767
2007	0.150	53.933	0.093	33.473	0.035	12.594
2008	0.151	52.299	0.103	35.590	0.035	12.111
2009	0.147	49.651	0.114	38.470	0.035	11.879
2010	0.159	51.037	0.115	37.041	0.037	11.921
2011	0.152	48.336	0.124	39.660	0.038	12.004
2012	0.168	52.507	0.116	36.361	0.036	11.132
2013	0.182	53.699	0.121	35.660	0.036	10.641

图4-60展示了地方政府间个人所得税税收竞争贡献率的演变趋势。从图4-60中我们可以清晰地发现，考察期内地方政府间个人所得税税收竞争城市群内差异变化较为平稳，群内贡献率稳定在10%～14%；超变密度贡献

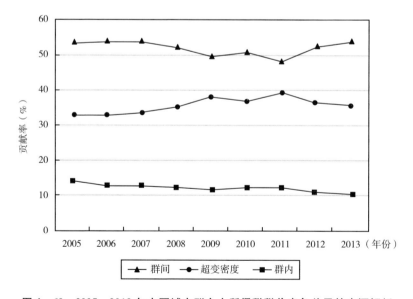

图4-60   2005～2013年中国城市群个人所得税税收竞争差异的来源解析

率则逐渐上升，其贡献率由 2005 年的 32.737% 上升至 2013 年的 35.660%，年平均增长 1.075%；群间贡献率由 2005 年的 53.520% 上升至 2013 年的 53.699%，年平均增长 0.042%。当然，八大城市群地方政府间个人所得税税收竞争具有收敛还是发散特征，还需要后面进一步的经验探讨加以论证。

第八节 本章小结

本章基于 2005～2013 年中国八大城市群税收数据，采用 Kernel 密度估计方法以及 Dagum 基尼系数分解等方法，就地方政府间税收竞争时空差异性问题进行了考察。下面将分别围绕总体税收及增值税、营业税、企业所得税和个人所得税，简要总结有关研究结论。

一、总体税收竞争方面

第一，从整体上看，中国城市群地方政府间总体税收竞争的绝对差异呈现扩大的趋势，但相对差距在不断缩小，同时城市群地方政府间总体税收竞争不具有显著的多极化现象，发展水平差异显著。从城市群异质性上看，长三角城市群地方政府间总体税收竞争的绝对差异呈现扩大的趋势，珠三角、京津冀、成渝、哈长和北部湾五城市地方政府间总体税收竞争的绝对差异呈现收缩的趋势，中原城市群和长江中游城市群地方政府间总体税收竞争的绝对差异变化并不显著。

第二，中国城市群地方政府间总体税收竞争的发展差异呈现不断下降的趋势。除中原城市群、珠三角城市群和京津冀城市群外，其余城市群总体税收竞争的城市群内部差异均呈现相对较为稳定的变化趋势，而其群间差异呈现不断下降的趋势。导致总体税收竞争存在差异的来源依次是超变密度、城市群间差异和城市群内差异，超变密度是造成总体税收竞争差异的主要来源，表明中国城市群总体税收竞争的地区间差异日趋减弱明显。

二、增值税税收竞争方面

第一，从整体上看，中国城市群地方政府间增值税税收竞争的绝对差异呈现扩大的趋势，但相对差距仍很明显，同时城市群地方政府间总体税收竞争具有显著的多极化现象，发展水平相对均衡。从城市群异质性上看，长三角城市群主峰高度和曲线宽度变化相对不太明显，意味着该城市群地方政府间增值税税收竞争的绝对差异变化并不显著；长三角城市群、珠三角城市群和长江中游城市群地方政府间增值税税收竞争不具有显著的多极化现象，发展水平差异显著；而京津冀城市群等其余五大城市群地方政府间增值税税收竞争具有显著的多极化现象，发展水平相对较为均衡。

第二，中国城市群地方政府间增值税税收竞争的发展差异呈现不断上升的趋势。成渝城市群和中原城市群始终位于增值税税收竞争群内发展差异第一梯队，珠三角城市群、长江中游城市群和哈长城市群的群内差异度则稳中递增，而京津冀城市群和北部湾城市群的群内差异波动变化最大，长三角城市群增值税税收竞争的不平衡程度最低。地方政府间增值税税收竞争的群间差异呈现不断上升的趋势，其中长三角城市群和成渝城市群间差异最大。导致城市群地方政府间增值税税收竞争存在差异的来源从高到低依次是城市群间差异、超变密度和城市群内差异，而城市群间差异是造成地方政府间增值税税收竞争差异的主要来源。

三、营业税税收竞争方面

第一，从整体上看，中国城市群地方政府间营业税税收竞争的绝对差异呈现缩小的趋势，且相对差距不断缩小。此外城市群地方政府间营业税税收竞争不具有显著的多极化现象，发展水平差距明显。从城市群异质性上看，长三角城市群、京津冀城市群、成渝城市群、中原城市群和长江中游城市群地方政府间营业税税收竞争的绝对差异呈现缩小的趋势；哈长城市群主峰高度先上升后下降，但研究末期仍高于初始期，表明该城市群地方政府间营业税税收竞争的绝对差异仍具有缩小的趋势；珠三角城市群和北部湾城市群地方政府间营业税税收竞争的绝对差异具有扩大的趋势。长三角城市群、京津冀城市群、成渝城市群、哈长城市群、中原城市群和长江中游城市群地方政府间营业税税收竞争能力弱的城市增速有所提高，与发达城市之间的相对差距呈现收缩趋势；珠三角城市群和北部湾城市群相对差距仍在不断扩大。长三角城市群地方政府间营业税税收竞争的分布曲线表现为"单峰—单峰—多峰"的变化特征，表明该城市群地方政府间营业税税收竞争具有显著的多极化现象，发展水平相对平衡。

第二，中国城市群地方政府间营业税税收竞争的发展差异呈现两阶段变化特点，其地方政府间营业税税收竞争 Dagum 基尼系数每年平均增长 2.5%，表明地方政府间营业税税收竞争的发展差距在逐渐扩大。城市群地方政府间营业税竞争发展的群内差异存在两极分化特点，其中长江中游城市群和北部湾城市群营业税竞争发展的群内差异呈现扩大趋势，其余六大城市群则均具有显著的缩小趋势。城市群地方政府间营业税税收竞争的群间差异呈现不断发散的趋势。导致地方政府间营业税税收竞争存在差异的来源从高到低依次是城市群间差异、超变密度和城市群内差异，而城市群间差异是造成营业税税收竞争差异的主要来源。

四、企业所得税税收竞争方面

第一，从整体上看，中国城市群地方政府间企业所得税税收竞争的绝对差异呈现缩小的趋势，且相对差距在不断缩小。同时城市群地方政府间企业所得税税收竞争不具有显著的多极化现象，发展水平差距明显。从城市群异质性上看，北部湾城市群地方政府间企业所得税税收竞争的分布曲线表现为"单峰—单峰—多峰"的变化特征，表明该城市群地方政府间企业所得税税收竞争具有显著的多极化现象，发展水平相对平衡；其余七大城市群地方政府间企业所得税税收竞争的分布曲线依然主要表现为"单峰"的突出特征，表明城市群地方政府间企业所得税税收竞争不具有显著的多极化现象，发展水平差异显著。

第二，中国城市群地方政府间企业所得税税收竞争的发展差异呈现不断下降的趋势。除了长江中游城市群以外，其余七大城市群地方政府间企业所得税竞争发展的群内差异均显著降低。城市群地方政府间企业所得税税收竞争的群间差异呈现不断收敛的趋势。导致地方政府间企业所得税税收竞争存在差异的来源从高到低依次是城市群间差异、超变密度和城市群内差异，而城市群间差异是造成企业所得税税收竞争差异的主要来源。

五、个人所得税税收竞争方面

第一，从整体上看，中国城市群地方政府间个人所得税税收竞争的绝对差异呈现扩大的趋势，但相对差距不断缩小。同时城市群地方政府间个人所得税税收竞争不具有显著的多极化现象，发展水平差距明显。从城市群异质性上看，珠三角城市群、京津冀城市群、成渝城市群、哈长城市群、中原城市群和北部湾城市群地方政府间个人所得税税收竞争的绝对差异呈现扩大的趋势，而长三角城市群和长江中游城市群地方政府间个人所得税税收竞争的绝对差异具有收缩的趋势。珠三角城市群、京津冀城市群、成渝城市群、哈长城市群、中原城市群和北部湾城市群的相对差距仍在不断扩大；长三角城市群和长江中游城市群的相对差距呈现收缩趋势。

第二，中国城市群地方政府间个人所得税税收竞争的发展差异呈现不断上升的趋势，个人所得税税收竞争的发展差距在逐渐扩大。除了长江中游城市群以外，其余七大城市群地方政府间个人所得税税收竞争发展的群内差异均显著增强。城市群地方政府间个人所得税税收竞争的群间差异呈现不断发散的趋势。导致地方政府间个人所得税税收竞争存在差异的来源从高到低依次是城市群间差异、超变密度和城市群内差异，而城市群间差异是造成个人所得税税收竞争差异的主要来源。

第五章 中国城市群地方政府间税收竞争空间收敛性研究

第一节 问题的提出

作为宏观调控的重要手段，税收政策的运用可以实现区域资源更加有效的配置，进而改变区域经济发展格局（朱军和贾绍华，2014）。由于中国各地区在经济基础、要素禀赋、地理区位、政策等方面具有较大的差异，不同区域地方政府间税收竞争的发展存在巨大的不平衡性，上一章的实证研究结论证实了中国城市群地方政府间税收竞争具有各自的时空演变特征，呈现出较为显著的空间差异性。与此同时，现有关于中国地方政府间税收竞争的研究主要集中在存在性和增长效应等方面的研究，对于其空间收敛性的探讨则比较鲜见。那么，中国地方政府间税收竞争是否具有空间相关性？地方政府间税收竞争是否存在空间收敛的现象？分析上述问题，对于全面了解中国地方政府间横向税收竞争的演变轨迹，认识地方政府间税收竞争的区域差异及空间收敛特征，探寻城市群税收协同发展的路径，推动中国城市群高质量发展具有重要的意义。

第二节 有关收敛机制的研究方法

一、σ 收敛

σ 收敛是指不同城市群的税收竞争偏离平均水平的幅度逐渐减小的态势，

σ 收敛衡量指标有变异系数（杨翔等，2015）、Gini 系数（鲍建慧，2013）和 Theil 指数（刘亦文等），本章采用变异系数来衡量 σ 收敛，构建如下计算公式：

$$\sigma = \frac{\sqrt{\left[\sum_{i}^{n_j} (TC_{jt} - \overline{TC_{jt}})^2\right]/n_j}}{\overline{TC_{jt}}} \tag{5-1}$$

其中，j 表示城市群数量（$j = 1, 2, 3, \cdots, 8$），i 表示城市群内的城市数量（$i = 1, 2, 3, \cdots$），n_j 为各城市群内的城市数量，$\overline{TC_{jt}}$ 为城市群 j 在 t 期内税收竞争的平均值。若随着时间的推移，σ 值逐渐变小，说明该城市群各城市的税收竞争离散程度逐渐降低，这意味着各城市群间的税收竞争差异逐渐缩小，并具有向均值收敛的态势。

二、β 收敛

β 收敛来源于新古典经济学中的经济趋同理论，在本章中，意指初始税收竞争水平低的城市群相比税收竞争水平高的城市群具有较快的增长速度，不同城市群税收竞争的增长率与其初始水平呈负相关关系。β 收敛可分为绝对 β 收敛及条件 β 收敛（Barro，1991）两类。就税收竞争来看，绝对 β 收敛是指假定各城市群在经济社会发展等基本相同的情况下，各城市群的税收竞争随着时间的推移逐渐收敛到相同的水平，即税收竞争水平较低的城市群与发展水平较高的城市群相比具有更高的增长速度。本章构建如下基于面板数据的绝对 β 收敛模型方程：

$$\ln\left(\frac{TC_{i,t+1}}{TC_{it}}\right) = \alpha + \beta \ln TC_{it} + \nu_t + \mu_i + \varepsilon_{it} \tag{5-2}$$

式（5-2）左侧采用对数差分计算的税收竞争的增长率，右侧中 ν_t 指代时间固定效应，μ_i 指代城市固定效应，ε_{it} 则为随机误差项。

条件 β 收敛模型则在绝对 β 收敛模型基础上增加若干控制变量，本章根据加洛尔（Galor，1996）、巴罗和泽维尔（Barro & Xavier，2010）的检验思路，结合现有数据的可获得性，添加经济发展水平（*GDP*）等一系列影响因素作为控制变量，从而构建如下条件 β 收敛模型方程：

$$\ln\left(\frac{TC_{i,t+1}}{TC_{it}}\right) = \alpha + \beta\ln TC_{it} + \gamma Z + \nu_t + \mu_i + \varepsilon_{it} \qquad (5-3)$$

不管是绝对 β 收敛还是条件 β 收敛，若 $\beta < 0$ 且通过显著性水平检验，则表明中国城市群税收竞争存在收敛，否则为发散。

三、俱乐部收敛

俱乐部收敛的本质是指初始发展水平相近的研究个体会形成俱乐部式的发展模式，进而该俱乐部群体的发展具有收敛机制。目前，较为常见的做法有按照地理属性等某类特点将全体样本分为不同子样本构建俱乐部加以考察（沈坤荣和马俊，2002）；也有学者按照 Moran's I 指数等空间计量方法组合俱乐部来研究发展的收敛问题（杨骞和秦文晋，2018）。这些方法虽有不同，但其都是从不同维度考察研究个体的异质性，这与"俱乐部收敛"的本质也是一致的。据此，本章以地理位置邻近以及战略发展重点类似等属性特征作为划分标准，结合刘传明等（2017）的研究，将中国八大城市群划分为三大区域：长江流域（长三角城市群、长江中游城市群、成渝城市群）、珠江流域（珠三角城市群、北部湾城市群）、北方地区（京津冀城市群、中原城市群、哈长城市群），以期更加深入地探讨中国城市群地方政府间税收竞争是否存在收敛机制。

第三节　变量说明和统计分析

一、变量说明

（一）核心变量：税收竞争指数（*TC*）

目前国内对于地方政府间横向税收竞争的衡量主要是基于以下两大维度：

一类是空间实证维度，即利用税收收入占当期生产总值的比重，通过空间计量模型的空间反应系数值来衡量税收竞争（曾亚敏和张俊生，2009）；另一类是非空间实证维度，比较有代表性的则是傅勇和张晏（2007）构建的税收竞争指数，以某个地区实际相对税率变化来衡量税收竞争的激烈程度。本章是在非空间实证模型的研究框架下开展地方政府间税收竞争差距的定量测算研究，因此主要采用后一种税收竞争衡量方法，即采用税收竞争指数作为衡量指标。其计算公式如下：

$$TC = \frac{TAX_t/GDP_t}{TAX_{it}/GDP_{it}} \qquad (5-4)$$

其中，TAX_t 和 GDP_t 分别代表 t 年某一样本城市群的税收收入和生产总值，其比值构建的算式分子反映了 t 年城市群的总体平均实际税率；TAX_{it} 和 GDP_{it} 则分别代表 t 年某一样本城市的税收收入和生产总值，其比值构建的算式分母反映了 t 年某个城市的实际税率。因此，该城市的 $TCOMP$ 数值越大，则其相对税率就越低，代表其横向税收竞争程度越高；反之，城市的 $TCOMP$ 数值越小，则其相对税率就越高，代表其横向税收竞争程度越低。

据此，本章使用了税收总负担及增值税、企业所得税、个人所得税和营业税等具体税种数据，通过上述式（5-4）来定义地方政府间总体税收（TAC）、增值税（TZC）、营业税（TYC）、企业所得税（TQC）及个人所得税（TGC）的税收竞争政策行为。

（二）控制变量（Z）

参考相关文献（陆铭等，2005；干春晖等，2011；肖叶和贾鸿，2016）的做法，此处选择了如下控制变量：

（1）经济增长（GDP）：我们采用地区生产总值数据作为衡量城市社会发展水平的指标，并以2005年为基期，使用生产总值平减指数进行有关价格因素平减。

（2）贸易开放度（$OPEN$）：借鉴肖叶和刘小兵（2018），采用当年平均汇率折算的城市对外贸易进出口总额占同期生产总值的比重来表示。

（3）物质资本存量（K）：借鉴刘常青等（2017）的研究，采用永续盘存法计算样本城市的物质资本存量，所用公式如下：$K_{it} = K_{i,t-1}(1-\delta) + I_t$。其中以 2005 年作为物质资本存量估计的基准年，借鉴扬（Young，2003）和张军等（2004）的做法，用城市群中样本城市 2005 年的物质资本投资额除以 10% 作为该市的初始资本存量，并把经济折旧率 δ 设置为近似值 9.6%。

（4）劳动力要素（$LABOR$）：采用城镇就业人口衡量。

（5）财政自给率（$FINANCE$）：为了反映政府财政收支对城市群经济增长的影响，借鉴肖鹏和樊蓉（2019）的做法，采用各城市财政收入占财政支出的比重来衡量。

（6）产业结构（$STRUC$）：考虑到我国主要依靠第二产业拉动经济增长，因此采用第二产业增加值占同期地区生产总值的比重来衡量。

（7）城镇化（$URBAN$）：根据《中国统计年鉴》对城镇化率的定义，即某个国家（地区）常住于城镇的人口在该国家（地区）总人口中所占的比重，本章采用常住人口与总人口的比值来衡量某个城市城镇化水平高低。需要说明的一点是，在 2004 年以前，我国除人口普查年份外，地级市人口常以户籍人口来统计而不是以常住人口，而且官方公布的城市统计数据也较为缺乏全市的常住人口数据。但是，从 2004 年开始，国家统计局明确要求地级市人均生产总值统计要以常住人口为准（周一星和于海波，2004）。因此，本章采用邹一南和李爱民（2013）、张坤领和刘清杰（2019）的做法，通过城市生产总值除以人均生产总值来间接获取城市常住人口数据。

（8）外商直接投资（FDI）：采用当年平均汇率折算的城市实际外商直接投资总额表示。

（9）教育程度（$EDUC$）：采用一个城市高等教育在校生人数占城市总人口数的比重来衡量。

二、研究样本及数据来源

作为中国区域经济发展战略的重要依托，城市群也是中国区域经济最具发展活力及潜力的核心地区（方创琳，2011）。参考既有文献（钱金保和才国伟，2017）以及城市层面税收数据的可得性，本章选择我国八大城市群中的 145 个地级市作为研究样本，考察期确定为 2005～2013 年。本章相关数据主要从历年《中国城市统计年鉴》《中国区域经济统计年鉴》以及中经网统计数据库获得。表 5 - 1 给出了涉及变量的描述性统计结果。为了降低异方差所带来的不必要的回归性偏误，本章对有关原始数据进行对数化等处理，并采用线性插值法进行了数据补缺。

表 5 - 1　　　　　　相关变量描述性统计（观察值 = 1305）

变量符号	变量名称	均值	标准差	最小值	最大值
TAC	总体税收竞争	1.802	0.097	1.348	2.389
TZC	增值税税收竞争	1.839	1.115	0.329	8.701
TYC	营业税税收竞争	2.061	1.112	0.335	6.929
TQC	企业所得税税收竞争	3.489	2.793	0.245	28.257
TGC	个人所得税税收竞争	3.065	1.773	0.251	19.536
GDP	经济增长	6.071	0.872	4.190	8.924
$OPEN$	贸易开放度	2.372	1.421	− 1.843	5.858
K	物质资本存量	16.71	0.875	14.91	19.34
$LABOR$	劳动力要素	5.506	0.662	1.974	7.420
$FINANCE$	财政自给率	3.837	0.473	2.088	5.219
$STRUC$	产业结构	3.897	0.214	3.102	4.963
$URBAN$	城镇化	4.297	0.243	3.326	6.026
FDI	外商直接投资	2.785	1.619	− 2.684	7.065
$EDUC$	教育程度	1.691	2.197	0	12.55

第四节　地方政府间总体税收竞争的收敛机制分析

一、σ 收敛检验

根据 σ 收敛检验方法，中国城市群总体及八大城市群个体的税收竞争的收敛系数如表 5 - 2 所示。为了更加直观地体现 σ 收敛的变化趋势，我们将表5-2结果绘制成堆积折线图5-1。从城市群总体层面看，2005～2007年 σ 收敛系数显著增大，2008年后开始呈现平稳下降态势。这表明整个考察期内八大城市群总体税收竞争呈现 σ 收敛，即总体税收竞争的区域差距在缩小。从城市群个体来看，八大城市群税收竞争的 σ 收敛与城市群总体类似，意味着八大城市群个体的税收竞争的区域差距也在不断缩小，没有发散。综合来看，样本考察期内八大城市群总体及个体的税收竞争均呈现显著的 σ 收敛特征。

表5-2　　　　2005～2013年中国城市群总体税收竞争的 σ 收敛系数

年份	总体	长三角	珠三角	京津冀	成渝	哈长	中原	长江中游	北部湾
2005	0.055	0.044	0.037	0.088	0.039	0.043	0.055	0.050	0.040
2006	1.960	1.973	1.998	1.878	1.984	1.863	1.944	1.930	1.925
2007	1.980	1.999	1.981	1.994	1.898	2.022	1.979	1.989	1.840
2008	1.912	1.942	1.931	1.835	1.898	1.867	1.906	1.897	1.926
2009	1.914	1.941	1.925	1.919	1.907	1.911	1.912	1.865	1.891
2010	2.007	1.880	2.175	2.172	1.998	1.887	1.868	1.991	1.832
2011	1.890	1.905	1.850	1.868	1.895	1.871	1.883	1.886	1.869
2012	1.876	1.856	1.983	1.931	1.808	1.877	1.835	1.864	1.818
2013	1.847	1.830	1.826	1.841	1.813	1.734	1.868	1.893	1.844

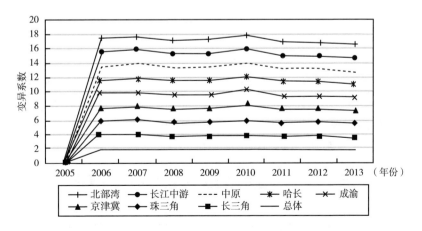

图5-1　2005～2013年中国城市群总体税收竞争的 σ 收敛的演变趋势

二、β 收敛检验

基于模型式（5-2），本章采用面板固定效应模型对八大城市群税收竞争进行 β 收敛机制检验，表 5-3 和表 5-4 分别报告了 OLS 混合估计模型和 FE 模型下绝对 β 收敛检验结果。根据表 5-3 结果可知，中国城市群总体及八个城市群个体的 β 值均为正值，且通过了 1% 统计性显著检验，而根据表 5-4 的结果，本章发现在控制了年份和城市因素的面板固定效应模型下，模型的拟合程度显著提高，并且上述结论依旧稳健可靠。这说明假定在经济发展水平、产业结构、城镇化、外商直接投资、教育水平等影响因素都相似的前提下，城市群总体及个体的税收竞争水平随着时间推移并不能显著收敛至同一稳态水平，地区差距渐趋加大。

表 5-3 　　　中国城市群税收竞争的绝对 β 收敛检验结果：OLS 模型

项目	总体	长三角	珠三角	京津冀	成渝	哈长	中原	长江中游	北部湾
β	0.653 *** (0.027)	0.414 *** (0.050)	0.802 *** (0.088)	1.029 *** (0.106)	0.687 *** (0.083)	0.796 *** (0.100)	0.586 *** (0.064)	0.658 *** (0.058)	0.664 *** (0.105)
常数项	-1.190 *** (0.049)	-0.774 *** (0.091)	-1.474 *** (0.161)	-1.900 *** (0.193)	-1.231 *** (0.147)	-1.424 *** (0.176)	-1.061 *** (0.114)	-1.196 *** (0.104)	-1.191 *** (0.188)
控制变量	否	否	否	否	否	否	否	否	否
年份变量	否	否	否	否	否	否	否	否	否
城市变量	否	否	否	否	否	否	否	否	否
R^2	0.336	0.243	0.429	0.462	0.355	0.449	0.289	0.369	0.337
调整 R^2	0.336	0.239	0.424	0.457	0.350	0.442	0.285	0.366	0.329
观察值	1160	216	112	112	128	80	208	224	80
F 值	586.625	68.619	82.800	94.522	69.284	63.458	83.543	129.765	39.659

注：*** 代表 1% 的显著性水平。括号内数值为标准误值。

表 5-4 　　　中国城市群税收竞争的绝对 β 收敛检验结果：FE 模型

项目	总体	长三角	珠三角	京津冀	成渝	哈长	中原	长江中游	北部湾
β	1.052 *** (0.032)	0.755 *** (0.073)	1.076 *** (0.107)	0.984 *** (0.134)	1.038 *** (0.096)	1.190 *** (0.124)	1.028 *** (0.071)	0.953 *** (0.072)	0.903 *** (0.130)

续表

项目	总体	长三角	珠三角	京津冀	成渝	哈长	中原	长江中游	北部湾
常数项	-1.947*** (0.059)	-1.436*** (0.136)	-1.985*** (0.204)	-1.908*** (0.241)	-1.872*** (0.179)	-2.152*** (0.216)	-1.902*** (0.128)	-1.741*** (0.133)	-1.639*** (0.237)
控制变量	否	否	否	否	否	否	否	否	否
年份变量	是	是	是	是	是	是	是	是	是
城市变量	是	是	是	是	是	是	是	是	是
R^2	0.531	0.420	0.597	0.684	0.637	0.755	0.587	0.516	0.575
调整 R^2	0.461	0.311	0.503	0.611	0.557	0.688	0.508	0.426	0.459
观察值	1160	216	112	112	128	80	208	224	80
F 值	586.625	68.619	16.689	24.380	22.835	23.874	30.879	25.025	10.487

注：*** 代表 1% 的显著性水平。括号内数值为标准误值。

　　为了检验中国城市群总体及八大子群税收竞争在充分考虑地区经济发展、教育等条件下是否存在条件 β 收敛，本章基于模型式（5-3）分别采用 OLS 混合估计模型和最小虚拟变量二乘法（leat squares dummy variables，LSDV）对其条件 β 收敛性进行检验，相关结果如表 5-5 和表 5-6 所示。根据表 5-5 结果可知，城市群总体及八个城市群个体的 β 值均为正值，且通过了 1% 统计性显著检验；而根据表 5-6 的结果，本章发现，在控制了年份、城市和城市群因素的 LSDV 模型下，模型的拟合程度显著提高，并且上述结论依旧稳健可靠。这说明在考虑了经济发展、教育水平，控制了时间、城市以及城市群异质性等影响因素的情况下，八大城市群总体及个体的税收竞争水平随着时间推移并不能显著收敛至同一稳态水平，仍然未呈现收敛现象，反而具有发散的特征。

表 5-5　　中国城市群税收竞争的条件 β 收敛检验结果：OLS 模型

项目	总体	长三角	珠三角	京津冀	成渝	哈长	中原	长江中游	北部湾
β	0.695*** (0.028)	0.446*** (0.052)	0.889*** (0.096)	1.080*** (0.108)	0.921*** (0.088)	1.127*** (0.111)	0.721*** (0.066)	0.742*** (0.062)	0.720*** (0.127)
GDP	0.010 (0.011)	0.055* (0.028)	-0.018 (0.064)	-0.067 (0.078)	0.151** (0.071)	-0.062* (0.037)	0.037 (0.040)	0.025 (0.026)	0.008 (0.027)

续表

项目	总体	长三角	珠三角	京津冀	成渝	哈长	中原	长江中游	北部湾
OPEN	-0.010 *** (0.003)	-0.016 (0.011)	-0.016 (0.026)	0.003 (0.017)	-0.029 ** (0.012)	0.001 (0.009)	-0.004 (0.008)	0.006 (0.008)	-0.009 (0.012)
FINANCE	-0.019 * (0.010)	0.001 (0.030)	0.068 (0.065)	0.050 (0.072)	-0.003 (0.026)	0.082 (0.067)	-0.035 (0.026)	-0.059 * (0.032)	0.020 (0.033)
STRUC	0.016 (0.014)	0.033 (0.038)	-0.006 (0.096)	0.008 (0.084)	0.167 * (0.086)	-0.109 * (0.062)	0.048 (0.044)	0.018 (0.053)	0.010 (0.089)
URBAN	0.016 (0.013)	0.002 (0.028)	0.005 (0.042)	0.136 (0.115)	-0.005 (0.089)	0.007 (0.092)	0.046 (0.056)	0.116 ** (0.051)	-0.065 (0.082)
K	-0.018 * (0.011)	-0.055 (0.034)	-0.095 (0.087)	-0.062 (0.081)	0.044 (0.039)	0.086 ** (0.036)	-0.040 (0.030)	0.052 * (0.030)	-0.011 (0.034)
LABOR	-0.010 (0.008)	-0.003 (0.023)	0.128 (0.084)	0.101 * (0.057)	-0.206 ** (0.081)	-0.081 ** (0.040)	0 (0.027)	-0.068 *** (0.026)	-0.017 (0.020)
FDI	0.007 ** (0.003)	0.001 (0.009)	-0.005 (0.028)	0.022 (0.019)	-0.006 (0.011)	0.024 (0.016)	0.029 *** (0.006)	0.007 (0.011)	-0.001 (0.010)
EDUC	0.002 (0.001)	0.002 (0.002)	0.012 * (0.007)	0.009 (0.013)	-0.042 *** (0.015)	-0.042 ** (0.019)	-0.004 (0.005)	-0.008 * (0.004)	0 (0.011)
常数项	-1.031 *** (0.146)	-0.323 (0.457)	-0.849 (1.023)	-1.988 ** (0.948)	-2.619 *** (0.761)	-2.528 *** (0.737)	-1.181 *** (0.410)	-2.336 *** (0.426)	-0.886 (0.629)
年份变量	否	否	否	否	否	否	否	否	否
城市变量	否	否	否	否	否	否	否	否	否
城市群 变量	否	否	否	否	否	否	否	否	否
R^2	0.359	0.276	0.466	0.505	0.500	0.615	0.383	0.411	0.372
调整 R^2	0.354	0.240	0.414	0.456	0.457	0.560	0.351	0.384	0.280
观察值	1160	216	112	112	128	80	208	224	80
F 值	64.478	7.800	8.827	10.310	11.692	11.040	12.211	14.879	4.080

注：*** 、** 和 * 分别代表 1%、5% 和 10% 的显著性水平。括号内数值为标准误值。

表 5-6　中国城市群税收竞争的条件 β 收敛检验结果：LSDV 模型

项目	总体	长三角	珠三角	京津冀	成渝	哈长	中原	长江中游	北部湾
β	1.054 *** (0.032)	0.838 *** (0.073)	1.143 *** (0.111)	0.989 *** (0.141)	1.050 *** (0.100)	1.296 *** (0.129)	1.044 *** (0.072)	0.980 *** (0.072)	1.024 *** (0.128)

续表

项目	总体	长三角	珠三角	京津冀	成渝	哈长	中原	长江中游	北部湾
GDP	0.083 * (0.048)	0.311 *** (0.094)	−0.218 (0.340)	0.026 (0.273)	0.024 (0.283)	0.020 (0.233)	0.051 (0.128)	−0.121 (0.148)	0.109 (0.159)
OPEN	0.009 (0.008)	0.045 (0.030)	−0.085 (0.130)	0.059 (0.051)	0.004 (0.023)	−0.030 (0.035)	0.030 * (0.017)	0.017 (0.018)	−0.032 (0.027)
FINANCE	0.003 (0.018)	−0.037 (0.057)	0.217 (0.186)	0.078 (0.102)	0.025 (0.038)	0.177 (0.116)	−0.025 (0.053)	−0.074 (0.053)	0.029 (0.027)
STRUC	0.013 (0.043)	0.154 (0.098)	−0.125 (0.216)	−0.042 (0.348)	0.052 (0.257)	0.037 (0.174)	0.099 (0.116)	0.304 ** (0.129)	−0.297 ** (0.139)
URBAN	0.047 (0.029)	0.025 (0.040)	0.070 (0.097)	−0.144 (0.149)	0.080 (0.212)	−0.069 (0.122)	0.080 (0.094)	0.166 ** (0.071)	−0.015 (0.108)
K	−0.025 (0.040)	−0.140 (0.103)	0.090 (0.323)	0.286 (0.237)	0.249 * (0.140)	−0.140 (0.247)	−0.162 (0.098)	−0.056 (0.103)	0.364 *** (0.105)
LABOR	−0.010 (0.018)	0.093 * (0.051)	0.230 (0.202)	0.410 * (0.225)	−0.071 (0.135)	−0.123 * (0.064)	−0.019 (0.045)	−0.104 (0.106)	−0.020 (0.023)
FDI	−0.002 (0.005)	−0.031 ** (0.016)	−0.036 (0.070)	0.003 (0.037)	−0.003 (0.015)	0.045 (0.031)	−0.011 (0.009)	−0.016 (0.023)	0.028 * (0.015)
EDUC	−0.004 (0.006)	0.023 (0.015)	0.019 (0.019)	−0.002 (0.015)	−0.029 (0.076)	0.034 (0.060)	−0.025 (0.024)	0.003 (0.023)	−0.046 (0.029)
常数项	−2.216 *** (0.664)	−2.331 (1.428)	−3.781 (6.619)	−9.075 * (4.584)	−6.297 (3.805)	−0.075 (4.498)	−0.020 (2.153)	−1.195 (1.951)	−7.033 *** (1.526)
年份变量	是	是	是	是	是	是	是	是	是
城市变量	是	是	是	是	是	是	是	是	是
城市群 变量	是	是	是	是	是	是	是	是	是
R^2	0.547	0.518	0.634	0.724	0.662	0.804	0.627	0.564	0.713
调整 R^2	0.474	0.398	0.499	0.621	0.548	0.708	0.532	0.457	0.572
观察值	1160	216	112	112	128	80	208	224	80
F 值	108.632	14.240	10.788	6.338	11.968	10.945	22.480	19.363	8.166

注：*** 、** 和 * 分别代表1%、5%和10%的显著性水平。括号内数值为标准误值。

三、俱乐部收敛

依照前面研究安排，本章将中国八大城市群划分成长江流域、珠江流域和北方地区三类，表5-7分别报告了OLS混合估计模型和LSDV模型下税收竞争的俱乐部收敛检验结果。根据表5-7结果可知，在OLS混合估计模型中，三类俱乐部的 β 值均为正值，且通过了1%统计性显著检验，并且本章发现，在控制了年份、城市和城市群因素的LSDV模型下，模型的拟合程度显著提高，并且上述结论依旧稳健可靠。这说明在考虑了经济发展、教育水平，控制了时间、城市以及城市群异质性等影响因素的情况下，长江流域、珠江流域和北方地区税收竞争依然存在显著的发散特征，并不具备俱乐部收敛机制。

表5-7 中国城市群税收竞争的俱乐部收敛检验结果

项目	长江流域		珠江流域		北方地区	
	OLS	LSDV	OLS	LSDV	OLS	LSDV
β	0.618 *** (0.037)	0.953 *** (0.045)	0.778 *** (0.070)	1.109 *** (0.083)	0.837 *** (0.051)	1.101 *** (0.057)
GDP	0.015 (0.015)	0.059 (0.065)	0.024 (0.027)	0 (0.182)	-0.016 (0.021)	0.100 (0.097)
OPEN	-0.013 *** (0.004)	0.001 (0.011)	-0.008 (0.012)	-0.039 (0.032)	-0.011 ** (0.005)	0.023 (0.014)
FINANCE	-0.012 (0.014)	-0.013 (0.023)	0.003 (0.031)	0.020 (0.043)	-0.033 (0.021)	0.020 (0.043)
STRUC	0.077 *** (0.026)	0.006 (0.058)	-0.034 (0.045)	-0.175 (0.131)	0.012 (0.027)	0.013 (0.093)
URBAN	0.029 (0.024)	0.064 * (0.037)	0.016 (0.028)	0.068 (0.066)	0.016 (0.042)	-0.042 (0.060)
K	-0.008 (0.015)	-0.023 (0.056)	-0.023 (0.032)	0.163 (0.108)	-0.008 (0.021)	0.006 (0.082)
LABOR	-0.007 (0.013)	0.018 (0.044)	-0.011 (0.024)	-0.013 (0.031)	-0.018 (0.013)	-0.016 (0.033)

项目	长江流域		珠江流域		北方地区	
	OLS	LSDV	OLS	LSDV	OLS	LSDV
FDI	-0.002 (0.004)	-0.005 (0.008)	-0.008 (0.010)	0.022 (0.022)	0.027 *** (0.006)	0 (0.009)
EDUC	0.001 (0.002)	-0.011 (0.012)	0.002 (0.004)	0.001 (0.014)	0.001 (0.004)	0.001 (0.010)
常数项	-1.386 *** (0.233)	-2.028 ** (0.884)	-1.030 ** (0.426)	-4.268 ** (1.639)	-1.241 *** (0.286)	-2.606 (1.600)
年份变量	否	是	否	是	否	是
城市变量	否	是	否	是	否	是
城市群变量	否	是	否	是	否	是
R^2	0.344	0.519	0.415	0.586	0.407	0.643
调整 R^2	0.332	0.432	0.382	0.477	0.391	0.572
观察值	568	568	192	192	400	400
F 值	29.212	44.987	12.827	18.734	26.662	38.352

注：*** 、** 和 * 分别代表 1%、5% 和 10% 的显著性水平。括号内数值为标准误值。

第五节　地方政府间增值税税收竞争的收敛机制分析

一、σ 收敛检验

根据 σ 收敛检验方法，中国城市群总体及八大城市群个体的增值税税收竞争的收敛系数如表 5-8 所示。为了更加直观地体现 σ 收敛的变化趋势，我们将表 5-8 结果绘制成堆积折线图 5-2。从城市群总体层面看，考察期内 σ 收敛系数显著增大，这表明八大城市群总体的增值税税收竞争并没有呈现 σ 收敛，即增值税税收竞争的区域差距在扩大。从城市群个体来看，八大城市群增值税税收竞争的 σ 收敛与城市群总体类似，意味着八大城市群个体的增值税税收竞争的区域差距也在不断扩大，没有具有向某一稳态收敛的趋势。综合来看，样本考察期内八大城市群总体及个体的增值税税收竞争均不具备显著的 σ 收敛特征，发散特征明显。

表5-8 2005~2013年中国城市群增值税税收竞争的 σ 收敛系数

年份	总体	长三角	珠三角	京津冀	成渝	哈长	中原	长江中游	北部湾
2005	0.554	0.346	0.523	0.416	0.489	0.395	0.556	0.373	0.369
2006	3.420	1.738	1.976	2.671	4.712	4.251	3.480	3.198	3.374
2007	3.443	1.645	1.882	2.739	5.218	3.873	3.405	3.141	3.133
2008	3.409	1.610	1.783	2.606	5.282	3.680	3.368	3.033	2.909
2009	3.482	1.708	1.953	3.220	5.180	3.772	3.321	3.009	3.480
2010	3.382	1.555	1.920	2.463	4.814	3.780	3.278	3.290	3.520
2011	3.290	1.478	1.940	2.484	4.768	3.695	3.041	2.956	3.887
2012	3.710	1.681	2.040	2.687	5.274	4.501	3.345	3.216	4.955
2013	4.335	1.612	2.329	2.999	6.087	6.521	3.731	3.524	5.525

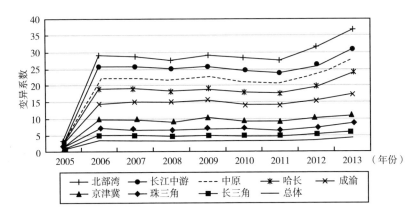

图5-2 2005~2013年中国城市群增值税税收竞争的 σ 收敛的演变趋势

二、β 收敛检验

基于模型式（5-2），本章采用面板固定效应模型对中国八大城市群增值税税收竞争进行 β 收敛机制检验，表5-9和表5-10分别报告了OLS混合估计模型和FE模型下绝对 β 收敛检验结果。根据表5-9结果可知，城市群总体及八个城市群个体的 β 值均为正值，且通过了1%统计性显著检验；而根据表5-10的结果，本章发现，在控制了年份和城市因素的面板固定效应模型下，模型的拟合程度显著提高，并且上述结论依旧稳健可靠。这说明，假定各城市群在经济发展水平、产业结构、城镇化、外商直接投资、教育水平等影响因素都相似的前提下，城市群总体及个体的增值税税收竞争水平随着时间推移并不能显著收敛至同一稳态水平，地区差距渐趋加大。

表 5-9　中国城市群增值税税收竞争的绝对 β 收敛检验结果：OLS 模型

项目	总体	长三角	珠三角	京津冀	成渝	哈长	中原	长江中游	北部湾
β	0.120 *** (0.009)	0.063 ** (0.025)	0.052 ** (0.026)	0.209 *** (0.057)	0.087 *** (0.020)	0.326 *** (0.045)	0.033 ** (0.016)	0.139 *** (0.030)	0.389 *** (0.064)
常数项	-0.176 *** (0.020)	-0.059 ** (0.026)	-0.048 (0.030)	-0.319 *** (0.107)	-0.150 ** (0.069)	-0.691 *** (0.134)	-0.035 (0.034)	-0.270 *** (0.063)	-0.853 *** (0.173)
控制变量	否	否	否	否	否	否	否	否	否
年份变量	否	否	否	否	否	否	否	否	否
城市变量	否	否	否	否	否	否	否	否	否
R^2	0.129	0.028	0.036	0.108	0.126	0.402	0.020	0.090	0.321
调整 R^2	0.128	0.023	0.027	0.100	0.120	0.394	0.015	0.086	0.313
观察值	1160	216	112	112	128	80	208	224	80
F 值	170.991	6.062	4.055	13.289	18.239	52.365	4.198	21.891	36.954

注：*** 和 ** 分别代表1%和5%的显著性水平。括号内数值为标准误值。

表 5-10　中国城市群增值税税收竞争的绝对 β 收敛检验结果：FE 模型

项目	总体	长三角	珠三角	京津冀	成渝	哈长	中原	长江中游	北部湾
β	0.571 *** (0.022)	0.420 *** (0.056)	0.324 *** (0.082)	0.676 *** (0.093)	0.452 *** (0.066)	0.551 *** (0.079)	0.218 *** (0.044)	0.505 *** (0.060)	0.827 *** (0.087)
常数项	-1.037 *** (0.046)	-0.412 *** (0.058)	-0.378 *** (0.095)	-1.104 *** (0.177)	-1.203 *** (0.194)	-1.240 *** (0.238)	-0.464 *** (0.089)	-1.067 *** (0.136)	-1.846 *** (0.249)
控制变量	是	是	是	是	是	是	是	是	是
年份变量	是	是	是	是	是	是	是	是	是
城市变量	是	是	是	是	是	是	是	是	是
R^2	0.460	0.289	0.307	0.411	0.561	0.644	0.482	0.389	0.615
调整 R^2	0.379	0.155	0.145	0.274	0.464	0.547	0.384	0.276	0.510
观察值	1160	216	112	112	128	80	208	224	80
F 值	107.332	9.196	4.984	7.851	16.601	14.036	20.272	14.987	12.405

注：*** 代表1%的显著性水平。括号内数值为标准误值。

为了检验中国城市群总体及八大子群税收竞争在充分考虑地区经济发展、教育等条件下是否存在条件 β 收敛，本章基于模型式（5－3），分别采用 OLS 混合估计模型和 LSDV 模型对其条件 β 收敛性进行检验，相关结果如表 5－11 和表 5－12 所示。根据表 5－11 结果可知，城市群总体及八个城市群个体的 β 值均为正值，且通过了1%统计性显著检验；而根据表 5－12 的结果，本章发现，在控制了年份、城市和城市群因素的 LSDV 模型下，模型的拟合程度显著提高，并且上述结论依旧稳健可靠。这说明在考虑了经济发展、教育水平，控制了时间、城市以及城市群异质性等影响因素的情况下，八大城市群总体及个体增值税税收竞争水平随着时间推移并不能显著收敛至同一稳态水平，仍然未呈现收敛现象，反而具有发散的特征。

表 5－11　　中国城市群增值税税收竞争的条件 β 收敛检验结果：OLS 模型

项目	总体	长三角	珠三角	京津冀	成渝	哈长	中原	长江中游	北部湾
β	0.172 *** (0.012)	0.172 *** (0.038)	0.077 ** (0.038)	0.311 *** (0.074)	0.140 *** (0.026)	0.478 *** (0.062)	0.072 *** (0.023)	0.231 *** (0.037)	0.663 *** (0.092)
GDP	−0.019 (0.043)	0.175 *** (0.050)	0.034 (0.075)	0.228 (0.267)	−0.612 ** (0.307)	−0.532 *** (0.194)	−0.198 * (0.109)	0.071 (0.117)	1.092 *** (0.288)
OPEN	0.001 (0.011)	−0.017 (0.020)	−0.094 *** (0.030)	−0.091 (0.058)	0.029 (0.051)	0.165 *** (0.057)	0.008 (0.023)	0.067 * (0.040)	0.160 (0.118)
FINANCE	0.123 *** (0.044)	0.229 *** (0.054)	0.074 (0.074)	0.289 (0.242)	0.066 (0.112)	0.879 ** (0.361)	0.034 (0.080)	−0.147 (0.141)	−0.542 * (0.292)
STRUC	0.135 ** (0.057)	−0.054 (0.070)	0.055 (0.113)	−0.075 (0.283)	1.099 *** (0.371)	−0.898 ** (0.343)	0.212 * (0.120)	0.650 *** (0.244)	1.339 * (0.797)
URBAN	0.074 (0.051)	−0.016 (0.050)	0.064 (0.048)	−0.070 (0.388)	0.616 (0.400)	−0.490 (0.519)	0.579 *** (0.151)	0.278 (0.227)	0.340 (0.730)
K	0.057 (0.042)	−0.195 *** (0.061)	0.048 (0.101)	−0.323 (0.282)	−0.037 (0.168)	0.410 ** (0.184)	0.170 ** (0.082)	−0.009 (0.131)	−1.243 *** (0.373)
LABOR	−0.076 ** (0.034)	−0.034 (0.041)	−0.137 (0.094)	0.115 (0.190)	0.736 ** (0.352)	0.538 ** (0.217)	0.017 (0.073)	−0.065 (0.112)	0.194 (0.194)
FDI	0.015 (0.012)	0.016 (0.016)	0.024 (0.032)	0.041 (0.064)	0.028 (0.049)	0.256 *** (0.086)	0.013 (0.016)	0.054 (0.051)	−0.190 ** (0.092)
EDUC	−0.009 (0.006)	0.002 (0.004)	−0.001 (0.008)	0.013 (0.044)	0.059 (0.062)	−0.420 *** (0.104)	−0.007 (0.015)	−0.016 (0.020)	0.270 ** (0.105)

续表

项目	总体	长三角	珠三角	京津冀	成渝	哈长	中原	长江中游	北部湾
常数项	-2.033*** (0.555)	1.540* (0.843)	-0.868 (1.149)	2.466 (3.268)	-7.519** (3.228)	-5.151 (3.587)	-5.304*** (1.078)	-3.799** (1.787)	6.624 (4.853)
年份变量	否	否	否	否	否	否	否	否	否
城市变量	否	否	否	否	否	否	否	否	否
城市群变量	否	否	否	否	否	否	否	否	否
R^2	0.188	0.221	0.177	0.182	0.228	0.588	0.243	0.192	0.501
调整 R^2	0.181	0.183	0.096	0.102	0.162	0.528	0.204	0.154	0.429
观察值	1160	216	112	112	128	80	208	224	80
F 值	26.594	5.809	2.174	2.254	3.455	9.851	6.311	5.071	6.939

注：***、** 和 * 分别代表 1%、5% 和 10% 的显著性水平。括号内数值为标准误值。

表 5-12　中国城市群增值税税收竞争的条件 β 收敛检验结果：LSDV 模型

项目	总体	长三角	珠三角	京津冀	成渝	哈长	中原	长江中游	北部湾
β	0.600*** (0.023)	0.402*** (0.060)	0.276*** (0.092)	0.880*** (0.102)	0.433*** (0.074)	0.713*** (0.097)	0.368*** (0.063)	0.658*** (0.071)	1.127*** (0.099)
GDP	-0.016 (0.169)	-0.011 (0.168)	-0.564 (0.379)	0.093 (0.904)	-1.766* (0.996)	-1.816 (1.432)	-0.099 (0.338)	-0.448 (0.601)	3.842** (1.461)
OPEN	0.143*** (0.030)	0.146** (0.057)	-0.209 (0.144)	0.045 (0.168)	-0.015 (0.080)	0.466** (0.192)	0.029 (0.045)	0.228*** (0.078)	-0.096 (0.241)
FINANCE	0.025 (0.066)	0.422*** (0.104)	-0.033 (0.205)	0.692** (0.347)	-0.165 (0.136)	-0.361 (0.632)	0.204 (0.140)	0.057 (0.227)	-0.704*** (0.247)
STRUC	0.047 (0.152)	-0.530*** (0.180)	0.420* (0.238)	0.334 (1.130)	0.680 (0.892)	-1.277 (1.008)	0.689** (0.324)	0.019 (0.526)	1.326 (1.237)
URBAN	-0.296*** (0.102)	-0.009 (0.072)	-0.139 (0.108)	0.154 (0.495)	-1.379* (0.762)	-2.133*** (0.676)	0.109 (0.238)	-0.596** (0.296)	0.149 (0.968)
K	-0.178 (0.142)	0.040 (0.190)	-0.447 (0.373)	-1.426* (0.829)	-0.837* (0.491)	1.098 (1.320)	-0.287 (0.248)	1.448*** (0.429)	-3.707*** (1.000)
LABOR	0.112* (0.066)	-0.015 (0.093)	-0.122 (0.224)	-1.874** (0.750)	0.783* (0.466)	0.588* (0.344)	-0.005 (0.112)	0.213 (0.434)	0.107 (0.200)
FDI	0.005 (0.019)	0.014 (0.028)	0.059 (0.078)	-0.151 (0.122)	-0.012 (0.051)	0.178 (0.168)	0.005 (0.023)	-0.159 (0.100)	-0.025 (0.137)

项目	总体	长三角	珠三角	京津冀	成渝	哈长	中原	长江中游	北部湾
EDUC	-0.014 (0.022)	-0.015 (0.027)	-0.036 * (0.021)	0.012 (0.049)	0.094 (0.271)	-0.215 (0.313)	-0.121 ** (0.061)	0.096 (0.093)	0.549 ** (0.259)
常数项	2.070 (2.358)	-1.127 (2.614)	11.283 (7.576)	29.472 * (15.580)	21.892 (13.275)	2.599 (25.122)	0.858 (5.417)	-21.558 *** (8.051)	31.734 ** (13.141)
年份变量	是	是	是	是	是	是	是	是	是
城市变量	是	是	是	是	是	是	是	是	是
城市群变量	是	是	是	是	是	是	是	是	是
R^2	0.541	0.465	0.471	0.551	0.658	0.789	0.611	0.503	0.774
调整 R^2	0.467	0.331	0.275	0.385	0.543	0.685	0.512	0.381	0.663
观察值	1160	216	112	112	128	80	208	224	80
F 值	72.812	10.282	3.322	7.875	6.507	8.707	4.217	10.155	15.041

注：*** 、** 和 * 分别代表1%、5%和10%的显著性水平。括号内数值为标准误值。

三、俱乐部收敛

按照前面研究安排，本章将八大城市群划分成长江流域、珠江流域和北方地区三类，表5-13分别报告了OLS混合估计模型和LSDV模型下增值税税收竞争的俱乐部收敛检验结果。根据表5-13结果可知，在OLS混合估计模型中，三类俱乐部的 β 值均为正值，且通过了1%统计性显著检验，并且本章发现，在控制了年份、城市和城市群因素的LSDV模型下，模型的拟合程度显著提高，并且上述结论依旧稳健可靠。这说明在考虑了经济发展、教育水平，控制了时间、城市以及城市群异质性等影响因素的情况下，长江流域、珠江流域和北方地区增值税税收竞争依然存在显著的发散特征，并不具备俱乐部收敛机制。

表5-13 　　　中国城市群增值税税收竞争的俱乐部收敛检验结果

项目	长江流域		珠江流域		北方地区	
	OLS	LSDV	OLS	LSDV	OLS	LSDV
β	0.136 *** (0.015)	0.547 *** (0.035)	0.300 *** (0.042)	0.947 *** (0.062)	0.204 *** (0.023)	0.609 *** (0.038)

续表

项目	长江流域		珠江流域		北方地区	
	OLS	LSDV	OLS	LSDV	OLS	LSDV
GDP	0.002 (0.060)	-0.126 (0.227)	0.163 (0.125)	0.990 (0.673)	-0.210 *** (0.079)	-0.286 (0.350)
OPEN	0.007 (0.017)	0.140 *** (0.039)	0.032 (0.055)	0.047 (0.116)	-0.005 (0.021)	0.163 *** (0.051)
FINANCE	0.092 * (0.054)	0.065 (0.081)	-0.127 (0.145)	-0.510 *** (0.159)	0.309 *** (0.092)	0.193 (0.152)
STRUC	0.311 *** (0.097)	-0.268 (0.201)	0.574 *** (0.216)	0.291 (0.482)	-0.080 (0.100)	0.584 * (0.320)
URBAN	0.085 (0.091)	-0.323 ** (0.130)	0.040 (0.131)	-0.086 (0.242)	0.298 * (0.158)	-0.329 (0.210)
K	-0.006 (0.057)	0.336 * (0.196)	-0.014 (0.156)	-1.972 *** (0.429)	0.124 (0.080)	-0.425 (0.285)
LABOR	-0.003 (0.051)	0.237 (0.152)	-0.049 (0.119)	0.246 ** (0.116)	-0.051 (0.052)	-0.096 (0.113)
FDI	0.013 (0.016)	-0.053 * (0.028)	-0.031 (0.047)	-0.049 (0.080)	0.037 * (0.021)	0.028 (0.032)
EDUC	-0.003 (0.007)	0.046 (0.043)	0.017 (0.018)	0.032 (0.050)	-0.026 (0.017)	-0.048 (0.033)
常数项	-2.110 ** (0.842)	-5.226 * (3.084)	-2.824 (1.886)	25.020 *** (6.288)	-3.007 *** (1.027)	6.419 (5.604)
年份变量	否	是	否	是	否	是
城市变量	否	是	否	是	否	是
城市群变量	否	是	否	是	否	是
R^2	0.158	0.484	0.291	0.687	0.253	0.615
调整 R^2	0.142	0.390	0.252	0.604	0.234	0.539
观察值	568	568	192	192	400	400
F 值	10.420	25.749	7.437	26.813	13.171	27.160

注：***、**和*分别代表1%、5%和10%的显著性水平。括号内数值为标准误值。

第六节　地方政府间营业税税收竞争的收敛机制分析

一、σ 收敛检验

根据 σ 收敛检验方法，城市群总体及八大城市群个体的营业税税收竞争的收敛系数如表5－14所示。为了更加直观地体现 σ 收敛的变化趋势，我们将表5－14结果绘制成堆积折线图5－3。从城市群总体层面看，整个样本期

表5－14　　2005～2013年中国城市群营业税税收竞争的 σ 收敛系数

年份	总体	长三角	珠三角	京津冀	成渝	哈长	中原	长江中游	北部湾
2005	0.523	0.368	0.363	0.508	0.379	0.422	0.299	0.446	0.426
2006	3.901	1.964	2.949	3.630	4.422	5.844	3.380	3.609	4.460
2007	3.950	1.901	3.135	3.536	4.604	5.845	3.293	3.624	4.668
2008	3.820	1.818	3.153	3.286	4.489	5.788	3.089	3.282	4.647
2009	3.621	1.668	3.082	2.822	4.288	5.117	3.137	3.225	4.577
2010	3.498	1.639	2.641	2.530	3.681	5.197	2.868	3.487	4.607
2011	3.408	1.560	3.387	2.414	3.347	4.927	2.624	2.988	5.098
2012	3.508	1.403	3.477	2.281	3.286	5.671	2.552	2.889	5.112
2013	3.339	1.293	3.452	2.077	2.966	5.361	2.222	2.824	4.764

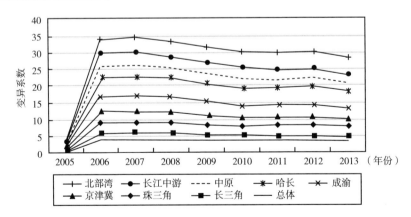

图5－3　2005～2013年中国城市群营业税税收竞争的 σ 收敛的演变趋势

内营业税税收竞争 σ 收敛系数显著减少，这表明整个考察期内八大城市群营业税税收竞争呈现 σ 收敛，即营业税税收竞争的区域差距在扩大。从城市群个体来看，除珠三角城市群和北部湾城市群，其余六大城市群营业税税收竞争的 σ 收敛与城市群总体类似，意味着八大城市群个体的营业税税收竞争的区域差距也存在收敛。综合来看，样本考察期内中国城市群总体及个体的营业税税收竞争均呈现较为显著的 σ 收敛特征。

二、β 收敛检验

基于模型式（5－2），本章采用面板固定效应模型对八大城市群企业所得税税收竞争进行 β 收敛机制检验，表5－15和表5－16分别报告了OLS混合估计模型和FE模型下绝对 β 收敛检验结果。相比于表5－15结果而言，通过表5－16不难发现：在控制了年份和城市因素的面板固定效应模型下，模型的拟合程度显著提高，β 系数为正，并且在1%统计水平上显著。这说明假定在经济发展水平、产业结构、城镇化、外商直接投资、教育水平等影响因素都相似的前提下，城市群总体及个体的营业税税收竞争水平随着时间推移并不能显著收敛至同一稳态水平，地区差距渐趋加大。

表5－15　中国城市群营业税税收竞争的绝对 β 收敛检验结果：OLS模型

项目	总体	长三角	珠三角	京津冀	成渝	哈长	中原	长江中游	北部湾
β	0.012 (0.008)	−0.024 (0.028)	0.081 *** (0.030)	−0.027 (0.035)	−0.009 (0.030)	0.037 (0.042)	0.023 (0.025)	0.036 (0.022)	0.048 * (0.025)
常数项	−0.103 *** (0.018)	−0.016 (0.031)	−0.102 (0.066)	−0.079 (0.063)	−0.135 (0.084)	−0.215 (0.167)	−0.172 *** (0.054)	−0.173 *** (0.047)	−0.148 * (0.078)
控制变量	否	否	否	否	否	否	否	否	否
年份变量	否	否	否	否	否	否	否	否	否
城市变量	否	否	否	否	否	否	否	否	否
R^2	0.002	0.003	0.061	0.006	0.001	0.010	0.004	0.011	0.045
调整 R^2	0.001	−0.001	0.052	−0.004	−0.007	−0.003	−0.001	0.007	0.032
观察值	1160	216	112	112	128	80	208	224	80
F值	2.176	0.734	7.145	0.610	0.080	0.759	0.816	2.537	3.648

注：*** 和 * 分别代表1%和10%的显著性水平。括号内数值为标准误值。

表 5 - 16　　中国城市群营业税税收竞争的绝对 β 收敛检验结果：LSDV 模型

项目	总体	长三角	珠三角	京津冀	成渝	哈长	中原	长江中游	北部湾
β	0.298 ***	0.277 ***	0.649 ***	0.339 ***	0.298 ***	0.622 ***	0.239 ***	0.220 ***	0.429 ***
	(0.023)	(0.049)	(0.092)	(0.084)	(0.023)	(0.137)	(0.063)	(0.045)	(0.107)
常数项	- 0.787 ***	- 0.405 ***	- 1.138 ***	- 0.823 ***	- 1.138 ***	- 2.654 ***	- 0.750 ***	- 0.573 ***	- 1.209***
	(0.057)	(0.062)	(0.179)	(0.188)	(0.241)	(0.559)	(0.156)	(0.110)	(0.319)
控制变量	是	是	是	是	是	是	是	是	是
年份变量	是	是	是	是	是	是	是	是	是
城市变量	是	是	是	是	是	是	是	是	是
R^2	0.162	0.229	0.590	0.203	0.327	0.341	0.165	0.306	0.326
调整 R^2	0.035	0.084	0.494	0.017	0.178	0.160	0.007	0.177	0.141
观察值	1160	216	112	112	128	80	208	224	80
F 值	24.330	6.703	16.171	2.869	6.305	4.004	4.297	10.371	3.745

注：*** 代表1%的显著性水平。括号内数值为标准误值。

为了检验中国城市群总体及八大城市群营业税税收竞争在充分考虑地区经济发展、教育等条件下是否存在条件 β 收敛，本章基于模型式（5 - 3）分别采用 OLS 混合估计模型和 LSDV 模型对其条件 β 收敛性进行检验，相关结果如表 5 - 17 和表 5 - 18 所示。相比于表 5 - 17 结果而言，根据表 5 - 18 可以发现，在控制了年份、城市和城市群因素的 LSDV 模型下，模型的拟合程度显著提高，并且 β 系数显著为正。这说明在考虑了经济发展、教育水平，控制了时间、城市以及城市群异质性等影响因素的情况下，中国城市群总体及个体的营业税税收竞争水平随着时间推移并不能显著收敛至同一稳态水平，仍然未呈现收敛现象，反而具有发散的特征。

表 5 - 17　　中国城市群营业税税收竞争的条件 β 收敛检验结果：OLS 模型

项目	总体	长三角	珠三角	京津冀	成渝	哈长	中原	长江中游	北部湾
β	0.079 ***	0.041	0.142 ***	0.131 **	0.084	0.441 ***	0.076 **	0.135 ***	0.062
	(0.011)	(0.036)	(0.041)	(0.056)	(0.056)	(0.106)	(0.036)	(0.034)	(0.068)
GDP	- 0.097 **	0.076	0.184	- 0.274	- 0.366	- 0.950 ***	- 0.047	- 0.228 *	0
	(0.042)	(0.061)	(0.146)	(0.208)	(0.280)	(0.270)	(0.125)	(0.117)	(0.213)
OPEN	0.028 ***	0.037	0.020	- 0.069	0.025	0.056	0	0.003	0.033
	(0.009)	(0.022)	(0.064)	(0.046)	(0.047)	(0.055)	(0.024)	(0.031)	(0.068)

续表

项目	总体	长三角	珠三角	京津冀	成渝	哈长	中原	长江中游	北部湾
FINANCE	0.165 *** (0.035)	0.078 (0.060)	-0.159 (0.148)	0.524 *** (0.188)	0.063 (0.099)	0.711 * (0.384)	0.005 (0.079)	0.204 (0.124)	0.028 (0.167)
STRUC	-0.041 (0.047)	-0.264 *** (0.078)	0.181 (0.220)	-0.471 * (0.242)	0.376 (0.343)	-1.195 *** (0.417)	0.214 * (0.123)	0.372 * (0.207)	-0.040 (0.460)
URBAN	-0.056 (0.042)	-0.088 (0.054)	-0.041 (0.096)	-0.561 * (0.298)	-0.737 ** (0.352)	-1.234 ** (0.533)	-0.666 *** (0.158)	0.295 (0.196)	-0.170 (0.430)
K	0.038 (0.038)	-0.073 (0.071)	-0.130 (0.203)	0.196 (0.215)	-0.027 (0.169)	0.495 ** (0.227)	0.110 (0.085)	0.043 (0.124)	0.164 (0.249)
LABOR	0.048 * (0.029)	-0.039 (0.045)	0.002 (0.188)	-0.063 (0.148)	0.438 (0.314)	0.239 (0.228)	-0.070 (0.078)	0.232 ** (0.096)	-0.046 (0.101)
FDI	0.016 (0.011)	0.004 (0.018)	0.002 (0.064)	0.062 (0.053)	0.006 (0.045)	0.313 *** (0.101)	-0.029 (0.018)	0.042 (0.043)	-0.049 (0.057)
EDUC	0.010 ** (0.005)	0.007 (0.004)	0.013 (0.015)	0.021 (0.033)	0.183 *** (0.057)	0.069 (0.113)	0.045 *** (0.016)	0.007 (0.017)	0.002 (0.059)
常数项	-0.906 * (0.504)	1.834 ** (0.916)	0.809 (2.366)	0.634 (2.338)	0.883 (3.209)	0.983 (3.845)	0.548 (1.104)	-4.599 *** (1.716)	-1.838 (4.117)
年份变量	否	否	否	否	否	否	否	否	否
城市变量	否	否	否	否	否	否	否	否	否
城市群变量	否	否	否	否	否	否	否	否	否
R^2	0.088	0.171	0.142	0.167	0.137	0.274	0.188	0.124	0.083
调整 R^2	0.080	0.131	0.057	0.084	0.063	0.169	0.147	0.083	-0.050
观察值	1160	216	112	112	128	80	208	224	80
F 值	11.054	4.242	1.668	2.020	1.852	2.604	4.555	3.023	0.621

注：*** 、** 和 * 分别代表1%、5%和10%的显著性水平。括号内数值为标准误值。

表 5 - 18　中国城市群营业税税收竞争的条件 β 收敛检验结果：LSDV 模型

项目	总体	长三角	珠三角	京津冀	成渝	哈长	中原	长江中游	北部湾
β	0.367 *** (0.026)	0.236 *** (0.058)	0.725 *** (0.123)	0.590 *** (0.106)	0.367 *** (0.026)	0.841 *** (0.187)	0.316 *** (0.066)	0.297 *** (0.058)	0.728 *** (0.154)
GDP	0.057 (0.166)	0.589 *** (0.191)	0.628 (0.630)	-1.419 (0.864)	0.057 (0.166)	-0.105 (1.840)	0.555 (0.409)	-0.614 (0.523)	-1.411 (0.957)
OPEN	0.002 (0.029)	0.046 (0.054)	0.125 (0.238)	0.010 (0.140)	0.002 (0.029)	0.088 (0.234)	-0.046 (0.050)	-0.008 (0.064)	0.053 (0.155)

续表

项目	总体	长三角	珠三角	京津冀	成渝	哈长	中原	长江中游	北部湾
FINANCE	0.156 ** (0.063)	0.075 (0.102)	0.221 (0.368)	0.373 (0.287)	0.156 ** (0.063)	0.742 (0.785)	−0.211 (0.156)	0.235 (0.192)	0.134 (0.158)
STRUC	−0.087 (0.146)	−0.221 (0.180)	−0.834 * (0.443)	−0.363 (0.946)	−0.087 (0.146)	1.231 (1.155)	1.095 *** (0.344)	0.149 (0.456)	1.204 (0.790)
URBAN	−0.387 *** (0.099)	−0.042 (0.072)	−0.260 (0.188)	−1.471 *** (0.446)	−0.387 *** (0.099)	−0.790 (0.828)	−0.477 * (0.280)	−0.519 ** (0.261)	0.814 (0.622)
K	0.452 *** (0.142)	0.214 (0.200)	−0.038 (0.621)	−0.078 (0.663)	0.452 *** (0.142)	−0.638 (1.717)	0.911 *** (0.292)	0.861 ** (0.397)	0.652 (0.686)
LABOR	−0.024 (0.062)	−0.205 ** (0.091)	−0.504 (0.372)	−0.032 (0.626)	−0.024 (0.062)	−0.483 (0.437)	−0.076 (0.132)	0.250 (0.390)	−0.134 (0.126)
FDI	0.011 (0.018)	0.036 (0.027)	0.086 (0.129)	−0.055 (0.102)	0.011 (0.018)	−0.177 (0.207)	−0.076 *** (0.027)	0.025 (0.087)	−0.129 (0.088)
EDUC	0 (0.021)	0.039 (0.027)	0.001 (0.035)	−0.050 (0.041)	0 (0.021)	−0.416 (0.446)	−0.058 (0.071)	0.082 (0.080)	0.197 (0.168)
常数项	−7.242 *** (2.303)	−6.404 ** (2.593)	0.725 (12.306)	16.509 (13.445)	−7.242 *** (2.303)	7.575 (33.312)	−19.977 *** (6.339)	−12.061 * (7.073)	−12.558 (9.643)
年份变量	是	是	是	是	是	是	是	是	是
城市变量	是	是	是	是	是	是	是	是	是
城市群变量	是	是	是	是	是	是	是	是	是
R^2	0.317	0.556	0.627	0.425	0.516	0.500	0.446	0.441	0.488
调整 R^2	0.207	0.445	0.489	0.212	0.353	0.255	0.305	0.304	0.237
观察值	1160	216	112.	112	128	80	208	224	80
F 值	22.216	11.257	5.360	3.607	4.077	3.224	7.251	3.643	2.989

注：*** 、** 和 * 分别代表1%、5%和10%的显著性水平。括号内数值为标准误值。

三、俱乐部收敛

按照前面研究安排，本章将八大城市群划分成长江流域、珠江流域和北方地区三类，表5-19分别报告了OLS混合估计模型和LSDV模型下营业税税收竞争的俱乐部收敛检验结果。根据表5-19结果可知，对比OLS混合估计模型，本章发现，LSDV模型下控制了年份、城市和城市群因素后，模型的拟合程度显著提高，并且两种模型下三类俱乐部的 β 值均为正值，且通过了

1%统计性显著检验。这说明，在考虑了经济发展、教育水平，控制了时间、城市以及城市群异质性等影响因素的情况下，长江流域、珠江流域和北方地区营业税税收竞争依然存在显著的发散特征，并不具备俱乐部收敛机制。

表5－19　　　　中国城市群营业税税收竞争的俱乐部收敛检验结果

项目	长江流域		珠江流域		北方地区	
	OLS	LSDV	OLS	LSDV	OLS	LSDV
β	0.067 *** (0.020)	0.323 *** (0.036)	0.100 *** (0.031)	0.629 *** (0.084)	0.083 *** (0.023)	0.492 *** (0.056)
GDP	−0.086 (0.061)	−0.154 (0.224)	−0.075 (0.096)	−0.253 (0.500)	−0.210 ** (0.089)	−0.235 (0.399)
OPEN	0.018 (0.015)	−0.031 (0.038)	0.029 (0.038)	0.079 (0.087)	0.018 (0.018)	−0.012 (0.052)
FINANCE	0.156 *** (0.047)	0.195 ** (0.079)	−0.041 (0.095)	0.143 (0.119)	0.251 *** (0.080)	0.115 (0.157)
STRUC	−0.056 (0.087)	−0.381 * (0.194)	0.120 (0.140)	−0.039 (0.364)	−0.186 ** (0.093)	0.623 * (0.333)
URBAN	0.008 (0.081)	−0.492 *** (0.127)	−0.016 (0.085)	0.042 (0.177)	−0.488 *** (0.142)	−0.879 *** (0.228)
K	0.017 (0.057)	0.496 ** (0.200)	0.197 (0.120)	0.692 ** (0.346)	0.143 ** (0.072)	0.432 (0.295)
LABOR	0.062 (0.045)	0.155 (0.151)	−0.037 (0.073)	−0.115 (0.082)	0.017 (0.055)	−0.050 (0.118)
FDI	0.019 (0.015)	0.049 * (0.027)	−0.003 (0.030)	−0.085 (0.058)	0.021 (0.020)	−0.083 ** (0.033)
EDUC	0.009 (0.006)	0.049 (0.042)	0.009 (0.011)	0.039 (0.036)	0.019 (0.015)	−0.050 (0.035)
常数项	−0.845 (0.823)	−6.210 ** (3.026)	−3.144 ** (1.511)	−11.450 ** (5.040)	0.265 (0.965)	−5.553 (5.916)
年份变量	否	是	否	是	否	是
城市变量	否	是	否	是	否	是
城市群变量	否	是	否	是	否	是
R^2	0.080	0.345	0.092	0.492	0.095	0.371
调整 R^2	0.063	0.226	0.042	0.357	0.071	0.246
观察值	568	568	192	192	400	400
F 值	4.836	10.902	1.831	7.201	4.061	12.312

注：***、** 和 * 分别代表1%、5%和10%的显著性水平。括号内数值为标准误值。

第七节　地方政府间企业所得税税收竞争的收敛机制分析

一、σ 收敛检验

根据 σ 收敛检验方法，中国城市群总体及八大城市群个体的企业所得税税收竞争的收敛系数如表 5 - 20 所示。为了更加直观地体现 σ 收敛的变化趋势，我们将表 5 - 20 结果绘制成堆积折线图 5 - 4。从城市群总体层面看，2005～2007 年 σ 收敛系数显著增大，2008 年后开始呈现平稳下降态势。这表明整个考察期内八大城市群企业所得税税收竞争呈现 σ 收敛，即企业所得税税收竞争的区域差距在缩小。从城市群个体来看，八大城市群企业所得税税收竞争的 σ 收敛与城市群总体类似，意味着八大城市群个体的企业所得税税收竞争的区域差距也在不断缩小，没有发散。综合来看，样本考察期内八大城市群总体及个体的企业所得税税收竞争均呈现显著的 σ 收敛特征。

表 5 - 20　　2005～2013 年中国城市群企业所得税税收竞争的 σ 收敛系数

年份	总体	长三角	珠三角	京津冀	成渝	哈长	中原	长江中游	北部湾
2005	0.909	0.770	0.536	0.551	0.812	0.675	1.067	0.422	0.626
2006	7.954	3.838	3.810	5.039	9.585	6.729	11.514	7.527	8.149
2007	8.175	3.622	4.172	4.928	9.021	7.151	10.985	9.233	9.602
2008	7.580	3.841	4.973	5.546	7.201	6.313	10.202	8.438	9.023
2009	6.742	3.449	4.385	4.607	6.010	6.858	7.986	8.135	8.932
2010	6.345	3.225	4.070	4.686	5.511	6.396	7.038	8.174	7.879
2011	5.862	3.025	5.257	4.509	5.046	6.768	5.832	7.091	8.351
2012	5.374	2.537	4.797	4.379	4.138	6.568	5.298	6.384	7.826
2013	5.046	2.646	4.207	4.705	4.036	6.766	4.625	6.007	6.836

二、β 收敛检验

基于模型式（5 - 2），本章采用面板固定效应模型对八大城市群企业所得

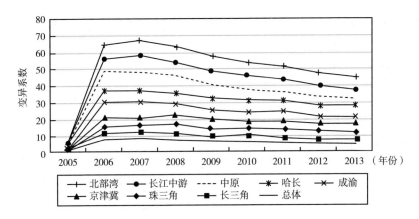

图 5 - 4　2005 ~ 2013 年中国城市群企业所得税税收竞争的 σ 收敛的演变趋势

税税收竞争进行 β 收敛机制检验，表 5 - 21 和表 5 - 22 分别报告了 OLS 混合估计模型和 FE 模型下绝对 β 收敛检验结果。相比于表 5 - 21 结果而言，表 5 - 22 结果显示：在控制了年份和城市因素的面板固定效应模型下，FE 模型的拟合程度显著提高，并且 β 系数显著为正。这说明假定在经济发展水平、产业结构、城镇化、外商直接投资、教育水平等影响因素都相似的前提下，城市群总体及个体的企业所得税税收竞争水平随着时间推移并不能显著收敛至同一稳态水平，地区差距渐趋加大。

表 5 - 21　中国城市群企业所得税税收竞争的绝对 β 收敛检验结果：OLS 模型

项目	总体	长三角	珠三角	京津冀	成渝	哈长	中原	长江中游	北部湾
β	- 0.028 ** (0.012)	- 0.012 (0.024)	0.073 * (0.038)	0.050 (0.039)	- 0.056 (0.042)	0.034 (0.058)	- 0.139 *** (0.026)	0.128 *** (0.031)	0.043 (0.044)
常数项	- 0.100 * (0.051)	- 0.017 (0.046)	- 0.197 * (0.111)	- 0.210 (0.127)	- 0.144 (0.184)	- 0.312 (0.254)	0.178 (0.143)	- 0.786 *** (0.160)	- 0.367 (0.240)
控制变量	否	否	否	否	否	否	否	否	否
年份变量	否	否	否	否	否	否	否	否	否
城市变量	否	否	否	否	否	否	否	否	否
R^2	0.005	0.001	0.032	0.015	0.014	0.004	0.119	0.070	0.012
调整 R^2	0.004	- 0.004	0.023	0.006	0.006	- 0.008	0.115	0.066	- 0.001
观察值	1160	216	112	112	128	80	208	224	80
F 值	5.689	0.240	3.614	1.630	1.800	0.335	27.788	16.701	0.972

注：*** 、** 和 * 分别代表 1%、5% 和 10% 的显著性水平。括号内数值为标准误值。

表5-22 中国城市群企业所得税税收竞争的绝对 β 收敛检验结果：FE 模型

项目	总体	长三角	珠三角	京津冀	成渝	哈长	中原	长江中游	北部湾
β	0.228 ***	0.409 ***	0.633 ***	0.495 ***	0.130 *	0.293 **	0.019 *	0.692 ***	0.569 ***
	(0.025)	(0.058)	(0.099)	(0.072)	(0.078)	(0.119)	(0.047)	(0.072)	(0.114)
常数项	-1.286 ***	-0.751 ***	-1.725 ***	-1.730 ***	-0.934 *	-2.345 ***	-0.897 **	-3.572 ***	-3.225 ***
	(0.127)	(0.118)	(0.249)	(0.243)	(0.478)	(0.585)	(0.345)	(0.406)	(0.621)
控制变量	是	是	是	是	是	是	是	是	是
年份变量	是	是	是	是	是	是	是	是	是
城市变量	是	是	是	是	是	是	是	是	是
R^2	0.103	0.264	0.542	0.461	0.085	0.239	0.067	0.373	0.427
调整 R^2	-0.033	0.125	0.435	0.335	-0.117	0.031	-0.109	0.257	0.270
观察值	1160	216	112	112	128	80	208	224	80
F 值	14.416	8.105	13.297	9.627	1.209	2.441	1.573	14.002	5.778

注：*** 、** 和 * 分别代表1%、5%和10%的显著性水平。括号内数值为标准误值。

为了检验中国城市群总体及八大城市群税收竞争在充分考虑地区经济发展、教育等条件下是否存在条件 β 收敛，本章基于模型式（5-3）分别采用 OLS 混合估计模型和 LSDV 模型对其条件 β 收敛性进行检验，相关结果如表5-23 和表5-24 所示。相比于表5-23 的结果而言，表5-24 的结果显示：在控制了年份、城市和城市群因素的 LSDV 模型下，LSDV 模型的拟合程度显著提高，并且 β 系数显著为正。这说明在考虑了经济发展、教育水平，控制了时间、城市以及城市群异质性等影响因素的情况下，中国城市群总体及个体的企业所得税税收竞争水平随着时间推移并不能显著收敛至同一稳态水平，仍然未呈现收敛现象，反而具有发散的特征。

表5-23 中国城市群企业所得税税收竞争的条件 β 收敛检验结果：OLS 模型

项目	总体	长三角	珠三角	京津冀	成渝	哈长	中原	长江中游	北部湾
β	0.040 **	0.199 ***	0.299 ***	0.166 **	0.089	0.103	-0.040	0.257 ***	0.166 **
	(0.016)	(0.051)	(0.066)	(0.067)	(0.074)	(0.099)	(0.039)	(0.043)	(0.082)
GDP	-0.013	-0.166	0.740 **	0.038	-1.006	-0.125	-0.043	-1.202 **	-0.746
	(0.134)	(0.172)	(0.307)	(0.424)	(1.008)	(0.520)	(0.672)	(0.465)	(0.654)
OPEN	0.056 *	0.133 **	0.165	-0.072	0.135	0.036	0.211	0.122	0.414
	(0.034)	(0.065)	(0.132)	(0.087)	(0.158)	(0.147)	(0.142)	(0.136)	(0.248)

续表

项目	总体	长三角	珠三角	京津冀	成渝	哈长	中原	长江中游	北部湾
FINANCE	0.271 ** (0.127)	0.439 ** (0.196)	-0.104 (0.309)	0.014 (0.399)	0.301 (0.356)	0.098 (0.962)	0.254 (0.473)	0.437 (0.521)	0.286 (0.632)
STRUC	0.396 ** (0.175)	-0.338 (0.222)	1.342 *** (0.474)	-0.133 (0.460)	2.348 * (1.339)	0.174 (0.844)	1.830 ** (0.750)	0.174 (0.876)	-0.007 (1.712)
URBAN	0.089 (0.156)	-0.098 (0.160)	-0.297 (0.202)	-0.224 (0.594)	2.550 ** (1.159)	0.311 (1.262)	0.389 (0.935)	1.259 (0.836)	-0.370 (1.556)
K	0.114 (0.132)	0.263 (0.210)	-0.854 ** (0.420)	0.245 (0.439)	-0.071 (0.534)	0.260 (0.483)	-0.116 (0.498)	1.097 ** (0.520)	0.826 (0.802)
LABOR	-0.157 (0.101)	-0.107 (0.132)	0.549 (0.396)	-0.377 (0.293)	0.839 (1.083)	0.377 (0.534)	0.193 (0.452)	0.148 (0.407)	0.314 (0.378)
FDI	-0.004 (0.038)	0 (0.052)	-0.182 (0.136)	0.099 (0.099)	0.152 (0.147)	0.470 ** (0.228)	-0.047 (0.099)	0.136 (0.190)	-0.086 (0.200)
EDUC	0.005 (0.018)	-0.001 (0.013)	0.074 ** (0.032)	0.044 (0.066)	0.049 (0.193)	-0.360 (0.268)	-0.007 (0.091)	-0.007 (0.073)	0.060 (0.223)
常数项	-4.395 ** (1.794)	-3.815 (2.905)	2.374 (5.039)	-1.602 (4.811)	-19.663 * (10.794)	-8.886 (9.287)	-9.151 (6.810)	-21.422 *** (6.926)	-12.265 (11.482)
年份变量	否	否	否	否	否	否	否	否	否
城市变量	否	否	否	否	否	否	否	否	否
城市群变量	否	否	否	否	否	否	否	否	否
R^2	0.048	0.112	0.233	0.095	0.134	0.109	0.197	0.165	0.084
调整 R^2	0.040	0.069	0.157	0.005	0.060	-0.020	0.156	0.126	-0.048
观察值	1160	216	112	112	128	80	208	224	80
F 值	5.850	2.582	3.066	1.057	1.808	0.846	4.834	4.201	0.637

注：*** 、** 和 * 分别代表1%、5%和10%的显著性水平。括号内数值为标准误值。

表5-24 中国城市群企业所得税税收竞争的条件 β 收敛检验结果：LSDV 模型

项目	总体	长三角	珠三角	京津冀	成渝	哈长	中原	长江中游	北部湾
β	0.288 *** (0.028)	0.575 *** (0.082)	0.799 *** (0.115)	0.500 *** (0.096)	0.189 * (0.105)	1.124 *** (0.180)	0.110 ** (0.055)	0.730 *** (0.078)	0.708 *** (0.126)
GDP	0.253 (0.601)	-1.533 *** (0.547)	-1.491 (1.404)	1.329 (1.214)	1.048 (3.931)	-5.433 * (3.109)	0.294 (2.392)	-0.042 (2.325)	-5.621 * (3.292)

续表

项目	总体	长三角	珠三角	京津冀	成渝	哈长	中原	长江中游	北部湾
OPEN	0.285 *** (0.107)	0.541 *** (0.179)	0.030 (0.534)	0.035 (0.220)	0.137 (0.334)	0.351 (0.482)	0.344 (0.316)	0.168 (0.286)	-0.335 (0.556)
FINANCE	0.117 (0.236)	-0.168 (0.377)	0.969 (0.800)	0.012 (0.573)	-0.176 (0.580)	-1.567 (1.498)	-0.662 (0.994)	0.446 (0.845)	0.138 (0.561)
STRUC	1.456 *** (0.548)	-2.124 *** (0.564)	0.514 (0.872)	-2.378 (1.460)	5.676 (3.697)	13.553 *** (2.771)	5.533 ** (2.189)	2.574 (2.055)	-0.526 (2.834)
URBAN	0.247 (0.363)	-0.169 (0.225)	-0.453 (0.391)	-0.035 (0.649)	3.040 (2.926)	1.757 (1.574)	-0.083 (1.793)	0.355 (1.133)	-1.049 (2.181)
K	-0.159 (0.503)	2.359 *** (0.621)	-3.542 *** (1.301)	0.104 (1.026)	-4.551 ** (1.980)	3.891 (3.220)	0.285 (1.845)	4.393 *** (1.631)	2.634 (2.139)
LABOR	0.079 (0.231)	0.012 (0.287)	-0.597 (0.815)	-3.356 *** (0.985)	-0.914 (1.853)	1.615 * (0.835)	0.443 (0.834)	3.506 ** (1.692)	-0.708 (0.462)
FDI	0.199 *** (0.069)	0.138 (0.087)	-0.371 (0.288)	0.040 (0.158)	0.051 (0.209)	0.566 (0.407)	0.094 (0.171)	-0.259 (0.364)	0.203 (0.311)
EDUC	0.011 (0.079)	0.007 (0.082)	0.172 ** (0.078)	0.068 (0.063)	-0.875 (1.061)	0.869 (0.792)	-0.222 (0.447)	0.081 (0.358)	0.791 (0.588)
常数项	-8.953 (8.384)	-24.474 *** (8.682)	67.088 ** (26.650)	16.759 (20.111)	38.876 (54.508)	-100.980 * (59.159)	-29.430 (40.231)	-107.154 *** (30.720)	-5.707 (29.066)
年份变量	是	是	是	是	是	是	是	是	是
城市变量	是	是	是	是	是	是	是	是	是
城市群 变量	是	是	是	是	是	是	是	是	是
R^2	0.270	0.436	0.631	0.634	0.342	0.603	0.403	0.438	0.539
调整 R^2	0.153	0.295	0.494	0.498	0.121	0.408	0.251	0.300	0.313
观察值	1160	216	112	112	128	80	208	224	80
F 值	12.049	8.523	6.273	6.810	1.851	4.761	1.470	11.197	3.500

注: ***、** 和 * 分别代表1%、5% 和10%的显著性水平。括号内数值为标准误值。

三、俱乐部收敛

按照前面研究安排，本章将中国八大城市群划分成长江流域、珠江流域和北方地区三类，表5－25分别报告了OLS混合估计模型和LSDV模型下企业所得税税收竞争的俱乐部收敛检验结果。根据表5－25结果可知，对比OLS混合估计模型，本章发现LSDV模型下控制了年份、城市和城市群因素后，模型的拟合程度显著提高，三类俱乐部的β值均为正值，且均通过了1%统计性显著检验。这说明在考虑了经济发展、教育水平，控制了时间、城市以及城市群异质性等影响因素的情况下，长江流域、珠江流域和北方地区企业所得税税收竞争依然存在显著的发散特征，并不具备俱乐部收敛机制。

表5－25　　　　中国城市群企业所得税税收竞争的俱乐部收敛检验结果

项目	长江流域		珠江流域		北方地区	
	OLS	LSDV	OLS	LSDV	OLS	LSDV
β	0.146 *** (0.025)	0.470 *** (0.046)	0.130 *** (0.045)	0.621 *** (0.073)	−0.058 ** (0.026)	0.157 *** (0.042)
GDP	−0.548 ** (0.216)	0.772 (0.881)	−0.388 (0.295)	−2.342 (1.565)	0.214 (0.250)	1.361 (1.273)
OPEN	0.115 * (0.059)	0.215 (0.152)	0.287 ** (0.121)	0.311 (0.269)	0.041 (0.065)	0.104 (0.188)
FINANCE	0.289 (0.180)	0.229 (0.323)	0.216 (0.297)	0.390 (0.373)	0.169 (0.263)	−0.327 (0.570)
STRUC	0.571 (0.351)	1.401 * (0.791)	0.054 (0.431)	0.225 (1.127)	0.630 ** (0.316)	4.193 *** (1.250)
URBAN	0.730 ** (0.312)	0.167 (0.507)	−0.282 (0.268)	−0.038 (0.565)	0.513 (0.502)	0.423 (0.795)
K	0.347 (0.214)	−0.224 (0.759)	0.481 (0.363)	1.342 (0.950)	0.087 (0.245)	1.207 (1.071)
LABOR	0.206 (0.175)	0.055 (0.599)	0.175 (0.228)	−0.543 ** (0.267)	−0.304 * (0.157)	0.566 (0.430)
FDI	0.026 (0.054)	0.237 ** (0.108)	−0.057 (0.094)	0.041 (0.186)	−0.026 (0.066)	0.118 (0.120)
EDUC	0.022 (0.023)	−0.097 (0.169)	0.021 (0.036)	0.141 (0.116)	−0.047 (0.052)	−0.069 (0.125)

项目	长江流域		珠江流域		北方地区	
	OLS	LSDV	OLS	LSDV	OLS	LSDV
常数项	−11.142 *** (3.291)	−11.056 (12.012)	−7.793 * (4.659)	−11.229 (14.188)	−6.345 * (3.272)	−50.080 ** (20.865)
年份变量	否	是	否	是	否	是
城市变量	否	是	否	是	否	是
城市群变量	否	是	否	是	否	是
R^2	0.088	0.285	0.067	0.464	0.126	0.364
调整 R^2	0.072	0.156	0.016	0.322	0.103	0.238
观察值	568	568	192	192	400	400
F 值	5.396	11.757	1.302	7.781	5.589	2.786

注：***、** 和 * 分别代表1%、5%和10%的显著性水平。括号内数值为标准误值。

第八节　地方政府间个人所得税税收
竞争的收敛机制分析

一、σ 收敛检验

根据 σ 收敛检验方法，中国城市群总体及八大城市群个体的个人所得税税收竞争的收敛系数如表5-26所示。为了更加直观地体现 σ 收敛的变化趋势，我们将表5-26的结果绘制成堆积折线图5-5。从城市群总体层面看，整个样本期内个人所得税税收竞争 σ 收敛系数显著增大，这表明整个考察期内中国城市群个人所得税税收竞争并不呈现 σ 收敛，即个人所得税税收竞争的区域差距在扩大。从城市群个体来看，八大城市群个人所得税税收竞争的 σ 收敛与城市群总体类似，意味着八大城市群个体的个人所得税税收竞争的区域差距也没有收敛。综合来看，样本考察期内中国城市群总体及个体城市群的个人所得税税收竞争均没有呈现显著的 σ 收敛特征，反而具有发散特点。

表5-26　　2005~2013年中国城市群个人所得税税收竞争的σ收敛系数

年份	总体	长三角	珠三角	京津冀	成渝	哈长	中原	长江中游	北部湾
2005	0.714	0.546	0.445	0.395	0.254	0.304	0.330	0.916	0.424
2006	4.677	3.434	3.885	3.165	3.582	4.255	4.178	6.099	6.123
2007	4.790	3.368	4.064	3.258	3.893	4.359	4.380	6.160	6.311
2008	5.150	3.517	4.222	3.660	4.591	5.189	5.198	6.224	6.407
2009	5.356	3.584	4.481	3.705	5.348	5.768	5.668	6.181	5.930
2010	5.483	3.629	4.127	4.297	5.555	5.104	6.089	6.226	6.276
2011	5.511	3.900	5.000	4.368	6.184	5.268	6.244	5.189	6.974
2012	5.902	3.717	5.399	5.032	6.014	6.924	6.492	5.248	8.063
2013	6.312	3.529	5.160	5.300	5.917	8.182	6.480	5.503	10.431

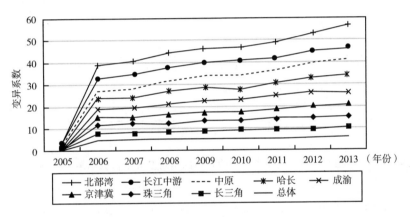

图5-5　2005~2013年中国城市群个人所得税税收竞争的σ收敛的演变趋势

二、β收敛检验

基于模型式（5-2），本章采用面板固定效应模型对八大城市群个人所得税税收竞争进行β收敛机制检验，表5-27和表5-28分别报告了OLS混合估计模型和FE模型下绝对β收敛检验结果。根据表5-27的结果可知，城市群总体及八个城市群个体的β值均为正值，且通过了1%统计性显著检验，而根据表5-28的结果，本章发现，在控制了年份和城市因素的面板固定效应模型下，FE模型的拟合程度显著提高，并且上述结论依旧稳健可靠。这说明假定在经济发展水平、产业结构、城镇化、外商直接投资、教育水平等影响因素都相似的前提下，中国城市群总体及个体的个人所得税税收竞争水平随着时间推移并不能显著收敛至同一稳态水平，地区差距渐趋加大。

表5-27　　中国城市群个人所得税税收竞争的绝对 β 收敛检验结果：OLS 模型

项目	总体	长三角	珠三角	京津冀	成渝	哈长	中原	长江中游	北部湾
β	0.137 *** (0.013)	0.061 *** (0.020)	0.084 *** (0.022)	0.171 *** (0.033)	0.149 *** (0.036)	0.264 *** (0.040)	0.111 *** (0.025)	0.124 ** (0.053)	0.298 *** (0.049)
常数项	-0.320 *** (0.047)	-0.127 *** (0.043)	-0.081 (0.062)	-0.274 *** (0.091)	-0.366 *** (0.132)	-0.691 *** (0.156)	-0.211 ** (0.101)	-0.509 ** (0.213)	-0.970 *** (0.243)
控制变量	否	否	否	否	否	否	否	否	否
年份变量	否	否	否	否	否	否	否	否	否
城市变量	否	否	否	否	否	否	否	否	否
R^2	0.085	0.040	0.121	0.197	0.122	0.360	0.089	0.024	0.325
调整 R^2	0.084	0.036	0.113	0.189	0.115	0.351	0.084	0.020	0.316
观察值	1160	216	112	112	128	80	208	224	80
F 值	107.789	8.962	15.167	26.943	17.495	43.819	20.056	5.532	37.522

注：*** 和 ** 分别代表1%和5%的显著性水平。括号内数值为标准误值。

表5-28　　中国城市群个人所得税税收竞争的绝对 β 收敛检验结果：FE 模型

项目	总体	长三角	珠三角	京津冀	成渝	哈长	中原	长江中游	北部湾
β	0.434 *** (0.028)	0.692 *** (0.072)	0.217 ** (0.084)	0.633 *** (0.064)	0.473 *** (0.083)	0.499 *** (0.063)	0.476 *** (0.054)	0.312 *** (0.089)	0.878 *** (0.067)
常数项	-1.072 *** (0.098)	-1.289 *** (0.143)	-0.149 (0.198)	-1.061 *** (0.153)	-1.269 *** (0.255)	-1.064 *** (0.248)	-1.198 *** (0.181)	-1.327 *** (0.409)	-2.767 *** (0.327)
控制变量	是	是	是	是	是	是	是	是	是
年份变量	是	是	是	是	是	是	是	是	是
城市变量	是	是	是	是	是	是	是	是	是
R^2	0.201	0.356	0.495	0.549	0.334	0.586	0.389	0.105	0.764
调整 R^2	0.080	0.235	0.377	0.443	0.187	0.473	0.273	-0.061	0.699
观察值	1160	216	112	112	128	80	208	224	80
F 值	31.679	12.496	11.032	13.668	6.533	10.984	13.842	2.770	25.093

注：*** 和 ** 分别代表1%和5%的显著性水平。括号内数值为标准误值。

为了检验中国城市群总体及八大城市群个人所得税税收竞争在充分考虑地区经济发展、教育等条件下是否存在条件 β 收敛，本章基于模型式（5-3）分别采用 OLS 混合估计模型和 LSDV 模型对其条件 β 收敛性进行检验，相关结果如表5-29 和表5-30 所示。根据表5-29 结果可知，城市群总体及八个城市群个体的 β 值均为正值，且通过了1% 统计性显著检验；而根据表5-30 的结果，本章发现，在控制了年份、城市和城市群因素的 LSDV 模型下，模型的拟合程度显著提高，并且上述结论依旧稳健可靠。这说明在考虑了经济发展、教育水平，控制了时间、城市以及城市群异质性等影响因素的情况下，中国城市群总体及个体的个人所得税税收竞争水平随着时间推移并不能显著收敛至同一稳态水平，仍然未呈现收敛现象，反而具有发散的特征。

表5-29　中国城市群个人所得税税收竞争的条件 β 收敛检验结果：OLS 模型

项目	总体	长三角	珠三角	京津冀	成渝	哈长	中原	长江中游	北部湾
β	0.199 *** (0.017)	0.232 *** (0.054)	0.112 *** (0.036)	0.275 *** (0.051)	0.174 *** (0.054)	0.461 *** (0.066)	0.150 *** (0.036)	0.258 *** (0.069)	0.353 *** (0.060)
GDP	-0.142 (0.098)	-0.102 (0.175)	0.379 * (0.207)	0.554 * (0.286)	-0.001 (0.461)	0.207 (0.297)	0.273 (0.285)	-1.121 ** (0.471)	-0.844 ** (0.389)
OPEN	0.060 ** (0.025)	0.124 ** (0.061)	0.084 (0.088)	0.020 (0.064)	-0.043 (0.081)	0.239 *** (0.078)	-0.136 ** (0.064)	0.176 (0.151)	0.205 (0.179)
FINANCE	0.071 (0.095)	0.280 (0.214)	-0.218 (0.203)	-0.220 (0.276)	-0.399 ** (0.171)	0.219 (0.476)	-0.191 (0.194)	-0.157 (0.571)	1.406 *** (0.473)
STRUC	0.053 (0.130)	-0.686 *** (0.258)	-0.129 (0.302)	0.023 (0.321)	0.255 (0.550)	0.035 (0.443)	0.425 (0.314)	0.011 (0.939)	-0.022 (1.269)
URBAN	0.147 (0.117)	-0.061 (0.150)	-0.126 (0.133)	-0.135 (0.427)	0.221 (0.652)	-0.592 (0.667)	-0.889 ** (0.404)	-0.336 (0.903)	-1.200 (1.173)
K	0.341 *** (0.098)	0.277 (0.217)	-0.309 (0.276)	-0.212 (0.303)	-0.345 (0.262)	-0.102 (0.246)	0.014 (0.211)	0.861 (0.523)	0.856 * (0.496)
LABOR	-0.058 (0.076)	-0.057 (0.124)	-0.055 (0.260)	-0.283 (0.226)	0.715 (0.543)	-0.034 (0.297)	-0.269 (0.193)	0.261 (0.449)	0.367 (0.285)
FDI	-0.085 *** (0.028)	-0.055 (0.052)	0.005 (0.097)	-0.089 (0.072)	-0.040 (0.076)	-0.168 (0.116)	-0.052 (0.045)	0.341 * (0.201)	-0.197 (0.148)

续表

项目	总体	长三角	珠三角	京津冀	成渝	哈长	中原	长江中游	北部湾
EDUC	0.009 (0.014)	-0.018 (0.013)	-0.008 (0.021)	0.095 * (0.049)	0.192 ** (0.095)	0.140 (0.139)	0.068 * (0.039)	-0.023 (0.077)	0.030 (0.164)
常数项	-6.051 *** (1.337)	-2.636 (2.938)	4.608 (3.247)	2.568 (3.454)	0.544 (4.711)	0.642 (4.917)	2.343 (2.957)	-9.334 (7.114)	-12.614 (7.853)
年份变量	否	否	否	否	否	否	否	否	否
城市变量	否	否	否	否	否	否	否	否	否
城市群 变量	否	否	否	否	否	否	否	否	否
R^2	0.114	0.119	0.171	0.288	0.214	0.530	0.153	0.091	0.499
调整 R^2	0.106	0.076	0.089	0.217	0.146	0.462	0.110	0.048	0.426
观察值	1160	216	112	112	128	80	208	224	80
F 值	14.718	2.768	2.080	4.080	3.177	7.785	3.547	2.124	6.873

注：*** 、** 和 * 分别代表1%、5%和10%的显著性水平。括号内数值为标准误值。

表 5－30　中国城市群个人所得税税收竞争的条件 β 收敛检验结果：LSDV 模型

项目	总体	长三角	珠三角	京津冀	成渝	哈长	中原	长江中游	北部湾
β	0.452 *** (0.028)	0.758 *** (0.076)	0.384 *** (0.096)	0.650 *** (0.073)	0.762 *** (0.095)	0.549 *** (0.083)	0.442 *** (0.058)	0.327 *** (0.100)	0.963 *** (0.079)
GDP	1.639 *** (0.445)	-0.590 (0.498)	2.228 *** (0.817)	2.285 *** (0.834)	1.303 (1.663)	4.027 ** (1.660)	1.201 (0.924)	0.914 (2.624)	1.345 (1.844)
OPEN	0.009 (0.079)	0.189 (0.155)	-0.494 (0.314)	-0.011 (0.157)	-0.193 (0.138)	0.804 *** (0.253)	-0.038 (0.124)	-0.027 (0.324)	-0.216 (0.321)
FINANCE	-0.285 * (0.173)	-0.680 ** (0.299)	-0.677 (0.449)	-0.559 (0.384)	-0.049 (0.242)	-2.162 ** (0.823)	-0.458 (0.381)	-1.928 * (0.978)	0.579 * (0.338)
STRUC	-0.615 (0.403)	-0.982 * (0.519)	-1.163 ** (0.570)	-1.131 (1.043)	0.191 (1.521)	-0.340 (1.254)	-1.089 (0.837)	-0.614 (2.301)	-0.016 (1.626)
URBAN	-0.072 (0.268)	-0.324 (0.200)	0.227 (0.235)	0.227 (0.456)	1.740 (1.248)	-1.066 (0.881)	-0.642 (0.714)	-1.359 (1.286)	-1.049 (1.277)
K	0.597 (0.373)	-0.496 (0.521)	-0.035 (0.798)	0.299 (0.729)	-2.259 *** (0.834)	3.628 ** (1.769)	1.661 ** (0.716)	4.140 ** (1.958)	-0.569 (1.198)

续表

项目	总体	长三角	珠三角	京津冀	成渝	哈长	中原	长江中游	北部湾
LABOR	0.095 (0.171)	0.375 (0.261)	0.656 (0.507)	-0.052 (0.686)	2.229 *** (0.820)	0.654 (0.509)	0.312 (0.323)	-1.128 (1.894)	-0.400 (0.264)
FDI	-0.077 (0.051)	0.083 (0.078)	-0.079 (0.171)	-0.427 *** (0.113)	-0.087 (0.086)	-0.136 (0.222)	0.112 * (0.066)	1.175 *** (0.423)	0.040 (0.179)
EDUC	0.058 (0.058)	-0.201 *** (0.075)	0.052 (0.047)	0.014 (0.045)	1.412 *** (0.465)	1.117 ** (0.446)	0.019 (0.173)	0.285 (0.406)	1.121 *** (0.347)
常数项	-17.899 *** (6.227)	16.748 ** (7.170)	-9.243 (16.164)	-14.546 (13.762)	5.721 (22.196)	-78.754 ** (32.115)	-29.392 * (15.530)	-57.026 (36.242)	1.039 (16.668)
年份变量	是	是	是	是	是	是	是	是	是
城市变量	是	是	是	是	是	是	是	是	是
城市群 变量	是	是	是	是	是	是	是	是	是
R^2	0.333	0.495	0.671	0.728	0.567	0.755	0.479	0.313	0.849
调整 R^2	0.226	0.369	0.549	0.627	0.422	0.635	0.347	0.144	0.775
观察值	1160	216	112	112	128	80	208	224	80
F 值	27.161	14.765	3.798	16.030	8.507	9.739	9.201	3.480	22.567

注：***、** 和 * 分别代表 1%、5% 和 10% 的显著性水平。括号内数值为标准误值。

三、俱乐部收敛

按照前面研究安排，本章将八大城市群划分成长江流域、珠江流域和北方地区三类，表 5-31 分别报告了 OLS 混合估计模型和 LSDV 模型下个人所得税税收竞争的俱乐部收敛检验结果。根据表 5-31 结果可知，对比 OLS 混合估计模型，本章发现，LSDV 模型下控制了年份、城市和城市群因素后，模型的拟合程度显著提高，三类俱乐部的 β 值均为正值，且均通过了 1% 统计性显著检验。这说明在考虑了经济发展、教育水平，控制了时间、城市以及都市群异质性等影响因素的情况下，长江流域、珠江流域和北方地区个人所得税税收竞争依然存在显著的发散特征，并不具备俱乐部收敛机制。

表 5 – 31　　　　中国城市群个人所得税税收竞争的俱乐部收敛检验结果

项目	长江流域		珠江流域		北方地区	
	OLS	LSDV	OLS	LSDV	OLS	LSDV
β	0.160 *** (0.034)	0.331 *** (0.053)	0.291 *** (0.033)	0.851 *** (0.050)	0.198 *** (0.023)	0.504 *** (0.036)
GDP	− 0.408 ** (0.190)	1.079 (0.821)	− 0.429 ** (0.197)	0.739 (0.952)	0.124 (0.124)	1.344 ** (0.563)
OPEN	0.154 *** (0.055)	0.004 (0.141)	0.192 ** (0.087)	0.120 (0.165)	0.015 (0.032)	0.043 (0.083)
FINANCE	− 0.215 (0.168)	− 0.840 *** (0.296)	0.727 *** (0.227)	0.566 ** (0.237)	0.037 (0.125)	− 0.428 * (0.254)
STRUC	0.202 (0.309)	− 0.665 (0.732)	− 0.033 (0.328)	− 1.755 ** (0.707)	0.129 (0.156)	− 0.826 (0.542)
URBAN	0.091 (0.288)	− 0.298 (0.471)	− 0.132 (0.204)	− 0.130 (0.346)	− 0.074 (0.249)	− 0.029 (0.353)
K	0.504 *** (0.191)	0.751 (0.713)	0.634 *** (0.236)	− 0.169 (0.567)	0.043 (0.121)	1.050 ** (0.476)
LABOR	0.098 (0.161)	0.341 (0.554)	0.133 (0.175)	− 0.026 (0.161)	− 0.122 (0.078)	0.051 (0.197)
FDI	− 0.070 (0.051)	− 0.009 (0.103)	− 0.184 ** (0.072)	− 0.001 (0.114)	− 0.064 * (0.033)	− 0.010 (0.053)
EDUC	0.013 (0.021)	0.149 (0.157)	0.015 (0.027)	0.242 *** (0.072)	0.045 * (0.026)	− 0.016 (0.056)
常数项	− 7.504 *** (2.882)	− 15.135 (11.310)	− 11.686 *** (3.063)	0.026 (8.629)	− 1.517 (1.624)	− 22.770 ** (9.261)
年份变量	否	是	否	是	否	是
城市变量	否	是	否	是	否	是
城市群变量	否	是	否	是	否	是
R^2	0.055	0.241	0.376	0.769	0.196	0.521
调整 R^2	0.038	0.104	0.341	0.707	0.175	0.426
观察值	568	568	192	192	400	400
F 值	3.237	6.010	10.894	37.138	9.490	23.731

注：*** 、** 和 * 分别代表 1% 、5% 和 10% 的显著性水平。括号内数值为标准误值。

第九节　本章小结

本章基于 2005～2013 年中国八大城市群税收数据，在地区差异分析的基础上，首先利用变异系数法分析了中国城市群总体税收及具体税种的税收竞争差异演变的 σ 收敛特征，然后构建静态面板收敛模型探讨了其绝对 β 和条件 β 收敛特征，最后采用最小虚拟变量二乘法模型对其是否存在俱乐部收敛机制进行了实证检验。下面将分别围绕总体税收以及增值税、营业税、企业所得税和个人所得税等具体税种，简要总结有关研究结论。

一、总体税收竞争的收敛

其一，就 σ 收敛特征而言，中国城市群总体及个体的税收竞争均呈现显著的 σ 收敛现象，存在明显"追赶"态势。其二，就绝对 β 收敛特征来讲，中国城市群总体及个体的税收竞争收敛系数均显著大于 0，即均不存在绝对 β 收敛趋势，表明假定在经济发展水平、产业结构、城镇化、外商直接投资、教育水平等影响因素都相似的前提下，城市群总体及个体的税收竞争水平随着时间推移并不能显著收敛至同一稳态水平，地区差距渐趋加大。其三，就条件 β 收敛特征来说，中国城市群总体及八个城市群个体的收敛系数均显著为正。由此表明，在考虑了经济发展、教育水平，控制了时间、城市以及城市群异质性等影响因素的情况下，八大城市群总体及个体的税收竞争水平随着时间推移并不能显著收敛至同一稳态水平，仍然未呈现 β 收敛现象，反而具有发散的特征。其四，就俱乐部收敛特征而言，在考虑了经济发展、教育水平，控制了时间、城市以及城市群异质性等影响因素的情况下，长江流域、珠江流域和北方地区税收竞争依然存在显著的发散特征，并不具备俱乐部收敛机制。

二、增值税税收竞争的收敛

其一，就 σ 收敛特征而言，中国城市群总体及个体的增值税税收竞争均

不具备显著的 σ 收敛特征，发散特征明显。其二，就绝对 β 收敛特征来讲，中国城市群总体及个体的增值税税收竞争水平随着时间推移并不能显著收敛至同一稳态水平，地区差距渐趋加大。其三，就条件 β 收敛特征来说，在考虑了经济发展、教育水平，控制了时间、城市以及城市群异质性等影响因素的情况下，中国城市群总体及个体的增值税税收竞争水平随着时间推移并不能显著收敛至同一稳态水平，仍然未呈现 β 收敛现象，反而具有发散的特征。其四，就俱乐部收敛特征而言，在考虑了经济发展、教育水平，控制了时间、城市以及城市群异质性等影响因素的情况下，长江流域、珠江流域和北方地区增值税税收竞争依然存在显著的发散特征，并不具备俱乐部收敛机制。

三、营业税税收竞争的收敛

其一，就 σ 收敛特征而言，中国城市群总体及个体的营业税税收竞争均具备显著的 σ 收敛特征，存在明显"追赶"态势。其二，就绝对 β 收敛特征来讲，中国城市群总体及个体的营业税税收竞争水平随着时间推移并不能显著收敛至同一稳态水平，地区差距渐趋加大。其三，就条件 β 收敛特征来说，在考虑了经济发展、教育水平，控制了时间、城市以及城市群异质性等影响因素的情况下，中国城市群总体及个体的营业税税收竞争水平随着时间推移并不能显著收敛至同一稳态水平，仍然未呈现 β 收敛现象，反而具有发散的特征。其四，就俱乐部收敛特征而言，在考虑了经济发展、教育水平，控制了时间、城市以及城市群异质性等影响因素的情况下，长江流域、珠江流域和北方地区营业税税收竞争依然存在显著的发散特征，并不具备俱乐部收敛机制。

四、企业所得税税收竞争的收敛

其一，就 σ 收敛特征而言，中国城市群总体及个体的企业所得税税收竞争均具备显著的 σ 收敛特征，存在明显"追赶"态势。其二，就绝对 β 收敛特征来讲，中国城市群总体及个体的企业所得税税收竞争水平随着时间推移并不能显著收敛至同一稳态水平，地区差距渐趋加大。其三，就条件 β 收敛特征来说，在考虑了经济发展、教育水平，控制了时间、城市以及城市群异质性等影响因素的情况下，中国城市群总体及个体的企业所得税税收竞争水平随着时间推移并不能显著收敛至同一稳态水平，仍然未呈现 β 收敛现象，反而具有发散的特征。其四，就俱乐部收敛特征而言，在考虑了经济发展、教育水平，控制了时间、城市以及城市群异质性等影响因素的情况下，长江流域、珠江流域和北方地区企业所得税税收竞争依然存在显著的发散特征，并不具备俱乐部收敛机制。

五、个人所得税税收竞争的收敛

其一，就 σ 收敛特征而言，中国城市群总体及个体的个人所得税税收竞争均不具备显著的 σ 收敛特征，发散特征明显。其二，就绝对 β 收敛特征来讲，中国城市群总体及个体的个人所得税税收竞争水平随着时间推移并不能显著收敛至同一稳态水平，地区差距渐趋加大。其三，就条件 β 收敛特征来说，在考虑了经济发展、教育水平，控制了时间、城市以及城市群异质性等影响因素的情况下，中国城市群总体及个体的个人所得税税收竞争水平随着时间推移并不能显著收敛至同一稳态水平，仍然未呈现 β 收敛现象，反而具有发散的特征。其四，就俱乐部收敛特征而言，在考虑了经济发展、教育水平，控制了时间、城市以及城市群异质性等影响因素的情况下，长江流域、珠江流域和北方地区个人所得税税收竞争依然存在显著的发散特征，并不具备俱乐部收敛机制。

第六章 中国城市群地方政府间税收竞争增长的空间外溢效应

第一节 问题的提出

第四章我们在探讨城市群税收竞争存在性问题时，对税收竞争增长的外溢效应有一定涉及，比如得到了税收竞争空间外溢的估计结果。但是，勒萨热和佩斯（LeSage & Pace，2009）研究指出，自变量矩阵的空间滞后项的系数可能无法显示真实的偏回归影响程度，需要采用偏微分方法以有效识别变量的直接效应和间接效应。前文研究也表明，中国城市群地方政府间税收竞争具有正向的经济增长效应，但其会不会促进当地的经济增长（直接效应），以及对相关地区的经济增长是否存在空间外溢效应，即具体影响如何（间接效应）？尤其是这种空间外溢效应是否具有空间距离的普适性，存不存在"搭便车"现象？目前鲜见有学者对上述问题展开研究。本章将在第四章的基础上，进一步采用空间计量经济学的方法，利用二进制邻接矩阵、反距离平方矩阵和距离阈值矩阵，分别对中国城市群 145 个地级市总体税收与增值税、营业税、企业所得税和个人所得税等具体税种的税收竞争增长及外溢效应进行实证检验，以期对以上问题有所回答。

第二节 研究方法

一、直接与间接效应

从第四章的研究我们可以看出，地方政府间税收竞争具有一定的空间外溢效应。但是，勒萨热和佩斯（LeSage & Pace，2009）研究指出，自变量矩阵的空间滞后项（$W \cdot X$）的系数可能无法显示真实的偏回归影响程度，并指出，如果采用不同偏微分方法可以更加有效地对回归模型进行检验假设。据此，我们在静态 SDM 中提出解释变量的"边际效应"概念，并进一步将自变量对因变量的影响按照来源分解为直接效应（direct effects）和间接效应（indirect effects）。我们将静态 SDM 基本形式［见第四章的式（4-9）］改写如下：

$$Y = (I - \beta W)^{-1} \alpha l_N + (I - \beta W)^{-1} (X\theta + WX\gamma) + (I - \beta W)^{-1} \varepsilon$$

$$(6-1)$$

那么，Y 关于第 k 个解释变量 X 的偏微分矩阵为：

$$\left[\frac{\partial Y}{\partial x_{1k}} \cdot \frac{\partial Y}{\partial x_{Nk}} \right] = \begin{bmatrix} \frac{\partial y_1}{\partial x_{1k}} \cdot \frac{\partial y_1}{\partial x_{Nk}} \\ \vdots \\ \frac{\partial y_N}{\partial x_{1k}} \cdot \frac{\partial y_N}{\partial x_{Nk}} \end{bmatrix}$$

$$= (I - \beta W)^{-1} \begin{bmatrix} \theta_k & w_{12}\gamma_k & \cdots & w_{1N}\gamma_k \\ w_{21}\gamma_k & \theta_k & \cdots & w_{2N}\gamma_k \\ \vdots & \vdots & & \vdots \\ w_{N1}\gamma_k & w_{N2}\gamma_k & \cdots & \theta_k \end{bmatrix} \quad (6-2)$$

其中，w_{ij} 是空间权重值矩阵 W 的 (i, j) 元素，勒萨热和佩斯（LeSage & Pace，2009）将式（6-2）右边矩阵中对角线上元素值的平均值定义为直接效应，将矩阵非对角线的行和或列和的平均值定义为间接效应。在 SEM 中 $\gamma = -\beta \cdot \theta$，从而将式（6-2）右边矩阵简化为一个对角矩阵，对角线上的元素等于 $\theta \cdot k$，这表明 SEM 中的第 k 个解释变量的直接效应为 $\theta \cdot k$ 且间接效应为 0，这与非空间计量模型的解释是一致的。在 SAR 中 $\gamma = 0$，此时非对角线上的元素都为 0，但 SAR 中解释变量的直接效应和间接效应并不能简化成 SEM 中的某个系数或 0。总之，可以看出：

（1）直接效应与解释变量的估计系数是不同的。解释变量的影响是由穿过邻近地区然后回到本地区的反馈效应造成的，这种反馈效应涵盖部分的空

间滞后因变量 $W \cdot Y$ 的系数估计值，以及部分的空间滞后解释变量 $W \cdot X$ 的系数估计值。

（2）间接效应在一定程度上是解释变量的空间外溢效应。即不仅对本地区的因变量产生影响，而且也从空间上影响其他地区的因变量。因此，利用上述矩阵来计算直接效应和间接效应是十分必要的。按照上述研究逻辑，我们来进一步讨论城市群地方政府间税收竞争的空间溢出效应。

二、外溢效应的带宽问题

按照相关文献的研究，我们将采用如下两个思路开展研究：一是界定空间溢出效应的边界问题。关于空间外溢效应的距离，既有研究存在较大差异。如罗德里格斯-波斯和克雷森齐（Rodríguez-Pose & Crescenzi，2008）提出，3 小时的旅行距离即约 200 千米以内是区域空间溢出的最佳距离；龚维进和徐春华（2017）则认为，当空间外溢处于 1150 ~ 1650 千米时为高弹性区域，且最大有效截断边界为 2450 千米。邵朝对和苏丹妮（2017）以全球价值链为研究对象，通过研究发现，其空间外溢的最大截断边界为 200 千米，200 ~ 1900 千米的空间距离范围内会出现连续衰减趋势，并且在 1900 千米以后空间溢出效应将不再显著。这些研究表明，200 ~ 1000 千米是目前学者普遍认为的空间外溢效应密集区，但是针对不同研究对象的空间外溢的衰减变化则需要做具体的定量分析（龚维进等，2019），据此本章也将采用 200 ~ 1000 千米作为总体税收竞争的空间外溢密集区。二是在空间截断的权重矩阵设置方面，主要借鉴覃成林和杨霞（2017）、龚维进等（2019）等研究，采用反地理距离空间权重矩阵，包括一阶和二阶反地理距离空间权重矩阵。其中一阶反地理空间权重矩阵形式如第四章的式（4－12），二阶反地理距离空间权重矩阵（W_{ij}^4）设置如下：

$$W_{ij}^4 = \begin{cases} 0, & i = j \\ 1/d_{ij}^2, & i \neq j \end{cases} \qquad (6-3)$$

式中，d_{ij} 代表城市群中不同城市 i 和 j 之间的地理距离，采用城市地理中心之间的距离来衡量，此时地理衰减指数为 2。

第三节　变量说明和统计分析

一、变量说明

（一）被解释变量：经济增长（*GDP*）

我们采用地区生产总值数据作为衡量城市社会发展水平的指标，并以2005 年为基期，使用生产总值平减指数进行有关价格因素平减。

（二）核心解释变量：税收竞争（*TAX*）

在关于税收竞争的空间计量研究框架下，较多文献是采用税收负担作为衡量税收竞争的指标。我们参考并综合沈坤荣和付文林（2006）、郭杰和李涛（2009）、龙小宁等（2014）、王凤荣和苗妙（2015）、王华春等（2019）做法，使用地区总体税收收入占地区生产总值的比重来定义，其值越大代表地方政府间税收竞争越激烈。此外，还分别使用了增值税、企业所得税、个人所得税以及营业税等分类税收收入占地区生产总值的比重，来定义地方政府间增值税（*TZ*）、营业税（*TY*）、企业所得税（*TQ*）及个人所得税（*TG*）的税收竞争政策行为。

（三）控制变量（*Z*）

参考相关文献（陆铭等，2005；干春晖等，2011；肖叶和贾鸿，2016）的做法，此处选择了如下控制变量：

（1）贸易开放度（*OPEN*）：借鉴肖叶和刘小兵（2018），采用当年平均汇率折算的城市对外贸易进出口总额占同期地区生产总值的比重来表示。

（2）物质资本存量（*K*）：借鉴刘常青等（2017）的研究，采用永续盘存法计算样本城市的物质资本存量，所用公式如下：$K_{it} = K_{i,t-1}(1-\delta) + I_t$。其中以 2005 年作为物质资本存量估计的基准年，借鉴扬（Young，2003）和张军

等（2004）的做法，用城市群中样本城市 2005 年的物质资本投资额除以 10%
作为该市的初始资本存量，并把经济折旧率 δ 设置为近似值 9.6%。

（3）劳动力要素（*LABOR*）：采用城镇就业人口衡量。

（4）财政自给率（*FINANCE*）：为了反映政府财政收支对城市群经济增
长的影响，借鉴肖鹏和樊蓉（2019）的做法，采用各城市财政收入占财政支
出的比重来衡量。

（5）产业结构（*STRUC*）：考虑到我国主要依靠第二产业拉动经济增长，
因此采用第二产业增加值占同期地区生产总值的比重来衡量。

（6）城镇化（*URBAN*）：根据《中国统计年鉴》对城镇化率的定义，
即某个国家（地区）常住于城镇的人口在该国家（地区）总人口中所占的
比重，本章采用常住人口与总人口的比值来衡量某个城市城镇化水平高低。
需要说明的一点是，在 2004 年以前，我国除人口普查年份外，地级市人口
常以户籍人口来统计而不是以常住人口，而且目前官方公布的城市统计数
据也较为缺乏全市口径的常住人口数据。但是，从 2004 年开始，国家统计
局明确要求地级市人均生产总值统计要以常住人口为准（周一星和于海波，
2004）。因此，本章采用邹一南和李爱民（2013）、张坤领和刘清杰
（2019）的做法，通过城市生产总值除以人均生产总值来间接获取城市常住
人口数据。

（7）外商直接投资（*FDI*）：采用当年平均汇率折算的城市实际外商直接
投资总额表示。

（8）教育程度（*EDUC*）：采用一个城市高等教育在校生人数占城市总人
口数的比重来衡量。

二、研究样本及数据来源

参考既有文献（钱金保和才国伟，2017）以及城市层面税收数据的可得
性，本章将同样采用长三角城市群、珠三角城市群、京津冀城市群、北部湾
城市群、成渝城市群、哈长城市群、中原城市群和长江中游城市群等八大城
市群中的 145 个地级市作为研究样本，考察期确定为 2005～2013 年。本章相

关数据主要从历年《中国城市统计年鉴》《中国区域经济统计年鉴》以及中经网统计数据库中得到。表6－1给出了涉及变量的描述性统计结果。为了降低异方差所带来的不必要的回归性偏误，本章对有关原始数据进行对数化等处理，并采用线性插值法进行了数据补缺。

表6－1　　　　　　相关变量描述性统计（观察值＝1305）

变量符号	变量名称	均值	标准差	最小值	最大值
GDP	经济增长	6.071	0.872	4.190	8.924
TAX	税收竞争	60.77	14.16	15.66	92.91
TZ	增值税税收竞争	32.22	15.89	－20.14	75.81
TG	个人所得税税收竞争	6.767	20.67	－54.01	66.12
TQ	企业所得税税收竞争	20.99	21.96	－46.56	76.09
TY	营业税税收竞争	40.26	16.47	－6.263	80.34
OPEN	贸易开放度	2.372	1.421	－1.843	5.858
K	物质资本存量	16.71	0.875	14.91	19.34
LABOR	劳动力要素	5.506	0.662	1.974	7.420
FINANCE	财政自给率	3.837	0.473	2.088	5.219
STRUC	产业结构	3.897	0.214	3.102	4.963
URBAN	城镇化	4.297	0.243	3.326	6.026
FDI	外商直接投资	2.785	1.619	－2.684	7.065
EDUC	教育程度	1.691	2.197	0	12.55

第四节　地方政府间总体税收竞争增长的空间外溢效应

按照前面的研究安排，我们在一阶和二阶反地理空间权重矩阵下采用空间面板杜宾模型对总体税收竞争增长的外溢效应进行实证检验，结果如表6－2所示。

表6-2　两种空间矩阵下中国城市群总体税收竞争增长的外溢效应分解

效应	变量	一阶反地理空间权重矩阵	二阶反地理空间权重矩阵
直接效应	TAX	-0.0031 *** (0.0006)	-0.0025 *** (0.0006)
	OPEN	-0.0017 (0.0046)	-0.0064 * (0.0047)
	URBAN	-0.1221 *** (0.0158)	-0.1466 *** (0.0160)
	FINANCE	0.0840 *** (0.0123)	0.0835 *** (0.0126)
	STRUC	-0.1010 *** (0.0258)	-0.1386 *** (0.0260)
	K	0.1545 *** (0.0250)	0.1197 *** (0.0259)
	LABOR	0.0271 *** (0.0108)	0.0328 *** (0.0110)
	FDI	0.0020 (0.0033)	0.0016 (0.0034)
	EDUC	-0.0043 (0.0037)	0.0020 (0.0037)
间接效应	TAX	0.0150 *** (0.0033)	0.0083 *** (0.0012)
	OPEN	0.2603 *** (0.0744)	0.0888 *** (0.0216)
	URBAN	-0.0194 (0.1063)	-0.0362 (0.0464)
	FINANCE	-0.2588 *** (0.0952)	-0.1332 *** (0.0376)
	STRUC	0.8510 *** (0.3212)	0.1508 * (0.0889)
	K	0.2576 * (0.1610)	0.1871 *** (0.0718)
	LABOR	0.2648 * (0.1439)	0.1117 *** (0.0364)
	FDI	-0.1715 *** (0.0425)	-0.0202 ** (0.0100)
	EDUC	-0.2049 *** (0.0699)	0.0037 (0.0155)

续表

效应	变量	一阶反地理空间权重矩阵	二阶反地理空间权重矩阵
总效应	*TAX*	0.0119 *** (0.0032)	0.0058 *** (0.0011)
	OPEN	0.2586 *** (0.0747)	0.0823 *** (0.0222)
	URBAN	− 0.1415 * (0.1066)	− 0.1828 *** (0.0483)
	FINANCE	− 0.1748 * (0.0936)	− 0.0497 * (0.0372)
	STRUC	0.7500 *** (0.3217)	0.0122 (0.0913)
	K	0.4121 *** (0.1557)	0.3068 *** (0.0665)
	LABOR	0.2919 ** (0.1449)	0.1445 *** (0.0399)
	FDI	− 0.0031 *** (0.0006)	− 0.0025 *** (0.0006)
	EDUC	− 0.0017 (0.0046)	− 0.0064 * (0.0047)
时间变量		控制	控制
个体变量		控制	控制
Log-Lik		1826.0021	1810.2697
R^2		0.7838	0.7711
N		1160	1160

注：***、** 和 * 分别代表在1%、5%和10%统计水平上显著。括号内为标准误。

　　根据表6－2的结果可知，在两种不同的地理空间权重矩阵下，无论是直接效应、间接效应还是总效应，中国城市群总体税收竞争增长效应的影响性质与变化方向均一致，表明相关实证结论具有稳健性。具体而言，在控制了贸易开放度等一系列影响城市群经济增长因素以及时间和个体变量的情况下，中国城市群总体税收竞争具有显著的正向经济增长效应，其中总体税收竞争对本地经济增长具有一定的阻碍作用，而对邻近区域的经济增长则具有显著正向推动作用。换言之，对于城市群总体税收竞争而言，其经济增长作用具有一定的"搭便车"现象。其中可能的原因在于，地方政府间的税收竞争过程如果过度使用制度外的税收优惠政策，会造成本地税基被侵蚀，税收收入流失，财政收入无法得到保障，导致本地公共产品支出不足和公共服务水平的下降，导致本地入驻企业转移到邻近地区，阻碍了本地经济增长的同时，反而让邻近地区经济发展受益。

值得注意的是，总体税收竞争对地区经济增长的直接效应并不等于它们对应的估计系数，而总体税收竞争的直接效应与其估计系数的差值为地区间空间反馈效应，反馈效应刻画了总体税收竞争的变化引起邻近地区的反应，进而再返回来对本地区产生影响。具体而言，在一阶反地理空间权重矩阵下，总体税收竞争对经济增长的直接效应为 -0.0031，估计系数为 -0.0032，总体税收竞争的反馈效应等于 0.0001；在二阶反地理空间权重矩阵下，总体税收竞争对经济增长的直接效应为 -0.0025，估计系数为 -0.0029，总体税收竞争的反馈效应等于 0.0004。以上结果均意味着地方政府间总体税收竞争行为，引致邻近地区经济增长水平的改变，进而再返回来影响本地经济增长的反馈效应为正。

前面研究结果显示，邻近地区的税收竞争对本地区的经济增长具有正向空间溢出效应，但是这种溢出增长效应是辐射影响全部城市样本区域，还是仅限于与之近邻的部分地区呢？本章将试图对此问题进行解答。结合上面研究安排，我们以 SDM-FE 模型为基础，分别采用一阶和二阶反地理空间权重矩阵的设置方法，并设定距离阈值的方式，对这个问题进行分析。在设置距离阈值时，本节以 200 千米为起点，1000 千米为终点，每 200 千米回归一次，分别得到的结果如表 6-3 和表 6-4 所示。

表 6-3　一阶反地理距离空间权重矩阵下的总体税收竞争的空间溢出边界

效应	变量	D = 200	D = 400	D = 600	D = 800	D = 1000
直接效应	*TAX*	-0.00280 *** (0.00056)	-0.00293 *** (0.00056)	-0.00309 *** (0.00057)	-0.00315 *** (0.00058)	-0.00320 *** (0.00057)
	OPEN	-0.00854 * (0.00438)	-0.00382 (0.00433)	-0.00153 (0.00437)	-0.00144 (0.00441)	-0.00153 (0.00438)
	FINANCE	0.07828 *** (0.01151)	0.08566 *** (0.01165)	0.08835 *** (0.01172)	0.08689 *** (0.01177)	0.08625 *** (0.01167)

续表

效应	变量	D = 200	D = 400	D = 600	D = 800	D = 1000
直接效应	STRUC	− 0. 13441 *** (0. 02412)	− 0. 11912 *** (0. 02412)	− 0. 10880 *** (0. 02426)	− 0. 10088 *** (0. 02446)	− 0. 09946 *** (0. 02429)
	URBAN	− 0. 14779 *** (0. 01481)	− 0. 13610 *** (0. 01465)	− 0. 13081 *** (0. 01489)	− 0. 12859 *** (0. 01504)	− 0. 12690 *** (0. 01494)
	K	0. 12149 *** (0. 02414)	0. 15406 *** (0. 02353)	0. 17786 *** (0. 02349)	0. 17007 *** (0. 02400)	0. 16469 *** (0. 02389)
	LABOR	0. 02436 ** (0. 01029)	0. 02680 *** (0. 01023)	0. 02587 ** (0. 01036)	0. 02308 ** (0. 01042)	0. 02114 ** (0. 01030)
	FDI	0. 00515 (0. 00317)	0. 00193 (0. 00315)	0. 00011 (0. 00316)	0. 00153 (0. 00319)	0. 00190 (0. 00317)
	EDUC	− 0. 00097 (0. 00349)	− 0. 00089 (0. 00346)	− 0. 00245 (0. 00351)	− 0. 00427 (0. 00354)	− 0. 00420 (0. 00350)
间接效应	TAX	0. 01030 *** (0. 00125)	0. 01046 *** (0. 00165)	0. 01146 *** (0. 00211)	0. 01229 *** (0. 00270)	0. 01319 *** (0. 00293)
	OPEN	0. 05879 *** (0. 02121)	0. 13061 *** (0. 03321)	0. 16375 *** (0. 04314)	0. 17999 *** (0. 05610)	0. 21644 *** (0. 06353)
	FINANCE	− 0. 09080 ** (0. 03532)	− 0. 14125 *** (0. 04684)	− 0. 20763 *** (0. 06128)	− 0. 25249 *** (0. 08076)	− 0. 28332 *** (0. 08878)
	STRUC	0. 07108 (0. 08640)	0. 15297 (0. 12479)	0. 26612 (0. 17011)	0. 40613 * (0. 22828)	0. 61133 ** (0. 26451)
	URBAN	− 0. 05256 (0. 04525)	− 0. 14004 ** (0. 06179)	− 0. 13225 * (0. 07423)	− 0. 10266 (0. 08809)	− 0. 06558 (0. 09373)
	K	0. 12381 * (0. 06810)	0. 24306 ** (0. 09488)	0. 25186 ** (0. 11849)	0. 27326 * (0. 14456)	0. 29064 * (0. 15209)
	LABOR	0. 12172 *** (0. 03664)	0. 12588 ** (0. 05428)	0. 10426 (0. 07062)	0. 09020 (0. 09542)	0. 08748 (0. 11252)
	FDI	− 0. 02848 *** (0. 00947)	− 0. 06842 *** (0. 01441)	− 0. 08049 *** (0. 02003)	− 0. 09356 *** (0. 02632)	− 0. 11670 *** (0. 03085)
	EDUC	− 0. 00824 (0. 01753)	− 0. 02801 (0. 02437)	− 0. 08156 ** (0. 03505)	− 0. 12750 ** (0. 04999)	− 0. 16250 *** (0. 05728)
总效应	TAX	0. 00750 *** (0. 00116)	0. 00753 *** (0. 00156)	0. 00837 *** (0. 00203)	0. 00914 *** (0. 00262)	0. 00999 *** (0. 00285)
	OPEN	0. 05025 ** (0. 02152)	0. 12679 *** (0. 03359)	0. 16221 *** (0. 04345)	0. 17855 *** (0. 05635)	0. 21491 *** (0. 06378)

续表

效应	变量	D = 200	D = 400	D = 600	D = 800	D = 1000
总效应	FINANCE	− 0.01252 (0.03558)	− 0.05559 (0.04618)	− 0.11927 ** (0.06026)	− 0.16560 ** (0.07954)	− 0.19707 ** (0.08745)
	STRUC	− 0.06333 (0.08869)	0.03385 (0.12561)	0.15732 (0.17079)	0.30526 (0.22900)	0.51187 * (0.26514)
	URBAN	− 0.20035 *** (0.04699)	− 0.27614 *** (0.06258)	− 0.26306 *** (0.07467)	− 0.23125 *** (0.08843)	− 0.19248 ** (0.09397)
	K	0.24530 *** (0.06354)	0.39712 *** (0.08971)	0.42972 *** (0.11356)	0.44333 *** (0.13950)	0.45533 *** (0.14687)
	LABOR	0.14608 *** (0.03924)	0.15269 *** (0.05599)	0.13012 * (0.07163)	0.11328 (0.09625)	0.10862 (0.11280)
	FDI	− 0.02332 ** (0.00967)	− 0.06649 *** (0.01446)	− 0.08038 *** (0.01995)	− 0.09202 *** (0.02605)	− 0.11481 *** (0.03051)
	EDUC	− 0.00923 (0.01899)	− 0.02889 (0.02549)	− 0.08400 ** (0.03609)	− 0.13177 *** (0.05101)	− 0.16670 *** (0.05817)
时间变量		控制	控制	控制	控制	控制
个体变量		控制	控制	控制	控制	控制
Log-Lik		1826.9620	1827.7980	1815.9923	1809.5866	1818.4407
R^2		0.51542	0.59587	0.68236	0.69053	0.68383
N		1160	1160	1160	1160	1160

注：***、** 和 * 分别代表在1%、5%和10%统计水平上显著。括号内为标准误。

表6−4   二阶反地理距离空间权重矩阵下的总体税收竞争的空间溢出边界

效应	变量	D = 200	D = 400	D = 600	D = 800	D = 1000
直接效应	TAX	− 0.00205 *** (0.00055)	− 0.00233 *** (0.00055)	− 0.00248 *** (0.00055)	− 0.00254 *** (0.00056)	− 0.00257 *** (0.00056)
	OPEN	− 0.01086 *** (0.00446)	− 0.00863 * (0.00442)	− 0.00752 * (0.00442)	− 0.00709 * (0.00443)	− 0.00690 * (0.00442)
	FINANCE	0.07768 *** (0.01183)	0.08188 *** (0.01188)	0.08309 *** (0.01191)	0.08306 *** (0.01192)	0.08315 *** (0.01192)
	STRUC	− 0.15987 *** (0.02451)	− 0.14808 *** (0.02442)	− 0.14305 *** (0.02443)	− 0.14051 *** (0.02444)	− 0.13930 *** (0.02442)
	URBAN	− 0.15606 *** (0.01509)	− 0.15074 *** (0.01501)	− 0.14890 *** (0.01506)	− 0.14822 *** (0.01509)	− 0.14765 *** (0.01509)
	K	0.11140 *** (0.02437)	0.11651 *** (0.02424)	0.12051 *** (0.02425)	0.11941 *** (0.02435)	0.11881 *** (0.02433)

续表

效应	变量	D = 200	D = 400	D = 600	D = 800	D = 1000
直接效应	LABOR	0.03119 *** (0.01041)	0.03281 *** (0.01036)	0.03270 *** (0.01037)	0.03212 *** (0.01038)	0.03180 *** (0.01036)
	FDI	0.00325 (0.00323)	0.00210 (0.00322)	0.00164 (0.00322)	0.00189 (0.00322)	0.00190 (0.00322)
	EDUC	0.00239 (0.00352)	0.00252 (0.00350)	0.00229 (0.00351)	0.00195 (0.00351)	0.00194 (0.00351)
间接效应	TAX	0.00822 *** (0.00092)	0.00835 *** (0.00103)	0.00824 *** (0.00109)	0.00820 *** (0.00113)	0.00821 *** (0.00114)
	OPEN	0.05334 *** (0.01470)	0.07733 *** (0.01771)	0.08250 *** (0.01896)	0.08465 *** (0.01965)	0.08671 *** (0.02003)
	FINANCE	− 0.11426 *** (0.02782)	− 0.12121 *** (0.03122)	− 0.12668 *** (0.03306)	− 0.13038 *** (0.03425)	− 0.13223 *** (0.03490)
	STRUC	0.08830 * (0.06082)	0.10856 * (0.07264)	0.13337 * (0.07807)	0.14233 * (0.08068)	0.15121 * (0.08211)
	URBAN	− 0.00638 (0.03325)	− 0.02461 (0.03901)	− 0.03219 (0.04121)	− 0.03323 (0.04233)	− 0.03396 (0.04290)
	K	0.14955 *** (0.05280)	0.17659 *** (0.06031)	0.18997 *** (0.06408)	0.19563 *** (0.06594)	0.19803 *** (0.06689)
	LABOR	0.08769 *** (0.02500)	0.09846 *** (0.02904)	0.10028 *** (0.03074)	0.10088 *** (0.03207)	0.10174 *** (0.03297)
	FDI	− 0.01046 * (0.00708)	− 0.01665 ** (0.00819)	− 0.01789 ** (0.00878)	− 0.01808 ** (0.00910)	− 0.01872 ** (0.00928)
	EDUC	0.00514 (0.01120)	0.00431 (0.01281)	0.00408 (0.01370)	0.00368 (0.01425)	0.00330 (0.01448)
总效应	TAX	0.00618 *** (0.00083)	0.00602 *** (0.00095)	0.00576 *** (0.00101)	0.00566 *** (0.00104)	0.00564 *** (0.00106)
	OPEN	0.04247 *** (0.01525)	0.06870 *** (0.01825)	0.07498 *** (0.01946)	0.07757 *** (0.02013)	0.07981 *** (0.02051)
	FINANCE	− 0.03658 * (0.02802)	− 0.03934 (0.03107)	− 0.04360 * (0.03278)	− 0.04732 * (0.03388)	− 0.04908 * (0.03447)
	STRUC	− 0.07157 (0.06482)	− 0.03953 (0.07558)	− 0.00968 (0.08066)	0.00182 (0.08314)	0.01191 (0.08447)
	URBAN	− 0.16245 *** (0.03587)	− 0.17534 *** (0.04108)	− 0.18109 *** (0.04307)	− 0.18145 *** (0.04408)	− 0.18162 *** (0.04461)
	K	0.26096 *** (0.04881)	0.29310 *** (0.05578)	0.31048 *** (0.05933)	0.31504 *** (0.06106)	0.31683 *** (0.06197)

效应	变量	D = 200	D = 400	D = 600	D = 800	D = 1000
总效应	*LABOR*	0. 11888 *** (0. 02859)	0. 13127 *** (0. 03239)	0. 13298 *** (0. 03395)	0. 13299 *** (0. 03521)	0. 13355 *** (0. 03604)
	FDI	− 0. 00721 (0. 00749)	− 0. 01455 * (0. 00849)	− 0. 01625 * (0. 00903)	− 0. 01619 * (0. 00931)	− 0. 01682 * (0. 00947)
	EDUC	0. 00752 (0. 01283)	0. 00682 (0. 01435)	0. 00637 (0. 01522)	0. 00563 (0. 01574)	0. 00524 (0. 01596)
时间变量		控制	控制	控制	控制	控制
个体变量		控制	控制	控制	控制	控制
Log-Lik		1806. 5760	1812. 0444	1811. 2158	1810. 4232	1811. 6429
R^2		0. 50503	0. 51793	0. 53934	0. 54251	0. 54462
N		1160	1160	1160	1160	1160

注：*** 、** 和 * 分别代表在 1% 、5% 和 10% 统计水平上显著。括号内为标准误。

对比表 6 - 3 和表 6 - 4 的结果，我们可以发现，不管是一阶反地理空间权重矩阵还是二阶反地理空间权重矩阵，变量的估计系数值和显著性基本一致，表明研究结论具有稳健性。从核心解释变量即总体税收竞争来看，在不同的截断距离阈值下，总体税收竞争对本地经济增长具有显著的正向促进作用。在直接效应与间接效应的衡量标准下，总体税收竞争依然呈现显著的差异性竞争策略特征，这与之前的研究结论保持一致。从总体税收竞争空间溢出效应带宽来看，在设置不同的距离阈值情况下，其对经济增长的溢出效应并不存在特别明显的距离衰减现象，即地区距离越远，空间外溢效应越小，反而均呈现了显著的促进作用，这种作用在 1000 千米以外也是显著存在。这意味着，相对于中国八大城市群而言，总体税收竞争的正向空间外溢效应的有效性是全局的而非局域的。

第五节　地方政府间增值税税收竞争增长的空间外溢效应

按照前面的研究安排，我们在一阶和二阶反地理空间权重矩阵下采用空间面板杜宾模型对增值税税收竞争增长的外溢效应进行实证检验，结果如表6-5所示。

表6-5　两种空间矩阵下中国城市群增值税税收竞争增长的外溢效应分解

效应	变量	一阶反地理空间权重矩阵	二阶反地理空间权重矩阵
直接效应	TZ	0.0018 *** (0.0005)	0.0022 *** (0.0005)
	OPEN	-0.0097 ** (0.0048)	-0.0149 *** (0.0048)
	URBAN	-0.1121 *** (0.0158)	-0.1367 *** (0.0159)
	FINANCE	0.0478 *** (0.0116)	0.0465 *** (0.0119)
	STRUC	-0.1634 *** (0.0260)	-0.1966 *** (0.0262)
	K	0.1296 *** (0.0251)	0.0973 *** (0.0260)
	LABOR	0.0280 *** (0.0108)	0.0304 *** (0.0110)
	FDI	0.0014 (0.0034)	0.0012 (0.0034)
	EDUC	-0.0017 (0.0037)	0.0028 (0.0037)
间接效应	TZ	0.0097 *** (0.0033)	0.0062 *** (0.0013)
	OPEN	0.1932 *** (0.0738)	0.0669 *** (0.0205)
	URBAN	-0.0581 (0.1050)	-0.0572 * (0.0439)
	FINANCE	-0.2329 *** (0.0936)	-0.1112 *** (0.0353)
	STRUC	0.8900 *** (0.3198)	0.1819 ** (0.0845)
	K	0.4717 *** (0.1323)	0.2828 *** (0.0575)
	LABOR	0.1892 * (0.1471)	0.0544 * (0.0358)

续表

效应	变量	一阶反地理空间权重矩阵	二阶反地理空间权重矩阵
间接效应	FDI	−0. 1309 *** (0. 0373)	−0. 0168 * (0. 0094)
	EDUC	−0. 1670 *** (0. 0641)	−0. 0025 (0. 0145)
总效应	TZ	0. 0115 *** (0. 0033)	0. 0085 *** (0. 0013)
	OPEN	0. 1835 *** (0. 0739)	0. 0520 *** (0. 0209)
	URBAN	−0. 1702 * (0. 1052)	−0. 1939 *** (0. 0455)
	FINANCE	−0. 1851 ** (0. 0924)	−0. 0647 * (0. 0351)
	STRUC	0. 7266 ** (0. 3207)	−0. 0147 (0. 0862)
	K	0. 6013 *** (0. 1257)	0. 3802 *** (0. 0497)
	LABOR	0. 2172 * (0. 1482)	0. 0848 ** (0. 0394)
	FDI	−0. 1295 *** (0. 0370)	−0. 0156 * (0. 0095)
	EDUC	−0. 1687 *** (0. 0649)	0. 0003 (0. 0160)
时间变量		控制	控制
个体变量		控制	控制
Log-Lik		1816. 3566	1806. 4875
R^2		0. 7010	0. 5602
N		1160	1160

注：***、**和*分别代表在1%、5%和10%统计水平上显著。括号内为标准误。

根据表6－5的结果可知，在两种不同的地理空间权重矩阵下，无论是直接效应、间接效应还是总效应，中国城市群增值税税收竞争增长效应的影响性质与变化方向均一致，表明在控制了贸易开放度等一系列影响城市群经济增长因素以及时间和个体变量的情况下，中国城市群增值税税收竞争具有显著的正向经济增长效应，其不仅对本地经济增长具有显著的促进作用，还可以推动邻近区域的经济增长。

进一步从反馈效应来分析，在一阶反地理空间权重矩阵下，增值税税收竞争对经济增长的直接效应为 0.0018，估计系数为 0.0017，增值税税收竞争的反馈效应等于 0.0001；在二阶反地理空间权重矩阵下，增值税税收竞争对经济增长的直接效应为 0.0022，估计系数为 0.0020，增值税税收竞争的反馈效应等于 0.0002。以上结果均意味着地方政府间增值税税收竞争行为的正向推动作用是双向互动的，即不仅会拉动邻近地区经济增长，也同样会得益于邻近区域对本地经济增长的反馈效应。

从上面的研究我们可以看出，增值税税收竞争具有一定的空间外溢效应。同理我们采用不同偏微分方法可以更加有效地对回归模型进行检验假设，并以 SDM-FE 模型为基础，分别采用一阶和二阶反地理空间权重矩阵的设置方法，并设定距离阈值的方式，对这个问题进行分析。在设置距离阈值时，本节以 200 千米为起点，1000 千米为终点，每 200 千米回归一次，分别得到的结果如表 6-6 和表 6-7 所示。

表 6-6　　一阶反地理距离空间权重矩阵下增值税税收竞争的空间溢出边界

效应	变量	D = 200	D = 400	D = 600	D = 800	D = 1000
直接效应	TZ	0.00204 *** (0.00050)	0.00195 *** (0.00050)	0.00188 *** (0.00051)	0.00187 *** (0.00052)	0.00181 *** (0.00051)
	OPEN	-0.01639 *** (0.00453)	-0.01246 *** (0.00447)	-0.01012 ** (0.00451)	-0.00971 ** (0.00456)	-0.00972 ** (0.00452)
	FINANCE	0.04056 *** (0.01086)	0.04858 *** (0.01096)	0.05107 *** (0.01104)	0.04947 *** (0.01110)	0.04892 *** (0.01100)
	STRUC	-0.19033 *** (0.02429)	-0.17744 *** (0.02428)	-0.16773 *** (0.02440)	-0.16098 *** (0.02460)	-0.16021 *** (0.02446)
	URBAN	-0.13723 *** (0.01477)	-0.12507 *** (0.01461)	-0.11937 *** (0.01485)	-0.11749 *** (0.01502)	-0.11590 *** (0.01494)
	K	0.09442 *** (0.02425)	0.12541 *** (0.02349)	0.14651 *** (0.02339)	0.14016 *** (0.02399)	0.13561 *** (0.02391)
	LABOR	0.02569 ** (0.01028)	0.02746 *** (0.01027)	0.02730 *** (0.01039)	0.02587 ** (0.01042)	0.02392 ** (0.01032)
	FDI	0.00448 (0.00319)	0.00181 (0.00317)	-0.00017 (0.00318)	0.00115 (0.00321)	0.00143 (0.00319)
	EDUC	0.00081 (0.00345)	0.00071 (0.00344)	-0.00049 (0.00350)	-0.00192 (0.00353)	-0.00175 (0.00349)

效应	变量	D = 200	D = 400	D = 600	D = 800	D = 1000
间接效应	TZ	0.00846 *** (0.00134)	0.00875 *** (0.00182)	0.00936 *** (0.00231)	0.00905 *** (0.00280)	0.00904 *** (0.00309)
	OPEN	0.04305 ** (0.02009)	0.10049 *** (0.03225)	0.12558 *** (0.04185)	0.13310 ** (0.05449)	0.15980 ** (0.06352)
	FINANCE	− 0.09017 *** (0.03299)	− 0.14840 *** (0.04399)	− 0.20270 *** (0.05752)	− 0.22816 *** (0.07591)	− 0.25211 *** (0.08628)
	STRUC	0.11276 (0.08071)	0.17321 (0.11801)	0.27936 * (0.15830)	0.42148 ** (0.21150)	0.64894 ** (0.25584)
	URBAN	− 0.06576 (0.04236)	− 0.14949 ** (0.05845)	− 0.14189 ** (0.07054)	− 0.12504 (0.08384)	− 0.09234 (0.09229)
	K	0.25605 *** (0.05373)	0.36849 *** (0.07465)	0.38064 *** (0.09196)	0.41554 *** (0.11101)	0.45624 *** (0.12216)
	LABOR	0.05237 (0.03578)	0.04255 (0.05399)	0.02558 (0.06974)	0.01992 (0.09400)	0.01580 (0.11517)
	FDI	− 0.02636 *** (0.00882)	− 0.06199 *** (0.01342)	− 0.06726 *** (0.01830)	− 0.07250 *** (0.02348)	− 0.08832 *** (0.02763)
	EDUC	− 0.01333 (0.01595)	− 0.03386 (0.02252)	− 0.08000 ** (0.03264)	− 0.10799 ** (0.04532)	− 0.13746 *** (0.05314)
总效应	TZ	0.01051 *** (0.00130)	0.01070 *** (0.00178)	0.01124 *** (0.00227)	0.01092 *** (0.00276)	0.01085 *** (0.00305)
	OPEN	0.02667 (0.02021)	0.08804 *** (0.03249)	0.11546 *** (0.04201)	0.12338 ** (0.05456)	0.15008 ** (0.06362)
	FINANCE	− 0.04961 (0.03328)	− 0.09982 ** (0.04345)	− 0.15163 *** (0.05669)	− 0.17869 ** (0.07489)	− 0.20319 ** (0.08515)
	STRUC	− 0.07757 (0.08239)	− 0.00423 (0.11846)	0.11163 (0.15881)	0.26049 (0.21219)	0.48874 * (0.25668)
	URBAN	− 0.20300 *** (0.04368)	− 0.27456 *** (0.05894)	− 0.26126 *** (0.07074)	− 0.24253 *** (0.08402)	− 0.20825 ** (0.09245)
	K	0.35047 *** (0.04653)	0.49390 *** (0.06737)	0.52715 *** (0.08528)	0.55570 *** (0.10445)	0.59185 *** (0.11574)
	LABOR	0.07806 ** (0.03839)	0.07000 (0.05586)	0.05288 (0.07086)	0.04579 (0.09485)	0.03972 (0.11558)
	FDI	− 0.02187 ** (0.00894)	− 0.06018 *** (0.01341)	− 0.06744 *** (0.01817)	− 0.07135 *** (0.02317)	− 0.08689 *** (0.02726)
	EDUC	− 0.01252 (0.01726)	− 0.03315 (0.02354)	− 0.08049 ** (0.03360)	− 0.10991 ** (0.04625)	− 0.13921 *** (0.05397)

续表

效应	变量	D＝200	D＝400	D＝600	D＝800	D＝1000
时间变量		控制	控制	控制	控制	控制
个体变量		控制	控制	控制	控制	控制
Log-Lik		1820.9191	1821.5428	1808.9565	1802.0141	1809.2858
R^2		0.50325	0.60341	0.68820	0.70333	0.70837
N		1160	1160	1160	1160	1160

注： ***、** 和 * 分别代表在1%、5%和10%统计水平上显著。括号内为标准误。

表6－7 二阶反地理距离空间权重矩阵下的增值税税收竞争的空间溢出边界

效应	变量	D＝200	D＝400	D＝600	D＝800	D＝1000
直接效应	*TZ*	0.00257 *** (0.00049)	0.00238 *** (0.00049)	0.00229 *** (0.00050)	0.00225 *** (0.00050)	0.00222 *** (0.00050)
	OPEN	－0.01906 *** (0.00458)	－0.01721 *** (0.00454)	－0.01605 *** (0.00455)	－0.01555 *** (0.00455)	－0.01535 *** (0.00455)
	FINANCE	0.04142 *** (0.01110)	0.04511 *** (0.01115)	0.04605 *** (0.01118)	0.04598 *** (0.01120)	0.04610 *** (0.01119)
	STRUC	－0.21461 *** (0.02459)	－0.20425 *** (0.02456)	－0.19980 *** (0.02457)	－0.19749 *** (0.02458)	－0.19661 *** (0.02457)
	URBAN	－0.14747 *** (0.01499)	－0.14118 *** (0.01493)	－0.13881 *** (0.01499)	－0.13804 *** (0.01503)	－0.13742 *** (0.01503)
	K	0.09023 *** (0.02433)	0.09384 *** (0.02423)	0.09653 *** (0.02427)	0.09548 *** (0.02440)	0.09516 *** (0.02439)
	LABOR	0.02990 *** (0.01039)	0.03109 *** (0.01037)	0.03122 *** (0.01039)	0.03093 *** (0.01040)	0.03060 *** (0.01039)
	FDI	0.00265 (0.00324)	0.00166 (0.00323)	0.00114 (0.00324)	0.00136 (0.00324)	0.00137 (0.00323)
	EDUC	0.00309 (0.00348)	0.00316 (0.00348)	0.00292 (0.00349)	0.00267 (0.00349)	0.00270 (0.00349)
间接效应	*TZ*	0.00637 *** (0.00099)	0.00644 *** (0.00112)	0.00633 *** (0.00119)	0.00622 *** (0.00122)	0.00619 *** (0.00124)
	OPEN	0.03956 *** (0.01409)	0.05841 *** (0.01690)	0.06208 *** (0.01803)	0.06352 *** (0.01866)	0.06504 *** (0.01901)
	FINANCE	－0.09437 *** (0.02615)	－0.10285 *** (0.02940)	－0.10607 *** (0.03102)	－0.10802 *** (0.03208)	－0.10943 *** (0.03269)
	STRUC	0.13262 ** (0.05765)	0.15071 ** (0.06888)	0.17361 *** (0.07359)	0.18095 *** (0.07592)	0.18827 *** (0.07736)

效应	变量	D = 200	D = 400	D = 600	D = 800	D = 1000
间接效应	URBAN	− 0. 02341 (0. 03161)	− 0. 04224 (0. 03704)	− 0. 04960 (0. 03900)	− 0. 05191 * (0. 04001)	− 0. 05347 * (0. 04055)
	K	0. 25331 *** (0. 04351)	0. 27648 *** (0. 04909)	0. 28153 *** (0. 05160)	0. 28515 *** (0. 05279)	0. 28715 *** (0. 05349)
	LABOR	0. 03672 * (0. 02459)	0. 04273 * (0. 02864)	0. 04545 * (0. 03021)	0. 04692 * (0. 03144)	0. 04774 * (0. 03232)
	FDI	− 0. 01018 * (0. 00671)	− 0. 01550 ** (0. 00774)	− 0. 01626 ** (0. 00827)	− 0. 01612 * (0. 00855)	− 0. 01636 * (0. 00870)
	EDUC	− 0. 00020 (0. 01049)	− 0. 00208 (0. 01201)	− 0. 00315 (0. 01281)	− 0. 00310 (0. 01329)	− 0. 00330 (0. 01350)
总效应	TZ	0. 00894 *** (0. 00096)	0. 00882 *** (0. 00110)	0. 00862 *** (0. 00116)	0. 00847 *** (0. 00119)	0. 00841 *** (0. 00120)
	OPEN	0. 02050 * (0. 01447)	0. 04120 *** (0. 01728)	0. 04602 *** (0. 01838)	0. 04797 *** (0. 01898)	0. 04969 *** (0. 01933)
	FINANCE	− 0. 05295 ** (0. 02659)	− 0. 05775 * (0. 02948)	− 0. 06002 * (0. 03097)	− 0. 06204 * (0. 03195)	− 0. 06332 * (0. 03250)
	STRUC	− 0. 08199 * (0. 06105)	− 0. 05354 (0. 07118)	− 0. 02619 (0. 07556)	− 0. 01654 (0. 07777)	− 0. 00834 (0. 07910)
	URBAN	− 0. 17088 *** (0. 03383)	− 0. 18342 *** (0. 03873)	− 0. 18841 *** (0. 04049)	− 0. 18995 *** (0. 04139)	− 0. 19089 *** (0. 04190)
	K	0. 34354 *** (0. 03693)	0. 37032 *** (0. 04216)	0. 37807 *** (0. 04456)	0. 38063 *** (0. 04565)	0. 38231 *** (0. 04632)
	LABOR	0. 06662 *** (0. 02820)	0. 07382 ** (0. 03210)	0. 07667 ** (0. 03351)	0. 07785 ** (0. 03466)	0. 07834 ** (0. 03548)
	FDI	− 0. 00753 (0. 00704)	− 0. 01384 * (0. 00797)	− 0. 01512 * (0. 00844)	− 0. 01476 * (0. 00868)	− 0. 01498 * (0. 00882)
	EDUC	0. 00289 (0. 01201)	0. 00107 (0. 01345)	− 0. 00023 (0. 01423)	− 0. 00043 (0. 01469)	− 0. 00060 (0. 01489)
时间变量		控制	控制	控制	控制	控制
个体变量		控制	控制	控制	控制	控制
Log-Lik		1806. 1600	1809. 7805	1808. 3397	1807. 0827	1807. 9150
R^2		0. 50415	0. 52473	0. 54627	0. 55077	0. 55519
N		1160	1160	1160	1160	1160

注：*** 、** 和 * 分别代表在 1% 、5% 和 10% 统计水平上显著。括号内为标准误。

对比表6-6和表6-7的结果，我们可以发现，不管是一阶反地理空间权重矩阵还是二阶反地理空间权重矩阵，绝大部分变量的估计系数值和显著性基本一致，表明研究结论具有稳健性。从核心解释变量即增值税税收竞争来看，在不同的截断距离阈值下，增值税税收竞争对本地经济增长具有显著的正向促进作用。在直接效应与间接效应的衡量标准下，增值税税收竞争依然呈现显著的标尺竞争策略特征，这与之前的研究结论保持一致。从增值税税收竞争空间溢出效应带宽来看，在设置不同的距离阈值情况下，其对经济增长的溢出效应同样不存在特别明显的距离衰减现象。这也表明，相对于中国城市群整体而言，增值税税收竞争的正向空间外溢效应的有效性是全局的而非局域的。

第六节　地方政府间营业税税收竞争增长的空间外溢效应

按照前面的研究安排，我们在一阶和二阶反地理空间权重矩阵下采用空间面板杜宾模型对营业税税收竞争增长的外溢效应进行实证检验，结果如表6-8所示。

表6-8　两种空间矩阵下中国城市群营业税税收竞争增长的外溢效应分解

效应	变量	一阶反地理空间权重矩阵	二阶反地理空间权重矩阵
直接效应	TY	-0.0013 *** (0.0006)	-0.0007 * (0.0006)
	OPEN	-0.0039 (0.0047)	-0.0086 * (0.0047)
	URBAN	-0.1198 *** (0.0159)	-0.1444 *** (0.0162)
	FINANCE	0.0635 *** (0.0117)	0.0618 *** (0.0119)
	STRUC	-0.1264 *** (0.0252)	-0.1581 *** (0.0256)
	K	0.1475 *** (0.0262)	0.1064 *** (0.0269)

效应	变量	一阶反地理空间权重矩阵	二阶反地理空间权重矩阵
直接效应	LABOR	0.0297 *** (0.0109)	0.0342 *** (0.0112)
	FDI	0.0016 (0.0034)	0.0013 (0.0035)
	EDUC	−0.0025 (0.0037)	0.0041 (0.0037)
间接效应	TY	0.0143 *** (0.0044)	0.0072 *** (0.0015)
	OPEN	0.2930 *** (0.0796)	0.0910 *** (0.0219)
	URBAN	0.0158 (0.1162)	−0.0306 (0.0473)
	FINANCE	−0.2533 *** (0.1007)	−0.0964 *** (0.0378)
	STRUC	0.9057 *** (0.3478)	0.2058 ** (0.0888)
	K	0.1556 (0.2113)	0.1302 * (0.0870)
	LABOR	0.2050 (0.1644)	0.0739 * (0.0386)
	FDI	−0.1747 *** (0.0459)	−0.0232 ** (0.0105)
	EDUC	−0.1761 *** (0.0691)	0.0167 (0.0149)
总效应	TY	0.0129 *** (0.0044)	0.0065 *** (0.0014)
	OPEN	0.2891 *** (0.0799)	0.0823 *** (0.0225)
	URBAN	−0.1040 (0.1165)	−0.1750 *** (0.0492)
	FINANCE	−0.1899 * (0.0993)	−0.0346 (0.0378)
	STRUC	0.7793 ** (0.3484)	0.0477 (0.0912)
	K	0.3031 * (0.2075)	0.2366 *** (0.0834)

续表

效应	变量	一阶反地理空间权重矩阵	二阶反地理空间权重矩阵
总效应	LABOR	0. 2347 * (0. 1658)	0. 1081 *** (0. 0425)
	FDI	− 0. 1731 *** (0. 0455)	− 0. 0219 ** (0. 0107)
	EDUC	− 0. 1786 *** (0. 0700)	0. 0208 (0. 0164)
时间变量		控制	控制
个体变量		控制	控制
Log-Lik		1812. 8199	1796. 6982
R^2		0. 7776	0. 7653
N		1160	1160

注：***、** 和 * 分别代表在1%、5%和10%统计水平上显著。括号内为标准误。

根据表6－8的结果可知，在两种不同的地理空间权重矩阵下，无论是直接效应、间接效应还是总效应，在控制了贸易开放度等一系列影响城市群经济增长因素以及时间和个体变量的情况下，中国城市群营业税税收竞争增长效应的影响性质与变化方向均一致。具体而言，中国城市群营业税税收竞争的直接效应均为负值，并且至少在10%统计水平上显著，表明营业税税收竞争对本地经济增长具有一定的抑制作用；营业税税收竞争的间接效应均为正值，并且在1%统计水平上显著，表明营业税税收竞争对邻近地区经济增长具有显著的促进作用；最后，营业税税收竞争的总体效应均在1%统计水平上显著为正，表明营业税税收竞争对经济增长具有显著的促进作用，这也与第四章的研究结论相一致。

进一步从反馈效应来分析，在一阶反地理空间权重矩阵下，营业税税收竞争对经济增长的直接效应为 − 0. 0013，估计系数为 − 0. 0015，则营业税税收竞争的反馈效应等于0. 0002；在二阶反地理空间权重矩阵下，营业税税收竞争对经济增长的直接效应为 − 0. 0007，估计系数为 − 0. 0010，则营业税税收竞争的反馈效应等于0. 0003。以上结果均意味着虽然地方政府间营业税税收竞争行为对本地经济增长具有一定抑制作用，但却可以通过邻近地区经济增长的正向溢出效应，进而得益于邻近区域对本地经济增长的反馈效应。

从上面的研究我们可以看出，营业税税收竞争具有一定的空间外溢效应。同理我们采用不同偏微分方法可以更加有效地对回归模型进行检验假设，并以 SDM-FE 模型为基础，分别采用一阶和二阶反地理空间权重矩阵的设置方法，并设定距离阈值的方式，对这个问题进行分析。在设置距离阈值时，本节以 200 千米为起点，1000 千米为终点，每 200 千米回归一次，分别得到的结果如表 6 - 9 和表 6 - 10 所示。

表 6 - 9　　一阶反地理距离空间权重矩阵下营业税税收竞争的空间溢出边界

效应	变量	D = 200	D = 400	D = 600	D = 800	D = 1000
直接效应	TY	- 0.00096 * (0.00053)	- 0.00098 * (0.00053)	- 0.00115 ** (0.00054)	- 0.00127 ** (0.00054)	- 0.00136 ** (0.00054)
	OPEN	- 0.01075 ** (0.00441)	- 0.00616 (0.00436)	- 0.00395 (0.00440)	- 0.00382 (0.00443)	- 0.00376 (0.00441)
	FINANCE	0.05582 *** (0.01087)	0.06342 *** (0.01101)	0.06643 *** (0.01110)	0.06533 *** (0.01115)	0.06505 *** (0.01106)
	STRUC	- 0.15561 *** (0.02371)	- 0.14228 *** (0.02367)	- 0.13357 *** (0.02378)	- 0.12655 *** (0.02392)	- 0.12564 *** (0.02376)
	URBAN	- 0.14530 *** (0.01507)	- 0.13234 *** (0.01482)	- 0.12740 *** (0.01505)	- 0.12553 *** (0.01519)	- 0.12386 *** (0.01509)
	K	0.10736 *** (0.02516)	0.13727 *** (0.02473)	0.16307 *** (0.02472)	0.15850 *** (0.02519)	0.15509 *** (0.02505)
	LABOR	0.02650 ** (0.01045)	0.02825 *** (0.01039)	0.02810 *** (0.01051)	0.02625 ** (0.01054)	0.02493 ** (0.01038)
	FDI	0.00474 (0.00321)	0.00189 (0.00318)	- 0.00014 (0.00319)	0.00131 (0.00322)	0.00161 (0.00320)
	EDUC	0.00181 (0.00349)	0.00136 (0.00346)	- 0.00033 (0.00351)	- 0.00237 (0.00355)	- 0.00239 (0.00351)
间接效应	TY	0.00974 *** (0.00151)	0.01026 *** (0.00208)	0.01106 *** (0.00279)	0.01182 *** (0.00361)	0.01231 *** (0.00396)
	OPEN	0.06022 *** (0.02142)	0.14191 *** (0.03344)	0.17952 *** (0.04352)	0.19748 *** (0.05674)	0.23996 *** (0.06594)
	FINANCE	- 0.06670 * (0.03548)	- 0.12488 *** (0.04728)	- 0.18854 *** (0.06216)	- 0.22765 *** (0.08212)	- 0.26576 *** (0.09217)
	STRUC	0.14866 * (0.08545)	0.21213 * (0.12466)	0.31772 * (0.17196)	0.45871 ** (0.23283)	0.67095 ** (0.27990)

续表

效应	变量	D = 200	D = 400	D = 600	D = 800	D = 1000
间接效应	URBAN	-0.04385 (0.04563)	-0.12741 ** (0.06263)	-0.11420 (0.07609)	-0.07836 (0.09146)	-0.03773 (0.09990)
	K	0.03817 (0.08207)	0.15217 (0.11282)	0.15652 (0.14581)	0.16612 (0.18272)	0.19754 (0.19690)
	LABOR	0.06187 (0.03971)	0.04424 (0.06089)	0.02407 (0.08041)	0.02050 (0.10763)	0.03114 (0.12702)
	FDI	-0.03763 *** (0.01012)	-0.08180 *** (0.01561)	-0.09052 *** (0.02166)	-0.09965 *** (0.02852)	-0.12009 *** (0.03359)
	EDUC	0.01109 (0.01644)	-0.00502 (0.02239)	-0.05287 (0.03248)	-0.09856 ** (0.04731)	-0.13495 ** (0.05566)
总效应	TY	0.00878 *** (0.00145)	0.00928 *** (0.00203)	0.00991 *** (0.00274)	0.01054 *** (0.00356)	0.01095 *** (0.00392)
	OPEN	0.04948 ** (0.02176)	0.13576 *** (0.03386)	0.17557 *** (0.04387)	0.19366 *** (0.05702)	0.23620 *** (0.06624)
	FINANCE	-0.01088 (0.03595)	-0.06146 (0.04672)	-0.12211 ** (0.06123)	-0.16232 ** (0.08097)	-0.20071 ** (0.09095)
	STRUC	-0.00695 (0.08789)	0.06985 (0.12551)	0.18415 (0.17261)	0.33215 (0.23358)	0.54530 * (0.28065)
	URBAN	-0.18915 *** (0.04735)	-0.25976 *** (0.06340)	-0.24160 *** (0.07648)	-0.20388 ** (0.09169)	-0.16159 (0.10010)
	K	0.14553 * (0.07918)	0.28944 *** (0.10944)	0.31958 ** (0.14255)	0.32462 * (0.17941)	0.35262 * (0.19335)
	LABOR	0.08836 ** (0.04283)	0.07249 (0.06318)	0.05216 (0.08203)	0.04675 (0.10898)	0.05608 (0.12771)
	FDI	-0.03289 *** (0.01033)	-0.07991 *** (0.01564)	-0.09066 *** (0.02154)	-0.09833 *** (0.02820)	-0.11849 *** (0.03321)
	EDUC	0.01290 (0.01779)	-0.00366 (0.02338)	-0.05320 (0.03341)	-0.10093 ** (0.04824)	-0.13734 ** (0.05650)
时间变量		控制	控制	控制	控制	控制
个体变量		控制	控制	控制	控制	控制
Log-Lik		1812.5051	1814.8836	1802.8442	1797.2171	1805.5538
R^2		0.51127	0.57709	0.66319	0.67694	0.67574
N		1160	1160	1160	1160	1160

注：***、** 和 * 分别代表在1%、5% 和10% 统计水平上显著。括号内为标准误。

表 6 – 10　　二阶反地理距离空间权重矩阵下的营业税税收竞争的空间溢出边界

效应	变量	D = 200	D = 400	D = 600	D = 800	D = 1000
直接效应	TY	− 0. 00030 (0. 00052)	− 0. 00054 (0. 00052)	− 0. 00068 * (0. 00053)	− 0. 00075 * (0. 00053)	− 0. 00079 * (0. 00053)
	OPEN	− 0. 01308 *** (0. 00449)	− 0. 01090 *** (0. 00445)	− 0. 00979 ** (0. 00446)	− 0. 00937 ** (0. 00446)	− 0. 00916 ** (0. 00445)
	FINANCE	0. 05649 *** (0. 01117)	0. 06013 *** (0. 01123)	0. 06122 *** (0. 01125)	0. 06118 *** (0. 01127)	0. 06137 *** (0. 01126)
	STRUC	− 0. 17479 *** (0. 02417)	− 0. 16517 *** (0. 02409)	− 0. 16154 *** (0. 02408)	− 0. 15966 *** (0. 02408)	− 0. 15888 *** (0. 02405)
	URBAN	− 0. 15401 *** (0. 01535)	− 0. 14854 *** (0. 01524)	− 0. 14669 *** (0. 01529)	− 0. 14599 *** (0. 01531)	− 0. 14542 *** (0. 01531)
	K	0. 09310 *** (0. 02535)	0. 09975 *** (0. 02520)	0. 10485 *** (0. 02520)	0. 10450 *** (0. 02528)	0. 10445 *** (0. 02525)
	LABOR	0. 03218 *** (0. 01057)	0. 03398 *** (0. 01053)	0. 03438 *** (0. 01055)	0. 03407 *** (0. 01055)	0. 03387 *** (0. 01052)
	FDI	0. 00292 (0. 00327)	0. 00187 (0. 00326)	0. 00138 (0. 00326)	0. 00161 (0. 00326)	0. 00161 (0. 00326)
	EDUC	0. 00489 * (0. 00352)	0. 00487 * (0. 00351)	0. 00455 * (0. 00351)	0. 00415 (0. 00352)	0. 00411 (0. 00351)
间接效应	TY	0. 00746 *** (0. 00108)	0. 00743 *** (0. 00123)	0. 00718 *** (0. 00132)	0. 00709 *** (0. 00136)	0. 00707 *** (0. 00138)
	OPEN	0. 05445 *** (0. 01484)	0. 07957 *** (0. 01795)	0. 08486 *** (0. 01925)	0. 08690 *** (0. 01993)	0. 08907 *** (0. 02032)
	FINANCE	− 0. 07813 *** (0. 02764)	− 0. 08528 *** (0. 03132)	− 0. 09042 *** (0. 03327)	− 0. 09341 *** (0. 03446)	− 0. 09580 *** (0. 03513)
	STRUC	0. 15155 *** (0. 06018)	0. 17087 *** (0. 07220)	0. 19302 *** (0. 07773)	0. 20058 *** (0. 08028)	0. 20856 *** (0. 08177)
	URBAN	− 0. 00199 (0. 03355)	− 0. 01825 (0. 03958)	− 0. 02611 (0. 04192)	− 0. 02783 (0. 04307)	− 0. 02879 (0. 04368)
	K	0. 08064 * (0. 06286)	0. 11403 * (0. 07263)	0. 13401 * (0. 07776)	0. 14180 * (0. 08014)	0. 14549 * (0. 08135)
	LABOR	0. 04737 * (0. 02638)	0. 05606 * (0. 03098)	0. 06052 * (0. 03291)	0. 06289 * (0. 03425)	0. 06464 * (0. 03516)
	FDI	− 0. 01525 ** (0. 00734)	− 0. 02143 *** (0. 00857)	− 0. 02197 *** (0. 00920)	− 0. 02146 ** (0. 00951)	− 0. 02176 ** (0. 00970)
	EDUC	0. 01701 * (0. 01077)	0. 01777 * (0. 01231)	0. 01754 * (0. 01317)	0. 01702 (0. 01368)	0. 01657 (0. 01391)

续表

效应	变量	D = 200	D = 400	D = 600	D = 800	D = 1000
总效应	TY	0.00716 *** (0.00102)	0.00689 *** (0.00118)	0.00650 *** (0.00127)	0.00634 *** (0.00131)	0.00628 *** (0.00133)
	OPEN	0.04138 *** (0.01541)	0.06867 *** (0.01852)	0.07507 *** (0.01978)	0.07753 *** (0.02044)	0.07991 *** (0.02082)
	FINANCE	− 0.02164 (0.02829)	− 0.02515 (0.03158)	− 0.02921 (0.03338)	− 0.03222 (0.03447)	− 0.03444 (0.03508)
	STRUC	− 0.02324 (0.06427)	0.00570 (0.07520)	0.03148 (0.08034)	0.04092 (0.08274)	0.04968 (0.08414)
	URBAN	− 0.15600 *** (0.03620)	− 0.16679 *** (0.04168)	− 0.17279 *** (0.04382)	− 0.17382 *** (0.04483)	− 0.17420 *** (0.04540)
	K	0.17373 *** (0.06063)	0.21379 *** (0.06990)	0.23886 *** (0.07481)	0.24630 *** (0.07704)	0.24994 *** (0.07819)
	LABOR	0.07955 *** (0.03039)	0.09004 *** (0.03479)	0.09490 *** (0.03658)	0.09696 *** (0.03783)	0.09851 *** (0.03865)
	FDI	− 0.01234 * (0.00777)	− 0.01955 ** (0.00888)	− 0.02058 ** (0.00946)	− 0.01986 ** (0.00973)	− 0.02015 ** (0.00990)
	EDUC	0.02190 * (0.01233)	0.02264 * (0.01378)	0.02209 * (0.01461)	0.02117 * (0.01510)	0.02068 * (0.01532)
时间变量		控制	控制	控制	控制	控制
个体变量		控制	控制	控制	控制	控制
Log-Lik		1793.1952	1798.2254	1797.2250	1796.5950	1797.7997
R^2		0.49561	0.50409	0.52515	0.52884	0.53185
N		1160	1160	1160	1160	1160

注：***、** 和 * 分别代表在 1%、5% 和 10% 统计水平上显著。括号内为标准误。

对比表 6 - 9 和表 6 - 10 的结果，我们可以发现，不管是一阶反地理空间权重矩阵还是二阶反地理空间权重矩阵，绝大部分变量的估计系数值和显著性基本一致，表明研究结论具有稳健性。从核心解释变量即营业税税收竞争来看，在不同的截断距离阈值下，营业税税收竞争对本地经济增长具有显著的抑制作用。在直接效应与间接效应的衡量标准下，营业税税收竞争依然呈现显著的差异化竞争策略特征，这与之前的研究结论保持一致。从营业税税收竞争空间溢出效应带宽来看，在设置不同的距离阈值情况下，其对经济增长的溢出效应同样不存在特别明显的距离衰减现象。这也表明，相对于中国八大城市群而言，营业税税收竞争的正向空间外溢效应的有效性同样是全局的而非局域的。

第七节　地方政府间企业所得税税收竞争
增长的空间外溢效应

按照前面的研究安排，我们在一阶和二阶反地理空间权重矩阵下采用空间面板杜宾模型对企业所得税税收竞争增长的外溢效应进行实证检验，结果如表6-11所示。

表6-11　两种空间矩阵下中国城市群企业所得税税收竞争增长的外溢效应分解

效应	变量	一阶反地理空间权重矩阵	二阶反地理空间权重矩阵
直接效应	TQ	0.0005 * (0.0004)	0.0008 ** (0.0004)
	$OPEN$	-0.0072 * (0.0044)	-0.0120 *** (0.0044)
	$URBAN$	-0.1105 *** (0.0150)	-0.1309 *** (0.0151)
	$FINANCE$	0.0524 *** (0.0113)	0.0504 *** (0.0115)
	$STRUC$	-0.1502 *** (0.0248)	-0.1833 *** (0.0247)
	K	0.1240 *** (0.0237)	0.0916 *** (0.0246)
	$LABOR$	0.0293 *** (0.0102)	0.0322 *** (0.0104)
	FDI	0.0015 (0.0032)	0.0009 (0.0033)
	$EDUC$	-0.0025 (0.0035)	0.0022 (0.0035)
间接效应	TQ	0.0092 *** (0.0024)	0.0053 *** (0.0009)
	$OPEN$	0.1745 *** (0.0644)	0.0597 *** (0.0188)

续表

效应	变量	一阶反地理空间权重矩阵	二阶反地理空间权重矩阵
间接效应	URBAN	0.0849 (0.1035)	−0.0209 (0.0403)
	FINANCE	−0.2649 *** (0.0824)	−0.1216 *** (0.0325)
	STRUC	0.7878 *** (0.2830)	0.1163 * (0.0792)
	K	0.2365 * (0.1429)	0.1806 *** (0.0603)
	LABOR	0.2158 * (0.1291)	0.0721 ** (0.0319)
	FDI	−0.1416 *** (0.0341)	−0.0203 ** (0.0087)
	EDUC	−0.1864 *** (0.0592)	−0.0045 (0.0133)
总效应	TQ	0.0098 *** (0.0023)	0.0060 *** (0.0008)
	OPEN	0.1673 *** (0.0646)	0.0477 *** (0.0192)
	URBAN	−0.0256 (0.1037)	−0.1518 *** (0.0417)
	FINANCE	−0.2125 *** (0.0810)	−0.0711 ** (0.0321)
	STRUC	0.6377 ** (0.2834)	−0.0670 (0.0806)
	K	0.3605 *** (0.1373)	0.2722 *** (0.0538)
	LABOR	0.2451 * (0.1299)	0.1043 *** (0.0349)
	FDI	−0.1401 *** (0.0337)	−0.0194 ** (0.0088)
	EDUC	−0.1889 *** (0.0600)	−0.0023 (0.0147)
	时间变量	控制	控制
	个体变量	控制	控制
	Log-Lik	2116.0421	2105.4438
	R²	0.6629	0.5795
	N	1305	1305

注：***、** 和 * 分别代表在 1%、5% 和 10% 统计水平上显著。括号内为标准误。

根据表 6 - 11 的结果可知，在两种不同的地理空间权重矩阵下，无论是直接效应、间接效应还是总效应，在控制了贸易开放度等一系列影响城市群经济增长因素以及时间和个体变量的情况下，中国城市群企业所得税税收竞争增长效应的影响性质与变化方向均一致，即企业所得税税收竞争具有显著的正向经济增长效应，其不仅对本地经济增长具有显著的促进作用，还可以推动邻近区域的经济增长。

进一步从反馈效应来分析，在一阶反地理空间权重矩阵下，企业所得税税收竞争对经济增长的直接效应为 0.0005，估计系数为 0.0004，企业所得税税收竞争的反馈效应等于 0.0001；在二阶反地理空间权重矩阵下，企业所得税税收竞争对经济增长的直接效应为 0.0008，估计系数为 0.0006，企业所得税税收竞争的反馈效应等于 0.0002。以上结果均意味着地方政府间企业所得税税收竞争行为的正向推动作用是双向互动的，即不仅会拉动邻近地区经济增长，也同样会得益于邻近区域对本地经济增长的反馈效应。

从上面的研究我们可以看出，企业所得税税收竞争具有一定的空间外溢效应。同理我们采用不同偏微分方法可以更加有效地对回归模型进行检验假设，并以 SDM-FE 模型为基础，分别采用一阶和二阶反地理空间权重矩阵的设置方法，并设定距离阈值的方式，对这个问题进行分析。在设置距离阈值时，本节以 200 千米为起点，1000 千米为终点，每 200 千米回归一次，分别得到的结果如表 6 - 12 和表 6 - 13 所示。

表 6 - 12　　一阶反地理距离空间权重矩阵下企业所得税税收竞争的空间溢出边界

效应	变量	D = 200	D = 400	D = 600	D = 800	D = 1000
直接效应	TQ	0.00076 ** (0.00036)	0.00073 ** (0.00035)	0.00073 ** (0.00036)	0.00075 ** (0.00036)	0.00063 * (0.00036)
	$OPEN$	− 0.01410 *** (0.00442)	− 0.00950 ** (0.00437)	− 0.00749 * (0.00442)	− 0.00701 (0.00446)	− 0.00706 (0.00442)
	$FINANCE$	0.04343 *** (0.01114)	0.05169 *** (0.01130)	0.05400 *** (0.01137)	0.05225 *** (0.01141)	0.05276 *** (0.01134)
	$STRUC$	− 0.18024 *** (0.02444)	− 0.16640 *** (0.02457)	− 0.15743 *** (0.02479)	− 0.15205 *** (0.02495)	− 0.14912 *** (0.02479)
	$URBAN$	− 0.13129 *** (0.01486)	− 0.12146 *** (0.01473)	− 0.11679 *** (0.01498)	− 0.11605 *** (0.01512)	− 0.11443 *** (0.01503)

续表

效应	变量	D = 200	D = 400	D = 600	D = 800	D = 1000
直接效应	K	0.08992 *** (0.02423)	0.11999 *** (0.02355)	0.14020 *** (0.02347)	0.13373 *** (0.02404)	0.12961 *** (0.02395)
	$LABOR$	0.02569 ** (0.01035)	0.02895 *** (0.01030)	0.02834 *** (0.01043)	0.02677 ** (0.01047)	0.02477 ** (0.01035)
	FDI	0.00444 (0.00322)	0.00140 (0.00321)	− 0.00056 (0.00322)	0.00067 (0.00325)	0.00123 (0.00323)
	$EDUC$	− 0.00012 (0.00349)	0.00025 (0.00349)	− 0.00104 (0.00354)	− 0.00230 (0.00357)	− 0.00236 (0.00352)
间接效应	TQ	0.00656 *** (0.00097)	0.00643 *** (0.00135)	0.00710 *** (0.00174)	0.00689 *** (0.00220)	0.00798 *** (0.00234)
	$OPEN$	0.03224 (0.02034)	0.08993 *** (0.03352)	0.10844 ** (0.04329)	0.12520 ** (0.05612)	0.14633 ** (0.06171)
	$FINANCE$	− 0.09788 *** (0.03314)	− 0.14873 *** (0.04466)	− 0.21020 *** (0.05755)	− 0.24822 *** (0.07659)	− 0.27877 *** (0.08324)
	$STRUC$	0.07251 (0.08211)	0.17427 (0.11981)	0.27693 * (0.16031)	0.40480 * (0.21751)	0.58493 ** (0.25139)
	$URBAN$	− 0.00296 (0.04271)	− 0.06084 (0.06098)	− 0.03587 (0.07502)	− 0.01540 (0.09209)	0.03206 (0.09816)
	K	0.12590 ** (0.06344)	0.22749 ** (0.09283)	0.21440 * (0.11540)	0.26584 * (0.14114)	0.26393 * (0.14661)
	$LABOR$	0.06720 * (0.03528)	0.07777 (0.05355)	0.05820 (0.06891)	0.05530 (0.09407)	0.04609 (0.10952)
	FDI	− 0.02822 *** (0.00891)	− 0.06141 *** (0.01368)	− 0.06638 *** (0.01839)	− 0.07468 *** (0.02402)	− 0.09565 *** (0.02752)
	$EDUC$	− 0.01733 (0.01638)	− 0.03759 (0.02394)	− 0.08645 ** (0.03399)	− 0.11605 ** (0.04746)	− 0.15256 *** (0.05356)
总效应	TQ	0.00732 *** (0.00093)	0.00716 *** (0.00132)	0.00782 *** (0.00171)	0.00764 *** (0.00217)	0.00861 *** (0.00232)
	$OPEN$	0.01814 (0.02054)	0.08043 ** (0.03386)	0.10094 ** (0.04358)	0.11819 ** (0.05633)	0.13927 ** (0.06189)
	$FINANCE$	− 0.05445 (0.03348)	− 0.09705 ** (0.04411)	− 0.15620 *** (0.05662)	− 0.19597 *** (0.07556)	− 0.22600 *** (0.08203)
	$STRUC$	− 0.10773 (0.08380)	0.00787 (0.12043)	0.11950 (0.16079)	0.25275 (0.21832)	0.43581 * (0.25207)
	$URBAN$	− 0.13425 *** (0.04412)	− 0.18230 *** (0.06168)	− 0.15266 ** (0.07541)	− 0.13145 (0.09239)	− 0.08237 (0.09828)

续表

效应	变量	D = 200	D = 400	D = 600	D = 800	D = 1000
总效应	K	0.21582 *** (0.05770)	0.34748 *** (0.08694)	0.35460 *** (0.10994)	0.39957 *** (0.13563)	0.39354 *** (0.14089)
	LABOR	0.09289 ** (0.03788)	0.10672 * (0.05531)	0.08654 (0.06994)	0.08206 (0.09488)	0.07086 (0.10975)
	FDI	−0.02378 *** (0.00901)	−0.06001 *** (0.01365)	−0.06695 *** (0.01822)	−0.07401 *** (0.02367)	−0.09442 *** (0.02709)
	EDUC	−0.01746 (0.01777)	−0.03734 (0.02506)	−0.08749 ** (0.03503)	−0.11835 ** (0.04847)	−0.15491 *** (0.05443)
时间变量		控制	控制	控制	控制	控制
个体变量		控制	控制	控制	控制	控制
Log-Lik		1816.6283	1815.4798	1803.4409	1796.8437	1805.1458
R^2		0.53783	0.63026	0.69760	0.69625	0.68180
N		1160	1160	1160	1160	1160

注: *** 、** 和 * 分别代表在1%、5%和10%统计水平上显著。括号内为标准误。

表6 – 13   二阶反地理距离空间权重矩阵下的企业所得税税收竞争的空间溢出边界

效应	变量	D = 200	D = 400	D = 600	D = 800	D = 1000
直接效应	TQ	0.00109 *** (0.00035)	0.00093 *** (0.00035)	0.00087 *** (0.00036)	0.00085 *** (0.00036)	0.00081 ** (0.00036)
	OPEN	−0.01640 *** (0.00448)	−0.01425 *** (0.00444)	−0.01311 *** (0.00445)	−0.01263 *** (0.00445)	−0.01244 *** (0.00445)
	FINANCE	0.04366 *** (0.01140)	0.04824 *** (0.01147)	0.04947 *** (0.01150)	0.04942 *** (0.01152)	0.04974 *** (0.01152)
	STRUC	−0.20367 *** (0.02467)	−0.19225 *** (0.02465)	−0.18753 *** (0.02470)	−0.18551 *** (0.02472)	−0.18424 *** (0.02470)
	URBAN	−0.14029 *** (0.01509)	−0.13458 *** (0.01504)	−0.13279 *** (0.01510)	−0.13233 *** (0.01514)	−0.13182 *** (0.01514)
	K	0.08292 *** (0.02437)	0.08708 *** (0.02429)	0.09075 *** (0.02433)	0.08971 *** (0.02444)	0.08941 *** (0.02443)
	LABOR	0.03078 *** (0.01042)	0.03245 *** (0.01037)	0.03257 *** (0.01040)	0.03224 *** (0.01040)	0.03194 *** (0.01039)
	FDI	0.00225 (0.00327)	0.00126 (0.00327)	0.00082 (0.00327)	0.00104 (0.00327)	0.00108 (0.00327)
	EDUC	0.00254 (0.00350)	0.00271 (0.00349)	0.00252 (0.00350)	0.00227 (0.00351)	0.00227 (0.00350)

续表

效应	变量	D = 200	D = 400	D = 600	D = 800	D = 1000
间接效应	TQ	0.00501 *** (0.00070)	0.00516 *** (0.00079)	0.00509 *** (0.00083)	0.00503 *** (0.00086)	0.00508 *** (0.00087)
	OPEN	0.03421 *** (0.01396)	0.05276 *** (0.01669)	0.05615 *** (0.01781)	0.05798 *** (0.01842)	0.05936 *** (0.01871)
	FINANCE	− 0.10180 *** (0.02598)	− 0.11108 *** (0.02907)	− 0.11533 *** (0.03068)	− 0.11820 *** (0.03172)	− 0.12005 *** (0.03222)
	STRUC	0.06684 (0.05922)	0.08364 (0.06995)	0.10565 * (0.07489)	0.11302 * (0.07722)	0.11925 * (0.07837)
	URBAN	0.00618 (0.03122)	− 0.00964 (0.03643)	− 0.01690 (0.03841)	− 0.01863 (0.03943)	− 0.01961 (0.03986)
	K	0.16639 *** (0.04836)	0.18245 *** (0.05486)	0.18865 *** (0.05806)	0.19365 *** (0.05947)	0.19402 *** (0.06009)
	LABOR	0.05191 ** (0.02378)	0.05997 ** (0.02747)	0.06221 ** (0.02899)	0.06327 ** (0.03018)	0.06398 ** (0.03093)
	FDI	− 0.01252 * (0.00671)	− 0.01752 ** (0.00771)	− 0.01816 ** (0.00824)	− 0.01829 ** (0.00852)	− 0.01896 ** (0.00866)
	EDUC	− 0.00024 (0.01038)	− 0.00281 (0.01186)	− 0.00373 (0.01267)	− 0.00385 (0.01315)	− 0.00441 (0.01331)
总效应	TQ	0.00610 *** (0.00066)	0.00609 *** (0.00075)	0.00595 *** (0.00079)	0.00587 *** (0.00082)	0.00589 *** (0.00083)
	OPEN	0.01781 (0.01438)	0.03851 ** (0.01708)	0.04303 *** (0.01817)	0.04535 *** (0.01876)	0.04692 *** (0.01904)
	FINANCE	− 0.05813 ** (0.02632)	− 0.06285 ** (0.02903)	− 0.06587 ** (0.03050)	− 0.06878 ** (0.03145)	− 0.07031 ** (0.03189)
	STRUC	− 0.13683 ** (0.06225)	− 0.10862 * (0.07204)	− 0.08188 (0.07665)	− 0.07250 (0.07888)	− 0.06498 (0.07992)
	URBAN	− 0.13411 *** (0.03348)	− 0.14423 *** (0.03814)	− 0.14970 *** (0.03993)	− 0.15096 *** (0.04084)	− 0.15143 *** (0.04122)
	K	0.24931 *** (0.04286)	0.26953 *** (0.04891)	0.27940 *** (0.05192)	0.28336 *** (0.05320)	0.28343 *** (0.05377)
	LABOR	0.08269 *** (0.02724)	0.09242 *** (0.03069)	0.09478 *** (0.03207)	0.09551 *** (0.03318)	0.09592 *** (0.03385)
	FDI	− 0.01027 * (0.00700)	− 0.01625 ** (0.00789)	− 0.01734 ** (0.00835)	− 0.01725 ** (0.00860)	− 0.01787 ** (0.00872)

续表

效应	变量	D = 200	D = 400	D = 600	D = 800	D = 1000
总效应	*EDUC*	0.00230 (0.01191)	− 0.00010 (0.01330)	− 0.00121 (0.01409)	− 0.00157 (0.01455)	− 0.00214 (0.01470)
时间变量		控制	控制	控制	控制	控制
个体变量		控制	控制	控制	控制	控制
Log-Lik		1802.2090	1805.8326	1803.9577	1802.8043	1803.8977
R^2		0.52418	0.54826	0.57064	0.57156	0.57284
N		1160	1160	1160	1160	1160

注：*** 、** 和 * 分别代表在1%、5%和10%统计水平上显著。括号内为标准误。

对比表6-12和表6-13的结果，我们可以发现，不管是一阶反地理空间权重矩阵还是二阶反地理空间权重矩阵，绝大部分变量的估计系数值和显著性基本一致，表明研究结论具有稳健性。从核心解释变量即企业所得税税收竞争来看，在不同的截断距离阈值下，企业所得税税收竞争对本地经济增长具有显著的正向促进作用。在直接效应与间接效应的衡量标准下，企业所得税税收竞争依然呈现显著的标尺竞争策略特征，这与之前的研究结论保持一致。从企业所得税税收竞争空间溢出效应带宽来看，在设置不同的距离阈值情况下，其对经济增长的溢出效应同样不存在特别明显的距离衰减现象。这也表明，相对于中国城市群而言，企业所得税税收竞争的正向空间外溢效应的有效性同样是全局的而非局域的。

第八节　地方政府间个人所得税税收竞争增长的空间外溢效应

按照前面的研究安排，我们在一阶和二阶反地理空间权重矩阵下采用空间面板杜宾模型对个人所得税税收竞争增长的外溢效应进行实证检验，结果如表6-14所示。

表 6 – 14　两种空间矩阵下中国城市群个人所得税税收竞争增长的外溢效应分解

效应	变量	一阶反地理空间权重矩阵	二阶反地理空间权重矩阵
直接效应	TG	0.0025 *** (0.0004)	0.0029 *** (0.0004)
	OPEN	− 0.0054 (0.0043)	− 0.0100 ** (0.0043)
	URBAN	− 0.1095 *** (0.0147)	− 0.1282 *** (0.0148)
	FINANCE	0.0424 *** (0.0107)	0.0436 *** (0.0109)
	STRUC	− 0.1406 *** (0.0230)	− 0.1720 *** (0.0231)
	K	0.0946 *** (0.0235)	0.0623 *** (0.0242)
	LABOR	0.0272 *** (0.0101)	0.0295 *** (0.0102)
	FDI	0.0020 (0.0032)	0.0022 (0.0032)
	EDUC	− 0.0021 (0.0034)	0.0019 (0.0034)
间接效应	TG	0.0064 *** (0.0027)	0.0046 *** (0.0009)
	OPEN	0.2156 *** (0.0676)	0.0792 *** (0.0179)
	URBAN	0.0994 (0.1112)	0.0416 (0.0392)
	FINANCE	− 0.2237 *** (0.0868)	− 0.1030 *** (0.0309)
	STRUC	0.9379 *** (0.2928)	0.2805 *** (0.0708)
	K	0.3992 *** (0.1340)	0.2250 *** (0.0528)
	LABOR	0.0282 (0.1499)	0.0301 (0.0314)
	FDI	− 0.0877 *** (0.0307)	− 0.0026 (0.0081)
	EDUC	− 0.1293 *** (0.0547)	0.0043 (0.0120)

效应	变量	一阶反地理空间权重矩阵	二阶反地理空间权重矩阵
总效应	TG	0.0089 *** (0.0027)	0.0075 *** (0.0008)
	OPEN	0.2102 *** (0.0678)	0.0692 *** (0.0182)
	URBAN	−0.0101 (0.1113)	−0.0866 ** (0.0405)
	FINANCE	−0.1813 ** (0.0856)	−0.0594 * (0.0305)
	STRUC	0.7973 *** (0.2938)	0.1085 * (0.0722)
	K	0.4939 *** (0.1290)	0.2874 *** (0.0461)
	LABOR	0.0554 (0.1513)	0.0596 * (0.0346)
	FDI	−0.0858 *** (0.0304)	−0.0004 (0.0082)
	EDUC	−0.1315 *** (0.0554)	0.0062 (0.0132)
时间变量		控制	控制
个体变量		控制	控制
Log-Lik		2137.2764	2133.4539
R^2		0.7067	0.5545
N		1305	1305

注：***、** 和 * 分别代表在1%、5%和10%统计水平上显著。括号内为标准误。

　　根据表6-14的结果可知，在两种不同的地理空间权重矩阵下，无论是直接效应、间接效应还是总效应，在控制了贸易开放度等一系列影响城市群经济增长因素以及时间和个体变量的情况下，中国城市群个人所得税税收竞争增长效应的影响性质与变化方向均一致，即个人所得税税收竞争具有显著的正向经济增长效应，其不仅对本地经济增长具有显著的促进作用，还可以推动邻近区域的经济增长。

　　进一步从反馈效应来分析，在一阶反地理空间权重矩阵下，个人所得税税收竞争对经济增长的直接效应为0.0025，估计系数为0.0024，个人所得税税收竞争的反馈效应等于 0.0001；在二阶反地理空间权重矩阵下，个人所得税税收竞争对经济增长的直接效应为 0.0029，估计系数为 0.0027，个人所得税税收竞争的反馈效应等于 0.0002。以上结果表明，地方政府间个人所得税税收竞争行为的正向推动作用也是双向互动的，即不仅会拉动邻近地区经济增长，也同样会得益于邻近区域对本地经济增长的反馈效应。

从上面的研究我们可以看出，个人所得税税收竞争具有一定的空间外溢效应。同理我们采用不同偏微分方法可以更加有效地对回归模型进行检验假设，并以 SDM-FE 模型为基础，分别采用一阶和二阶反地理空间权重矩阵的设置方法，并设定距离阈值的方式，对这个问题进行分析。在设置距离阈值时，本节以 200 千米为起点，1000 千米为终点，每 200 千米回归一次，分别得到的结果如表 6 – 15 和表 6 – 16 所示。

表 6 – 15　一阶反地理距离空间权重矩阵下个人所得税税收竞争的空间溢出边界

效应	变量	D = 200	D = 400	D = 600	D = 800	D = 1000
直接效应	TG	0.00257 *** (0.00038)	0.00234 *** (0.00038)	0.00261 *** (0.00038)	0.00263 *** (0.00038)	0.00260 *** (0.00038)
	OPEN	– 0.01144 *** (0.00431)	– 0.00798 * (0.00425)	– 0.00589 (0.00428)	– 0.00572 (0.00430)	– 0.00573 (0.00428)
	FINANCE	0.03796 *** (0.01064)	0.04545 *** (0.01075)	0.04542 *** (0.01078)	0.04334 *** (0.01080)	0.04279 *** (0.01071)
	STRUC	– 0.16545 *** (0.02295)	– 0.15185 *** (0.02292)	– 0.14336 *** (0.02299)	– 0.13700 *** (0.02312)	– 0.13654 *** (0.02299)
	URBAN	– 0.12861 *** (0.01460)	– 0.11898 *** (0.01445)	– 0.11454 *** (0.01464)	– 0.11271 *** (0.01478)	– 0.11213 *** (0.01469)
	K	0.07041 *** (0.02392)	0.09591 *** (0.02335)	0.11118 *** (0.02321)	0.10270 *** (0.02377)	0.09914 *** (0.02366)
	LABOR	0.02701 *** (0.01014)	0.02756 *** (0.01017)	0.02810 *** (0.01027)	0.02572 ** (0.01029)	0.02424 ** (0.01021)
	FDI	0.00577 * (0.00316)	0.00336 (0.00315)	0.00096 (0.00315)	0.00230 (0.00319)	0.00237 (0.00317)
	EDUC	0.00129 (0.00336)	0.00064 (0.00336)	– 0.00065 (0.00341)	– 0.00235 (0.00343)	– 0.00221 (0.00341)

效应	变量	D = 200	D = 400	D = 600	D = 800	D = 1000
间接效应	TG	0.00556 *** (0.00093)	0.00648 *** (0.00125)	0.00620 *** (0.00169)	0.00714 *** (0.00204)	0.00688 *** (0.00240)
	OPEN	0.05813 *** (0.01909)	0.10442 *** (0.02932)	0.13979 *** (0.03832)	0.14856 *** (0.04649)	0.18090 *** (0.05633)
	FINANCE	-0.07616 ** (0.03139)	-0.11885 *** (0.04036)	-0.16513 *** (0.05335)	-0.19156 *** (0.06633)	-0.22265 *** (0.07805)
	STRUC	0.24314 *** (0.07456)	0.30218 *** (0.10452)	0.41196 *** (0.14459)	0.50681 *** (0.18418)	0.70134 *** (0.23068)
	URBAN	0.04812 (0.04126)	-0.00879 (0.05548)	0.00695 (0.07052)	0.04264 (0.08230)	0.07670 (0.09596)
	K	0.19397 *** (0.05450)	0.27326 *** (0.07258)	0.29737 *** (0.09139)	0.29256 *** (0.10384)	0.34433 *** (0.11885)
	LABOR	0.04276 (0.03411)	0.00656 (0.05033)	-0.00728 (0.06618)	-0.05218 (0.08542)	-0.06898 (0.10991)
	FDI	-0.00861 (0.00823)	-0.03986 *** (0.01194)	-0.04325 *** (0.01608)	-0.04456 ** (0.01917)	-0.05715 ** (0.02300)
	EDUC	0.00478 (0.01404)	-0.01117 (0.01867)	-0.04858 * (0.02739)	-0.07851 ** (0.03692)	-0.10609 ** (0.04514)
总效应	TG	0.00813 *** (0.00088)	0.00882 *** (0.00119)	0.00880 *** (0.00162)	0.00977 *** (0.00197)	0.00949 *** (0.00233)
	OPEN	0.04669 ** (0.01922)	0.09645 *** (0.02956)	0.13390 *** (0.03854)	0.14283 *** (0.04657)	0.17517 *** (0.05646)
	FINANCE	-0.03821 (0.03151)	-0.07339 * (0.03952)	-0.11971 ** (0.05228)	-0.14822 ** (0.06498)	-0.17986 ** (0.07671)
	STRUC	0.07768 (0.07622)	0.15032 (0.10484)	0.26860 * (0.14500)	0.36981 ** (0.18449)	0.56480 ** (0.23135)
	URBAN	-0.08049 * (0.04253)	-0.12777 ** (0.05574)	-0.10760 (0.07064)	-0.07008 (0.08222)	-0.03543 (0.09588)
	K	0.26437 *** (0.04793)	0.36917 *** (0.06578)	0.40854 *** (0.08528)	0.39526 *** (0.09786)	0.44347 *** (0.11308)
	LABOR	0.06977 * (0.03648)	0.03412 (0.05201)	0.02082 (0.06724)	-0.02646 (0.08621)	-0.04474 (0.11038)
	FDI	-0.00285 (0.00831)	-0.03650 *** (0.01190)	-0.04229 *** (0.01594)	-0.04227 ** (0.01881)	-0.05478 ** (0.02260)
	EDUC	0.00607 (0.01519)	-0.01053 (0.01948)	-0.04923 * (0.02816)	-0.08086 ** (0.03765)	-0.10831 ** (0.04583)

续表

效应	变量	D = 200	D = 400	D = 600	D = 800	D = 1000
时间变量		控制	控制	控制	控制	控制
个体变量		控制	控制	控制	控制	控制
$Log\text{-}Lik$		1836.0593	1836.2420	1826.4363	1822.1414	1828.2123
R^2		0.52456	0.61992	0.70492	0.71452	0.71354
N		1160	1160	1160	1160	1160

注：***、** 和 * 分别代表在1%、5%和10%统计水平上显著。括号内为标准误。

表6-16　二阶反地理距离空间权重矩阵下的个人所得税税收竞争的空间溢出边界

效应	变量	D = 200	D = 400	D = 600	D = 800	D = 1000
直接效应	TG	0.00309 *** (0.00037)	0.00291 *** (0.00037)	0.00291 *** (0.00037)	0.00290 *** (0.00037)	0.00288 *** (0.00037)
	OPEN	− 0.01340 *** (0.00436)	− 0.01194 *** (0.00432)	− 0.01107 *** (0.00432)	− 0.01070 *** (0.00432)	− 0.01056 *** (0.00432)
	FINANCE	0.03945 *** (0.01082)	0.04299 *** (0.01089)	0.04343 *** (0.01091)	0.04315 *** (0.01092)	0.04321 *** (0.01092)
	STRUC	− 0.18546 *** (0.02312)	− 0.17697 *** (0.02308)	− 0.17420 *** (0.02308)	− 0.17267 *** (0.02308)	− 0.17203 *** (0.02306)
	URBAN	− 0.13694 *** (0.01475)	− 0.13188 *** (0.01471)	− 0.13018 *** (0.01475)	− 0.12949 *** (0.01478)	− 0.12909 *** (0.01478)
	K	0.05992 *** (0.02395)	0.06195 *** (0.02394)	0.06320 *** (0.02396)	0.06150 *** (0.02407)	0.06118 *** (0.02406)
	LABOR	0.03024 *** (0.01019)	0.03094 *** (0.01019)	0.03097 *** (0.01020)	0.03031 *** (0.01020)	0.02992 *** (0.01019)
	FDI	0.00383 (0.00320)	0.00293 (0.00320)	0.00224 (0.00320)	0.00241 (0.00320)	0.00238 (0.00320)
	EDUC	0.00275 (0.00338)	0.00263 (0.00338)	0.00228 (0.00339)	0.00192 (0.00339)	0.00191 (0.00339)
间接效应	TG	0.00445 *** (0.00069)	0.00463 *** (0.00079)	0.00452 *** (0.00083)	0.00455 *** (0.00085)	0.00454 *** (0.00086)
	OPEN	0.05396 *** (0.01330)	0.07025 *** (0.01581)	0.07479 *** (0.01678)	0.07654 *** (0.01724)	0.07809 *** (0.01754)
	FINANCE	− 0.08747 *** (0.02480)	− 0.09409 *** (0.02753)	− 0.09689 *** (0.02894)	− 0.09901 *** (0.02975)	− 0.10067 *** (0.03029)
	STRUC	0.22585 *** (0.05280)	0.24971 *** (0.06196)	0.27352 *** (0.06586)	0.28006 *** (0.06753)	0.28586 *** (0.06869)

效应	变量	D = 200	D = 400	D = 600	D = 800	D = 1000
间接效应	URBAN	0. 06305 ** (0. 03036)	0. 05142 * (0. 03518)	0. 04581 (0. 03702)	0. 04487 (0. 03783)	0. 04426 (0. 03835)
	K	0. 20327 *** (0. 04359)	0. 22129 *** (0. 04841)	0. 22641 *** (0. 05054)	0. 22610 *** (0. 05140)	0. 22745 *** (0. 05202)
	LABOR	0. 02756 (0. 02321)	0. 02666 (0. 02681)	0. 02839 (0. 02816)	0. 02730 (0. 02915)	0. 02727 (0. 02996)
	FDI	0. 00305 (0. 00630)	− 0. 00193 (0. 00716)	− 0. 00263 (0. 00761)	− 0. 00235 (0. 00781)	− 0. 00242 (0. 00794)
	EDUC	0. 00799 (0. 00946)	0. 00639 (0. 01063)	0. 00495 (0. 01128)	0. 00423 (0. 01164)	0. 00376 (0. 01181)
总效应	TG	0. 00754 *** (0. 00067)	0. 00754 *** (0. 00076)	0. 00743 *** (0. 00080)	0. 00745 *** (0. 00081)	0. 00743 *** (0. 00082)
	OPEN	0. 04056 *** (0. 01365)	0. 05831 *** (0. 01612)	0. 06373 *** (0. 01705)	0. 06584 *** (0. 01748)	0. 06754 *** (0. 01778)
	FINANCE	− 0. 04801 * (0. 02505)	− 0. 05110 * (0. 02736)	− 0. 05346 * (0. 02864)	− 0. 05587 * (0. 02935)	− 0. 05746 * (0. 02983)
	STRUC	0. 04038 (0. 05603)	0. 07274 (0. 06402)	0. 09932 * (0. 06756)	0. 10739 * (0. 06906)	0. 11384 * (0. 07014)
	URBAN	− 0. 07389 ** (0. 03251)	− 0. 08046 ** (0. 03674)	− 0. 08437 ** (0. 03838)	− 0. 08463 ** (0. 03906)	− 0. 08483 ** (0. 03954)
	K	0. 26319 *** (0. 03763)	0. 28325 *** (0. 04205)	0. 28961 *** (0. 04407)	0. 28760 *** (0. 04484)	0. 28863 *** (0. 04543)
	LABOR	0. 05781 ** (0. 02653)	0. 05760 * (0. 02996)	0. 05936 * (0. 03116)	0. 05761 * (0. 03207)	0. 05720 * (0. 03281)
	FDI	0. 00688 (0. 00657)	0. 00100 (0. 00732)	− 0. 00039 (0. 00772)	0. 00006 (0. 00788)	− 0. 00003 (0. 00800)
	EDUC	0. 01074 (0. 01084)	0. 00902 (0. 01190)	0. 00724 (0. 01252)	0. 00615 (0. 01286)	0. 00567 (0. 01303)
时间变量		控制	控制	控制	控制	控制
个体变量		控制	控制	控制	控制	控制
Log-Lik		1827. 3889	1830. 0432	1829. 4063	1828. 9494	1829. 7503
R^2		0. 51260	0. 52881	0. 54848	0. 55071	0. 55307
N		1160	1160	1160	1160	1160

注：*** 、** 和 * 分别代表在 1% 、5% 和 10% 统计水平上显著。括号内为标准误。

对比表 6 - 15 和表 6 - 16 的结果，我们可以发现，不管是一阶反地理空间权重矩阵还是二阶反地理空间权重矩阵，绝大部分变量的估计系数值和显著性基本一致，表明研究结论具有稳健性。从核心解释变量即个人所得税税收竞争来看，在不同的截断距离阈值下，个人所得税税收竞争对本地经济增长具有显著的正向促进作用。在直接效应与间接效应的衡量标准下，个人所得税税收竞争依然呈现显著的标尺竞争策略特征，这与之前的研究结论保持一致。从个人所得税税收竞争空间溢出效应带宽来看，在设置不同的距离阈值情况下，其对经济增长的溢出效应同样不存在特别明显的距离衰减现象。这也表明，相对于中国八大城市群而言，个人所得税税收竞争的正向空间外溢效应的有效性同样是全局的而非局域的。

第九节　本章小结

为了进一步考察中国城市群地方政府间税收竞争影响经济增长的程度及空间溢出特征，本章基于中国 2005 ~ 2013 年的中国八大城市群 145 个地级市的面板数据，构建税收竞争增长的空间杜宾面板模型，测度税收竞争增长的直接效应和间接效应，并探讨其空间效应的差异性。实证结果表明：

第一，地方政府间税收竞争是促进经济增长的一个重要因素，这主要体现在税收竞争的总效应测度结果上，不仅包括总体税收竞争，也涵盖了增值税、营业税、企业所得税和个人所得税等具体税种的税收竞争。

第二，从效应分解来看，税收竞争的增长效应存在一定差异。其中，地方政府间税收竞争均对邻近地区经济增长具有促进作用（间接效应）；总体税收和营业税税收竞争对本地经济增长具有一定的抑制作用（直接效应），即此时存在"搭便车"的现象；增值税、企业所得税和个人所得税税收竞争对本地经济增长具有显著的促进作用（直接效应）。值得注意的是，不论是总体税收竞争还是增值税、营业税、企业所得税和个人所得税的税收竞争，都会通过作用于邻近地区的经济增长，进而受益于邻近地区的经济增长（反馈效应）。

第三，邻近地区的空间外溢效应也是促进地区经济增长的重要因素，就空间距离而言，中国城市群地方政府间税收竞争的直接效应和间接效应均随着空间相关距离的增大而有所改变，但并不服从空间距离衰减规律。换言之，不论是总体税收竞争还是增值税、营业税、企业所得税和个人所得税的税收竞争均具有显著的空间外溢效应，并且这种正向空间外溢效应的有效性具有全局普适性的特征。

第七章 国际贸易、地方政府间税收竞争与中国城市群经济增长

第一节 问题的提出

在当前财税管理体制下，税收竞争已成为国内探讨地区经济增长问题的重要影响因素。后危机时代随着经济全球化和对外开放的程度日益增强，中国财税调控的影响因素不再局限于国家内部。党的十九大报告强调对外开放在中国新常态下的战略定位，明确指出要推动形成全面开放新格局；拓展对外贸易，培育贸易新业态新模式，推进贸易强国建设。由此可见，深入考察开放经济条件下中国税收竞争及其增长效应显得尤为重要。现有研究表明，国际贸易既可以促使政府降低地方税率，以增强地区要素吸引力（Alesina & Perotti，1997）；也可诱发政府扩大财政支出规模以对冲国际贸易的外部危险（Rodrik，1998；Ram，2009；Jetter & Parmeter，2015），从而压缩地方实际的税收裁量权。那么，国际贸易在税收竞争的增长效应中究竟扮演了什么角色？此外，中国财税体制改革不断步入深水区，增值税和企业所得税在地方经济社会发展中的作用愈发明显，不同类别的税收竞争又会对经济增长产生何种影响呢？尝试回答这些问题将是本章研究的主要目标。

近年来，关于税收竞争的研究主要集中在两个方面。一是关于地区间税收竞争的存在性。国内许多研究（沈坤荣和付文林，2006；李永友和沈坤荣，2008；袁浩然，2010；张忠任，2012；吴俊培和王宝顺，2012）通过构建税收竞争反应函数发现，中国省级地方政府层面存在横向税收竞争。本章认为

虽然较之省级政府而言，市级政府没有更多的税收征管权，但由于中国特色社会主义社会治理体系给予地级市政府很大的自主性，加之地区经济增长仍是目前地方政府政绩考核的重要指标。据此，本章认为税收竞争在中国地级市之间也是具有现实土壤的，并在认同这一推论的前提下进行相关增长效应研究。二是关于税收竞争的增长效应。对此国内外的有关结论存在较大争议。有学者认为税收竞争会增加地区交易成本（周业安，2003；贾康等，2007），尤其是资本所得税的竞争存在逐底竞争的行为（Judd，1985），或者通过抑制家庭储蓄影响外国直接投资流入（Lejour & Verbon，1997），从而抑制地区经济增长。部分研究认为，税收竞争不会阻碍地区经济增长（Feld et al.，2004），相反会通过提高企业生产率（Qian & Roland，1998），助推地区经济增长（沈坤荣和付文林，2006；吴俊培和王宝顺，2012）。这种促进作用既体现在税收总体、地方费类收入，还包括增值税和企业所得税的竞争（李涛等，2011）。此外，还有学者研究认为税收竞争的增长效应相对多元，比如存在税种类别的增长异质性（谢欣和李建军，2011；崔治文等，2015），还存在因经济增长（张福进等，2014；刘清杰和任德孝，2017）、贸易开放（程风雨，2016）和产业结构（肖叶和贾鸿，2017）等影响因素而产生的非线性增长关系。

已有学者提出地级市的税收竞争及其增长的研究可能与省级层面的研究存在一定差异（周业安和李涛，2013），但是现有研究主要集中在省级层面数据，以地级市税收竞争为对象的研究还比较缺乏。同时，虽然已有较多研究表明国际贸易对经济增长具有显著的影响作用（Michaely，1977；Kavoussi，1984；Kohli & Singh，1989；林毅夫和李永军，2003；Dufrenot & Tsangarides，2010），但是也很少有文献关注到国际贸易对税收竞争及其增长效应的影响问题。

鉴于此，本章基于 2005～2013 年中国八大城市群中的 145 个地级市的面板数据，在充分考虑国际贸易流向和税收类别的基础上，拟将国际贸易和税收竞争置于同一个研究框架内，借助于面板联立方程模型实证检验国际贸易、税收竞争及二者之间可能存在的相互关系对地区经济增长的影响。结果表明：虽然国际贸易和税收竞争均可以促进经济增长，但是国际贸易可以在一定程度上限制、扭曲税收竞争增长效应。因此，在使用税收竞争作为促进地区经济增长的重要手段时，要充分认识到其经济增长效应的有限性。同时，还应尽一切可能，充分挖掘地方政府间横向税收竞争本应发挥的要素配置功能，并尽量减轻国际贸易对其经济增长效应的扭曲作用。

本章可能的创新和贡献在于：一是提出了"国际贸易可能会扭曲税收竞争的促进经济增长能力"这一核心论点，分析并验证了税收竞争推动经济增长的有限性，丰富了关于地区经济增长效应的相关研究；二是首次探讨了国际贸易因影响税收竞争而产生的增长效应变化，从而扩展了关于国际贸易与税收竞争之间关系的研究；三是探讨了不同贸易流向以及不同税收类别的税收竞争增长效应，进一步拓展了关于税收竞争的研究。

第二节　简单的理论模型

一、国际贸易对政府间税收竞争的影响

与新古典增长理论不同，内生增长理论坚持经济增长率是非外生的，该理论认为，包括税收政策在内，政府财政政策能够对经济增长率产生影响。据此，本章在胡兵等（2013）设定的包含贸易开放效应的社会生产函数的基础上，遵循巴罗（Barro，1990）的研究思路，构建了一个同时包含税收负担和国际贸易的内生经济增长模型的函数：

$$Y = K^{\alpha} (AL)^{\beta} TX^{\gamma} TR^{\theta} \qquad (7-1)$$

$$\dot{K} = sY - \delta K - TX \qquad (7-2)$$

$$\dot{L} = nL, \dot{A} = gA \qquad (7-3)$$

其中，Y、K、L 和 A 依次代表总产出、物质资本投入、劳动力投入和研发技术投入；TX 和 TR 分别代表政府税收负担和国际贸易额；$\dot{K}$、$\dot{L}$ 和 $\dot{A}$ 分别代表物质资本、劳动力和研发水平增长率；$0 < \alpha$，β，γ，$\theta < 1$，且 $\alpha + \beta + \gamma + \theta = 1$；$s$、$\delta$、$n$ 和 g 分别代表储蓄率、资本折旧率、人口增长率和技术增长率。

进一步，本章对式（7-1）和式（7-2）进行人均化处理，即 $y = Y/AL$，$k = K/AL$，$tx = TX/AL$ 和 $tr = TR/AL$，则有：

$$y = k^a tx^\gamma tr^\theta \qquad (7-4)$$

$$\dot{k} = sk^a tx^\gamma tr^\theta - (n + g + \delta)k - tx \qquad (7-5)$$

令 $\dot{k} = 0$，则有：$sk^a tx^\gamma tr^\theta - (n + g + \delta) k - tx = 0$，对其等式两边求 tr 的一阶导数，计算可得：

$$\frac{\partial tx}{\partial tr} = \frac{(n + g + \delta) - s\alpha k^{\alpha-1} tx^\gamma tr^\theta}{s\gamma k^\alpha tx^{\gamma-1} tr^\beta - 1} \cdot \frac{\partial k}{\partial tr} - \frac{s\theta k^\alpha tx^\gamma tr^{\theta-1}}{s\gamma k^\alpha tx^{\gamma-1} tr^\beta - 1} \qquad (7-6)$$

由式（7-6）可知，$\partial tx/\partial tr$ 的符号取决于 α、β、γ 和 θ 等一系列参数以及 $\partial k/\partial tr$，其值为正或为负的可能性均存在。换句话说，国际贸易将会显著影响地方政府间税收竞争，但影响方向具有不确定性，即国际贸易可能增加税收负担，抑制地方政府间税收竞争，也可能减少税收负担，增强地方政府间税收竞争。

二、国际贸易和税收竞争对地区经济增长的影响分析

假设开放经济体由两个部门 M 和 N 组成，其产出分别为 MP 和 NP。考虑到国际贸易和税收竞争均会对经济增长具有显著影响，且国际贸易也将显著影响税收竞争，据此 MP 和 NP 可表示为国际贸易（TR）和税收竞争（TX）的函数，即 $MP(TR, \mu \cdot TX(TR))$ 和 $NP(TR, (1-\mu) \cdot TX(TR))$。其中，$\mu$ 和 $1-\mu$ 分别表示部门 M 和部门 N 的产出占总产出的比例。

令 $TXgap = MP/NP$，对等式两边求 TX 一阶偏导，即可得税收竞争的经济增长效应：

$$\frac{\partial TXgap}{\partial TX(TR)} = \frac{1}{NP^2}[MP_2 \cdot NP \cdot \mu - MP \cdot NP_2 \cdot (1-\mu)] \qquad (7-7)$$

对等式（7-7）两边求 TR 一阶偏导，即可得出贸易开放的经济增长效应：

$$\frac{\partial TXgap}{\partial TR} = \frac{1}{NP^2}(MP_1 \cdot NP - MP \cdot NP_1) + \frac{1}{NP^2}[MP_2 \cdot NP \cdot \mu$$
$$- MP \cdot NP_2 \cdot (1-\mu)] \cdot \frac{\partial TX(TR)}{\partial TR} \qquad (7-8)$$

进一步，将式（7-7）代入式（7-8）中可得：

$$\frac{\partial TXgap}{\partial TR} = \frac{1}{NP^2}(MP_1 \cdot NP - MP \cdot NP_1) + \frac{\partial TXgap}{\partial TX(TR)} \cdot \frac{\partial TX(TR)}{\partial TR}$$

$$(7-9)$$

式（7-9）等号右边由两项方程式组成，第一项方程式代表国际贸易对经济增长的直接影响，第二项方程式代表国际贸易通过影响税收竞争而对经济增长产生的间接影响。

如果 $\frac{1}{NP^2}(MP_1 \cdot NP - MP \cdot NP_1) < 0$，则意味着国际贸易将抑制经济增长，税收竞争只能在此基础上通过资源配置以尽可能推动经济增长，这实际是国际贸易对税收竞争增长效应的一种扭曲。同时，鉴于国际贸易对税收竞争的影响方向是不确定的，国际贸易对税收竞争增长效应的扭曲作用 $\frac{\partial TXgap}{\partial TX(TR)} \cdot$ $\frac{\partial TX(TR)}{\partial TR}$ 也将较难预测。在此情况下，即使税收竞争能够有效促进经济增长，其增长效应也将受到来自国际贸易的冲击。基于此，本章认为国际贸易会通过影响税收竞争而间接影响经济增长，这实质上是对税收竞争增长效应的扭曲，且这一作用的方向具有不确定性。

综合上述理论分析，本章认为国际贸易可以直接影响税收竞争，并可以对税收竞争增长效应产生一定的扭曲作用，但是这两种效应的影响方向均无法确定，因此也不能直接判定国际贸易对税收竞争及增长效应的具体影响。鉴于此，本章试图利用中国地级市的宏观经济数据，从经验层面揭示国际贸易对地方政府间税收竞争及增长效应的影响。

第三节　计量实证模型构建与变量说明

一、基本模型构建

鉴于国际贸易、地方政府间税收竞争与经济增长的关系较为复杂，彼此之间可能也是相互影响、相互联系的，如果采用传统单方程模型，将无法较为完整有效地将上述三变量之间的相关作用关系呈现出来。因此，在分析上述理论模型的基础上，本章利用 2005~2013 年中国八大城市群的面板数据，构建同时包含经济增长方程、国际贸易方程、税收竞争方程的结构式联立方程模型，以此来实证检验国际贸易、税收竞争以及二者之间可能存在的相互作用关系对地区经济增长的影响。相应的基本联立方程模型的设计如下：

$$
\begin{cases}
GDP_{it} = \alpha_0 + \alpha_1 TX_{it} + \alpha_2 TR_{it} + \sum_{j=4}^{n1} \alpha_j CONTROL_{jit} + \varepsilon_{Git} & (7-10) \\[2mm]
TR_{it} = \beta_0 + \beta_1 TX_{it} + \sum_{j=4}^{n2} \beta_j CONTROL_{jit} + \varepsilon_{Tit} & (7-11) \\[2mm]
TX_{it} = \gamma_0 + \gamma_1 TR_{it} + \sum_{j=4}^{n3} \gamma_j CONTROL_{jit} + \varepsilon_{Eit} & (7-12)
\end{cases}
$$

其中，GDP_{it} 代表地区经济增长，TR_{it} 代表国际贸易，TX_{it} 代表税收竞争；$CONTROL$ 代表基本方程的控制变量集，ε_{Git}、ε_{Tit} 和 ε_{Eit} 为服从独立同分布的随机扰动项；下标 i 为城市群所属城市标识（$i=1$，2，3，…，145），下标 t 是样本期内年份标识（$t=2005$，2006，2007，…，2013）。

上述联立方程模型包含 3 个基本方程：式（7-10）为地区经济增长方程，是本章的主方程，主要研究国际贸易、税收竞争对经济增长的影响；式（7-11）为国际贸易方程，是辅助方程，主要研究税收竞争规模对国际贸易的影响；式（7-12）为税收竞争方程，也是辅助方程，主要研究国际贸易对税收竞争的影响。而在联立方程模型中，α_1 和 α_2 代表税收竞争和国际贸易的增长效应，β_1 代表税收竞争对国际贸易可能具有的影响，γ_1 代表国际贸易对税收竞争可能具有的影响。具体而言，如果 α_1 和 α_2 显著，同时 γ_1 显著，则意味着国际贸易不仅可以显著影响税收竞争，还将通过影响税收竞争来间接影响税收竞争的增长效应。此时，可在一定程度上得到"国际贸易扭曲税收竞争增长效应"这一结论。

二、指标设计与数据来源

（一）内生变量

本章共有三个内生变量。地区经济增长（GDP），采用地区生产总值数据作为衡量地区社会发展水平的指标，并以 2005 年为基期，使用生产总值平减指数进行有关价格因素平减。税收竞争（TX），参考傅勇和张晏（2007）的做法，用（TAX_t/GDP_t）/（TAX_{it}/GDP_{it}）计算而得。其中，TAX_t 和 TAX_{it} 分别指代 t 年某一城市群和某个城市的税收负担，GDP_t 分别指代 t 年某一城市群和某个城市的生产总值。国际贸易（TR），采用样本城市的进出口总额表示。

（二）外生控制变量

CONTROL 为外生控制变量集合，参考相关文献（陆铭等，2005；干春晖等，2011；肖叶和贾鸿，2016）的做法，此处选择了如下控制变量：

（1）贸易开放度（OPEN）：借鉴肖叶和刘小兵（2018），采用当年平均汇率折算的城市对外贸易进出口总额占同期城市生产总值的比重来表示。

（2）物质资本存量（K）：借鉴刘常青等（2017）的研究，采用永续盘存法计算样本城市的物质资本存量，所用公式如下：$K_{it} = K_{i,t-1}(1 - \delta) + I_t$。其中以 2005 年作为物质资本存量估计的基准年，借鉴扬（Young，2003）和张军等（2004）的做法，用城市群中样本城市 2005 年的物质资本投资额除以 10% 作为该市的初始资本存量，并把经济折旧率 δ 设置为近似值 9.6%。

（3）劳动力要素（LABOR）：采用城镇就业人口衡量。

（4）财政自给率（FINANCE）：为了反映政府财政收支对地区经济增长的影响，借鉴肖鹏和樊蓉（2019）的做法，采用各城市财政收入占财政支出的比重来衡量。

（5）产业结构（STRUC）：考虑到我国主要依靠第二产业拉动经济增长，因此采用第二产业增加值占同期地区生产总值的比重来衡量。

（6）城镇化（URBAN）：根据《中国统计年鉴》对城镇化率的定义，城镇化率指某个国家（地区）常住于城镇的人口在该国家（地区）总人口中所占的比重，本章采用常住人口与总人口的比值来衡量某个城市城镇化水平高低。需要说明的一点是，在2004年以前，我国除人口普查年份外，地级市人口常以户籍人口来统计而不是以常住人口，而且官方公布的城市统计数据也缺乏全市口径的常住人口数据；从2004年开始，国家统计局明确要求地级市人均生产总值统计要以常住人口为准（周一星和于海波，2004）。因此，本章采用邹一南和李爱民（2013）、张坤领和刘清杰（2019）的做法，通过城市生产总值除以人均生产总值来间接获取城市常住人口数据。

（7）外商直接投资（FDI）：采用当年平均汇率折算的城市实际外商直接投资总额表示。

（8）教育程度（EDUC）：采用一个城市高等教育在校生人数占城市总人口数的比重来衡量。

三、研究样本及数据来源

类似于前文，本章参考既有文献（钱金保和才国伟，2017）以及城市层面税收数据的可得性，最终选择中国八大城市群中的145个地级市作为研究样本，考察期确定为2005~2013年。相关数据主要来源于历年《中国城市统计年鉴》《中国区域经济统计年鉴》以及中经网统计数据库。表7-1给出了涉及变量的描述性统计结果。为了降低异方差所带来的不必要的回归性偏误，本章对有关原始数据进行对数化等处理，并采用线性插值法进行了数据补缺。

表7-1　　　　　　　　　　　相关变量描述性统计

变量	观察值	均值	标准差	最小值	最大值
GDP	1305	6.071	0.872	4.190	8.924
TX	1305	1.803	0.842	0.390	5.428
TR	1305	4.884	2.047	-0.625	10.692
OPEN	1305	2.372	1.421	-1.843	5.858
K	1305	16.71	0.875	14.91	19.34
LABOR	1305	5.506	0.662	1.974	7.420

续表

变量	观察值	均值	标准差	最小值	最大值
FINANCE	1305	3.837	0.473	2.088	5.219
STRUC	1305	3.897	0.214	3.102	4.963
URBAN	1305	4.297	0.243	3.326	6.026
FDI	1305	2.785	1.619	−2.684	7.065
EDUC	1305	1.691	2.197	0	12.55

第四节　基准实证分析

一、实证分析结果

由阶条件与秩条件可知，本章所依托的联立方程模型是过度识别的，因此可以估计该模型的总体参数。常用的估计方法有二阶段最小二乘法（2SLS）以及三阶段最小二乘法（3SLS），但是当模型扰动项满足条件同方差时，仅有 3SLS 可得到最优估计量，而 2SLS 只在某些特殊状况下才会与之等效（钞小静和沈坤荣，2014）。因此，本章根据通常做法，构建基本方程中等式右边的全部外生变量的线性组合，并将其作为三个内生变量的工具变量进行 3SLS 回归估计，所得结果如表 7−2 所示。

表 7−2　　　　　　　　　　　　　基准回归结果

变量	*GDP*	*TR*	*TX*
TR	0.404 *** (0.044)		−0.192 *** (0.015)
TX	0.696 *** (0.074)	−4.964 *** (0.540)	
控制变量	控制	控制	控制
常数项	−2.682 *** (0.411)	19.111 *** (4.418)	3.708 *** (0.481)
样本量	1305	1305	1305

注：*** 表示1%统计水平上显著。括号中为估计系数的标准误。

从表 7 - 2 实证结果来看，在地区经济增长方程中，TR 的估计系数为 0.404，在 1% 统计水平上显著为正，TX 的估计系数为 0.696，在 1% 统计水平上显著为正，这表明国际贸易将会显著促进地区经济增长，而税收竞争也具有正的经济增长效应。在国际贸易方程中，TX 的估计系数显著为负，其值为 -4.964，这表明税收竞争程度的提高会显著抑制国际贸易，也意味着税收竞争可以通过影响国际贸易来影响国际贸易的增长效应。

尤其是在税收竞争方程中，TR 的估计系数为 -0.192，显著为负，这表明国际贸易的扩大将会显著抑制税收竞争程度。因此，国际贸易将通过抑制税收竞争来扭曲税收竞争对经济增长的影响。对此，本章认为可能是以下原因使然：一方面，传统税收竞争的主要手段是税收优惠或财政补贴，地方政府以此降低要素的进入成本，进而试图更加有效地吸引资本和技术等要素资源，这就需要挤占一定的地方财政支出。另一方面，国际贸易会制约财政支出规模与结构。随着国际贸易的快速发展，地区经济社会得到更多机遇的同时，也会引致更多的外部风险，进而产生地区经济波动、失业等问题。此时，政府将会提高财政支出规模来弥补国际贸易发展所带来的冲击（Rodrik，1998；Ram，2009；Jetter & Parmeter，2015）。税收竞争需要减免税收，财政支出需要扩增以对冲国际贸易的不利影响，在财政分权的情况下这"一减一增"的政策行为无疑增加了税收与财政支出之间的矛盾。此时，如果囿于地区生产总值考核导向，尤其当面临税收收入增速有所放缓局面时，地方政府将有限的财政支出侧重于地区基础设施等生产性公共物品领域，而减少或者疏忽科教文卫等非生产性公共物品的有效供给，扭曲性机制可能会进一步对税收竞争产生较大的挤出效应，引致实际税收竞争增长效应与最优税收竞争增长效应之间的路径偏离。从这个逻辑思路上看，开放经济条件下，国际贸易客观限制了地方财政的分配调节能力，从而对税收竞争增长效应产生一定的扭曲作用。

二、稳健性检验

为了确保上述实证结果的稳健性与可靠性，本章将从变量替代和样本数据改变两大方面对实证结果进行稳健性检验，结果如表7-3所示。

表7-3 稳健检验结果

项目	(1)	(2)	(3)	(4)	(5)
变量	GDP	GDP	N-LIGHT	GDP	GDP
TR	0.547***	0.406***	1.599***	0.425***	0.297***
	(0.046)	(0.048)	(0.154)	(0.015)	(0.064)
TX	0.884***	0.422***	1.752***	0.138***	0.362***
	(0.076)	(0.063)	(0.211)	(0.013)	(0.077)
控制变量	控制	控制	控制	控制	控制
常数项	-3.532***	-1.711***	-6.349***	-0.261	-1.856***
	(0.422)	(0.389)	(1.329)	(0.202)	(0.499)
样本量	1015	1044	1044	1044	1044
变量	TR	TR	TR	TR	TR
TX	-4.612***	-3.728***	-3.728***	-0.391***	-3.834***
	(0.495)	(0.403)	(0.403)	(0.055)	(0.549)
控制变量	控制	控制	控制	控制	控制
常数项	18.728***	15.046***	15.046***	-1.436	19.555***
	(3.499)	(2.946)	(2.946)	(1.019)	(3.993)
样本量	1015	1044	1044	1044	1044
变量	TX	TX	TX	TX	TX
TR	-0.209***	-0.251***	-0.251***	-0.147***	-0.114***
	(0.012)	(0.014)	(0.014)	(0.017)	(0.020)
控制变量	控制	控制	控制	控制	控制
常数项	3.917***	3.746***	3.746***	2.364***	2.362***
	(0.504)	(0.528)	(0.528)	(0.571)	(0.583)
样本量	1015	1044	1044	1044	1044

注：***、**和*分别表示1%、5%和10%统计水平上显著。括号中为估计系数的标准误。

（1）改变时间窗口。2012年1月1日开始"营改增"试点，考虑到该试点可能会影响上述研究结论，本章将样本的时间窗口压缩到2005～2011年，重复进行3SLS回归估计。由表7-3中（1）列可知，税收竞争与国际贸易均能显著促进地区经济增长，且国际贸易对税收竞争增长效应具有一定扭曲作用。显然，这与基准实证分析得出的结论相一致。

（2）改变样本量。本节随机抽取全部城市群样本的 80% 数据，同样采用 3SLS 进行回归估计，相应的回归结果如表 7 - 3 中（2）列所示，可以发现，税收竞争与国际贸易的增长效应的回归系数值依旧显著为正，且国际贸易对税收竞争增长效应的扭曲作用依然存在。这表明在改变样本量后，基准结论依旧稳健。

（3）替换经济增长变量。与地区生产总值统计数据相比，由于夜间灯光数据可以最大限度地消除主观因素造成的统计偏误，国内外已有相当文献开始利用夜间灯光数据开展研究（Mellander et al.，2015；徐康宁等，2015；Duede et al.，2016；Bickenbach et al.，2016）。因此，本节将尝试以夜间灯光数据作为中国城市群经济增长的替代变量，对实证结果进行稳健性检验。本节采用的夜间灯光原始数据来源于美国国家海洋和大气管理局（National Oceanic and Atmospheric Administration，NOAA）官方网站，基于该数据，首先以 TM 影像为基准，对 2005～2013 年稳定的夜间灯光数据进行几何校正得到全球灯光图，然后以中国市域地图加以裁剪，最终得到中国八大城市群 145 个城市的夜间灯光数据。具体回归结果如表 7 - 3 中（3）列所示。可以发现，使用夜间灯光数据作为经济增长的替代变量时，税收竞争与国际贸易均能显著促进地区经济增长，且国际贸易对税收竞争增长效应同样具有扭曲作用。

（4）采用不同联立方程估计方法。本节采用 2SLS 和似不相关（SUR）两种估计方法对上述联立方程进行实证检验，相应结果如表 7 - 3 中（4）列和（5）列所示。不难发现，无论是 2SLS 方法还是 SUR 估计，所得结果均与基准回归相一致，表明上述核心论点是基本稳健的。

第五节　基于贸易流向和税收类别的进一步检验

一、基于贸易流向的进一步检验

从贸易规模的大小、经济社会的作用以及要素资源的吸引等方面来看，进口贸易与出口贸易有着显著的区别。因此，本节沿用上述联立方程模型的实证分析框架，分别实证研究进口贸易（*IM*）和出口贸易（*EX*）的税收竞争增长效应，实证结果如表7－4所示。

表7－4   基于贸易流向的进一步检验

变量	IM 方程组			EX 方程组		
	GDP	*IM*	*TX*	*GDP*	*EX*	*TX*
TX	1.042 *** (0.113)	－5.967 *** (0.916)		0.846 *** (0.099)	－4.377 *** (0.654)	
IM	0.471 *** (0.108)		－0.160 *** (0.013)			
EX				0.285 *** (0.056)		－0.215 *** (0.016)
控制变量	控制	控制	控制	控制	控制	控制
常数项	－3.529 *** (0.777)	22.332 *** (5.553)	3.618 *** (0.496)		15.737 *** (3.908)	3.440 *** (0.492)
样本量	1304	1304	1304	1305	1305	1305

注：***、**和*分别表示1%、5%和10%统计水平上显著。括号中为估计系数的标准误。

在 *IM* 方程组中：经济增长方程的 *TX* 的估计系数为1.042，在1%统计水平上显著为正；*IM* 的估计系数为0.471，在1%统计水平上显著为正；进口贸易方程的 *TX* 的估计系数为－5.967，在1%统计水平上显著为负；税收竞争方程的 *IM* 的估计系数为－0.160，在1%统计水平上显著为负。在 *EX* 方程组中：经济增长方程的 *TX* 的估计系数为0.846，在1%统计水平上显著为正；*EX* 的估计系数为0.285，在1%统计水平上显著为正；出口贸易方程的 *TX* 的估计系数为－4.377，在1%统计水平上显著为负；税收竞争方程的 *EX* 的估计系数为－0.215，在1%统计水平上显著为负。

上述回归结果表明：

（1）进口贸易和出口贸易均显著促进地区经济增长，这表明进出口贸易是地区经济增长的关键因素之一。

（2）税收竞争可以显著影响进口和出口贸易，这说明税收竞争可以抑制进口和出口所带来的经济增长效应。

（3）进口和出口贸易均显著抑制税收竞争，且出口贸易的抑制作用要远远大于进口贸易，这表明无论是进口贸易还是出口贸易，均能够通过影响税收竞争来间接抑制税收竞争增长效应。

二、基于具体税收类别的进一步检验

为进一步分析不同类别的税收的经济增长效应，考虑到现实数据的可得性，本章将总的税收细分为增值税、营业税、个人所得税和企业所得税 4 个类别。基于此，本节继续沿用上述联立方程模型的实证分析框架，分别分析增值税（ZTX）、营业税（YTX）、个人所得税（GTX）和企业所得税（QTX）的税收竞争增长效应。

表 7 - 5 为基于增值税、营业税的回归结果。

表 7 - 5　　　　　　　　　基于增值税和营业税的检验

变量	ZTX 方程组			YTX 方程组		
	GDP	TR	ZTX	GDP	TR	YTX
TR	0.917 *** (0.083)		− 0.154 *** (0.027)	0.161 ** (0.070)		− 0.403 *** (0.019)
ZTX	2.249 *** (0.172)	− 6.487 *** (1.056)				
YTX				0.585 *** (0.080)	− 1.960 *** (0.368)	
控制变量	控制	控制	控制	控制	控制	控制
常数项	− 11.235 *** (1.115)	35.120 *** (8.385)	5.390 *** (0.635)	− 2.643 *** (0.533)	4.095 * (2.159)	1.626 ** (0.774)
样本量	1305	1305	1305	1305	1305	1305

注：*** 、** 和 * 分别表示 1%、5% 和 10% 统计水平上显著。括号中为估计系数的标准误。

从表 7 - 5 可知，在 ZTX 方程组中：经济增长方程的 TR 的估计系数为 0.917，在 1% 统计水平上显著为正；ZTX 的估计系数为 2.249，在 1% 统计水平上显著为正；国际贸易方程的 ZTX 的估计系数为 − 6.487，在 1% 统计水平上显著为负；税收竞争方程的 TR 的估计系数为 − 0.154，在 1% 统计水平上显著为负。在 YTX 方程组中：经济增长方程的 TR 的估计系数为 0.161，在 5%

统计水平上显著为正；*YTX* 的估计系数为 0.585，在 1% 统计水平上显著为正；国际贸易方程的 *YTX* 的估计系数为 -1.960，在 1% 统计水平上显著为负；税收竞争方程的 *TR* 的估计系数为 -0.403，在 1% 统计水平上显著为负。

表 7-6 为基于个人所得税和企业所得税的回归结果。

表 7-6　　　　　　　　基于个人所得税和企业所得税的检验

变量	GTX 方程组			QTX 方程组		
	GDP	TR	GTX	GDP	TR	QTX
TR	-0.016 (0.066)		-0.261 *** (0.036)	0.688 *** (0.072)		-0.368 *** (0.068)
GTX	-1.105 *** (0.109)	-3.802 *** (0.690)				
QTX				0.301 *** (0.024)	-2.704 *** (0.433)	
控制变量	控制	控制	控制	控制	控制	控制
常数项	11.336 *** (1.368)	39.004 *** (8.388)	10.293 *** (0.985)	-1.878 *** (0.339)	26.325 *** (8.512)	9.225 *** (1.626)
样本量	1305	1305	1305	1305	1305	1305

注：***、** 和 * 分别表示 1%、5% 和 10% 统计水平上显著。括号中为估计系数的标准误。

从表 7-6 可知，在 *GTX* 方程组中：经济增长方程的 *TR* 的估计系数为 -0.016，但不显著为负；*GTX* 的估计系数为 -1.105，在 1% 统计水平上显著为负；国际贸易方程的 *GTX* 的估计系数为 -3.802，在 1% 统计水平上显著为负；税收竞争方程的 *TR* 的估计系数为 -0.261，在 1% 统计水平上显著为负。在 *QTX* 方程组中：经济增长方程的 *TR* 的估计系数为 0.688，在 1% 统计水平上显著为正；*QTX* 的估计系数为 0.301，在 1% 统计水平上显著为正；国际贸易方程的 *QTX* 的估计系数为 -2.704，在 1% 统计水平上显著为负；税收竞争方程的 *TR* 的估计系数为 -0.368，在 1% 统计水平上显著为负。

上述回归结果表明：

（1）增值税、营业税和企业所得税的税收竞争均能显著促进地区经济增长，其中增值税的税收竞争增长效应最大，这与肖叶和贾鸿（2016）、刘清杰和任德孝（2017）的有关研究结论基本一致，也符合"营改增"政策的实际效果。

（2）个人所得税的税收竞争对地区经济增长具有一定的阻碍作用，这其中可能的原因在于，个人所得税的征收不仅可以扩大经济总体规模，还可以通过促进资本产出和劳动要素产出效率来带动经济增长（李绍荣和耿莹，2005），因此税收竞争带来个人所得税税负的下降，反而会对经济增长产生一定的抑制作用，这也与鄢姣和赵军（2015）的研究结论相符。

（3）个人所得税下的国际贸易对经济增长不具有显著的影响作用，因此虽然其税收竞争会显著抑制国际贸易发展，但无法通过抑制国际贸易来间接影响其经济增长效应。

（4）增值税、营业税和企业所得税的税收竞争均可以显著抑制国际贸易增长，这表明不同类别的税收竞争依然可以通过抑制国际贸易来间接影响其经济增长效应。

（5）国际贸易均能显著抑制不同类别的税收竞争，这进一步说明国际贸易将会影响不同类别税收竞争的经济增长效应。

第六节　本章小结

本章在内生经济增长模型的基础上，将国际贸易与地方政府间税收竞争构建于同一研究框架内，首先尝试从理论层面解构国际贸易对地方政府间税收竞争及其增长效应的复杂影响，然后基于 2005～2013 年中国八大城市群中的 145 个地级市的面板数据，借助于面板联立方程模型进行实证检验。结果表明：

（1）从整体上看，国际贸易和税收竞争均可以显著促进地区经济增长，研究结论在一系列检验下均稳健有效，这表明国际贸易和税收竞争均为影响地区经济增长的重要因素。

（2）增值税、营业税和企业所得税的税收竞争均能显著促进地区经济增长，但这三类税收的竞争显著抑制国际贸易增长，这表明不同类别的税收竞争依然会通过抑制国际贸易来间接影响其经济增长效应。

（3）个人所得税的税收竞争对地区经济增长具有一定的阻碍作用，但个人所得税下的国际贸易对经济增长不具有显著的影响作用，这表明个人所得税的税收竞争对国际贸易的增长效应的调节能力有限。

（4）国际贸易能显著抑制不同类别的税收竞争，这进一步说明国际贸易将会影响不同类别税收竞争的经济增长效应。

第八章 中国城市群地方政府间税收竞争增长效应的贸易开放路径研究

第一节 问题的提出

一方面，随着全球化进程的逐步推进以及中国对外开放程度的日益提高，一国财政政策的影响因素不再局限于国家内部，也受到外界因素的影响，即贸易开放对国家财政政策行为具有重要影响。埃格特松等（Eggertsson et al.，2016a，2016b）研究了贸易开放对国家财政政策的重要效用；阿布奎基（Albuquerque，2011）、吴（Woo，2011）等则讨论了贸易开放对财政政策波动性的作用；拉姆（Ram，2009）、毛捷等（2016）、高翔和黄建忠（2016）等实证探讨了贸易开放对政府规模的作用。另一方面，税收竞争在地区经济增长中扮演着越来越重要的角色（郭杰和李涛，2009）。党的十八届三中全会明确提出，财政是国家治理的基础和重要支柱，财政政策作为国家宏观调控的重要工具或手段，也是宏观经济领域的重要研究主题。那么，作为各地政府吸引经济资源与税收资源的主要财税手段之一，基于地级市层面的税收竞争对经济增长存在何种程度或方向的影响？是否会受到贸易开放进程的影响？或者不同贸易开放水平的地区之间的税收竞争增长效应有何差异，其内在机理又如何？研究这些问题，不仅有助于在不断开放经济背景下选择和制定适宜的财政调控政策，而且有助于评价经济新常态下财政政策支持经济增长的实施效果。党的十九大报告更是强调了对外开放在中国新常态下的战略定位，即：推动形成全面开放新格局；拓展对外贸易，培育贸易新业态新模式，推进贸易强国建设。在此背景下，进一步厘清贸易开放对税收竞争在内的国家内部财政政策及其相关特征的影响方向与作用机理就有着重要的现实意义与理论价值。

第二节　文献评述

近年来，地方间税收竞争日益成为国内外探讨经济增长问题的重要影响因素。税收竞争对于经济增长的影响较为复杂，对此国内外的有关结论也存在较大争议。一部分研究发现税收竞争对经济增长具有促进作用。费尔德（Feld et al.，2004）认为税收竞争不会阻碍地区经济增长；李涛等（2011）利用中国省级面板数据实证发现，无论是地区税收总体、地方费类收入竞争还是增值税及企业所得税竞争，都对经济增长具有推动作用；钱和罗兰（Qian & Roland，1998）研究指出，税收竞争有助于提高企业生产率，从而带动本地区经济增长；还有沈坤荣和付文林（2006）、吴俊培和王宝顺（2012）等也得出税收竞争有助于地区经济增长的结论。也有学者认为税收竞争对经济增长具有负面作用。贾德（Judd，1985）研究发现，资本所得税竞争是逐底竞争，从而抑制经济增长；勒茹尔和韦尔邦（Lejour & Verbon，1997）认为国际资本所得税竞争通过抑制家庭储蓄影响外商直接投资，进而间接对经济增长产生阻碍作用；周业安（2003）指出，当采取保护性或掠夺性地方发展策略时，税收竞争会增加地区间交易成本，因此未必能促进地区经济良性增长，甚至会导致资源配置的低效率，贾康等（2007）也得到类似结论；李一花和瞿玉雪（2017）实证发现，营业税和增值税会抑制本期地区经济增长。

还有研究发现税收竞争与经济增长之间存在双重关系。其中，有学者认为不同税种的竞争增长效应存在差异性。谢欣和李建军（2011）实证得出：营业税、企业所得税、资源税和财产税的竞争能促进经济增长，个人所得税、城建税和行为税的竞争则对经济增长具有抑制作用，而增值税和非税收入的竞争增长效应不显著；崔治文等（2015）则发现，资本税的竞争有助于提高经济增长率，劳动税和消费税的竞争则抑制经济增长率的提高。此外，还有学者从非线性的关系探讨税收竞争的增长效应。虽然张福进等（2014）、刘清杰和任德孝（2017）均发现税收竞争存在因经济发展水平不同而产生的经济增长效应的差异变化，他们同样是利用省级层面数据，也同样是以经济发展为门槛变量，但所得出的研究结论却是截然相反，前者采用静态面板门槛模型实证发现，经济发展越过门槛值时，税收竞争的正向增长效应显著；后者采用动态面板门槛模型实证却显示，税收竞争的增长效应随着经济发展水平的提高而减弱，甚至可能具有抑制作用；程风雨（2016）以贸易开放为门槛值，发现税收竞争增长会随着贸易开放的变化而产生类"N"型效应；肖叶和贾鸿（2017）研究指出，当产业结构越过门槛后，发现税收竞争的增长效应会逐渐减弱。

梳理已有文献发现，关于税收竞争与经济增长的关系问题，研究成果已经较为丰富，但仍存在一些不足之处：其一，从研究样本来看，现有文献主要采用省级层面数据，以地级市税收竞争为对象的研究还比较缺乏，而涉及城市群的则又少之又少；其二，关于税收竞争对经济增长效应的传导路径的实证研究还很少见，目前仅赵秋银和余升国（2020）采用结构方程模型对此做过专门探讨，但也并未涉及对外开放因素如贸易开放在税收竞争增长效应中的中介作用；其三，在税收竞争增长效应的探讨中并未重视经济增长具有路径依赖的惯性特征，较多研究集中在静态模型框架内展开具体分析。

围绕研究落脚和既有文献，本章将税收竞争界定为发生在地方政府之间的横向税收竞争，同时在放松政府同质性假设的前提下，仅对同一层级的地方税政策行为进行考察。目前较多文献集中在省级政府层面，但是基于市级及以下数据的研究会得到与之不同的结论（周业安和李涛，2013），尤其是在全球化下城市群日益成为国家综合竞争力和国民经济发展的决定因素（张学良和李培鑫，2014）。有鉴于此，本章基于中国八大城市群145个城市的面板数据，以动态面板为实证框架，首先构建动态面板模型考察地方政府间税收竞争对地区经济增长的影响；考虑到经济增长的惯性影响，进一步借鉴程风雨（2016）的研究，通过动态面板门槛模型来考察地方政府间税收竞争对地区经济增长的非线性效应；最后结合动态面板数据中介效应模型就贸易开放中介影响机制进行实证检验，并最终据此提出若干针对性对策建议。

第三节　研究设计

一、模型构建

在基准模型设定上，基于理性预期假设，受制度惯性的影响，地方政府的行为选择及经济增长会产生路径依赖。因此，本章构建如下非空间税收竞争增长的基准动态面板模型：

$$GDP_{it} = c_0 + \alpha_0 GDP_{i,t-1} + \alpha_1 TCOMP_{it} + \alpha_n X_{it} + \varepsilon_{it} \qquad (8-1)$$

其中，下标 i 表示城市，t 表示年份；GDP_{it} 为被解释变量，表示城市 i 在 t 年的经济增长情况；$TCOMP_{it}$ 为核心解释变量税收竞争指数；X_{it} 为城市层面的一系列控制变量；ε_{it} 为随机误差项。若 α_1 显著为正，则表明税收竞争能够显著推动当地经济增长；若 α_1 显著为负，则表明税收竞争对当地经济增长具有抑制作用。

由于受到贸易开放等因素的影响（程风雨，2016），地方政府间税收竞争与城市群经济增长之间可能并非简单的线性关系。为了考察城市层面下贸易开放在税收竞争影响经济增长中的作用，在模型式（8-1）的基础上，我们建立以贸易开放为门槛变量的动态门槛回归模型，该模型弥补了静态面板门槛模型的不足，并有效降低了因存在的内生性问题而产生的回归偏误。因此，本章建立关于税收竞争影响城市群经济增长的单一动态面板门槛模型，其具体形式如下：

$$GDP_{it} = c_0 + \alpha_1 GDP_{i,t-1} + \alpha_2 TCOMP_{it} D1(OPEN_{it} \leqslant \gamma)$$
$$+ \alpha_3 TCOMP_{it} D2(OPEN_{it} > \gamma) + X'_{it}\alpha_n + \eta_i + \varepsilon_{it} \quad (8-2)$$

双重动态面板门槛模型方程为：

$$GDP_{it} = c_0 + \alpha_1 GDP_{i,t-1} + \alpha_2 TCOMP_{it} D1(OPEN_{it} \leqslant \gamma_1)$$
$$+ \alpha_3 TCOMP_{it} D2(\gamma_1 < OPEN_{it} \leqslant \gamma_2)$$
$$+ \alpha_4 TCOMP_{it} D3(OPEN_{it} > \gamma_2) + X'_{it}\alpha_n + \eta_i + \varepsilon_{it}$$

$$(8-3)$$

为验证贸易开放是否在税收竞争增长效应中发挥中介传导作用，我们进一步构建动态面板数据中介效应模型，如式（8-4）~式（8-6）所示：

$$GDP_{it} = \alpha_0 + \alpha_1 GDP_{i,t-1} + \alpha_2 TCOMP_{it} + \alpha_n X_{it} + \varepsilon_{it} \qquad (8-4)$$

$$OPEN_{it} = \beta_0 + \beta_1 TCOMP_{it} + \beta_2 OPEN_{i,t-1} + \beta_n \chi_{it} + \phi_{it} \qquad (8-5)$$

$$GDP_{it} = \delta_0 + \delta_1 GDP_{i,t-1} + \delta_2 TCOMP_{it} + \delta_3 OPEN_{it} + \delta_n \gamma_{it} + \varphi_{it} \qquad (8-6)$$

在式（8-4）中，α_2 代表税收竞争对城市群经济增长的总效应；在式（8-5）中，β_1 代表税收竞争对贸易开放的影响；在式（8-6）中，δ_2 代表税收竞争对城市群经济增长的直接影响。结合式（8-5）与式（8-6）可得到式（8-7）：

$$GDP_{it} = (\delta_0 + \delta_3\beta_0) + \delta_1 GDP_{i,t-1} + (\delta_2 + \delta_3\beta_1) TCOMP_{it} + \delta_n Z_{it} + \mu_{it}$$

$$(8-7)$$

其中，系数 $\delta_3\beta_1$ 代表税收竞争通过中介变量——贸易开放对城市群经济增长产生的间接影响效应。

二、变量设计

（一）被解释变量：经济增长（GDP）

采用地区生产总值数据作为衡量城市社会发展水平的指标，并以 2005 年为基期，使用生产总值平减指数进行有关价格因素平减。

（二）核心解释变量：税收竞争（TCOMP）

目前国内对于税收竞争的衡量主要是基于以下两大维度：一类是空间实证维度，即利用税收收入占当期生产总值的比重，通过空间计量模型的空间反应系数值来衡量税收竞争（曾亚敏和张俊生，2009）；另一类是非空间实证维度，比较有代表性的是傅勇和张晏（2007）构建的税收竞争指数，以某个地区实际相对税率变化来衡量税收竞争的激烈程度。本章主要采用后一种税收竞争衡量方法。其计算公式为：

$(TAX_t/GDP_t)/(TAX_{it}/GDP_{it})$。其中，$TAX_t$ 和 GDP_t 分别代表 t 年城市群的税收收入和地区生产总值，其比值构建的算式分子反映了 t 年城市群的总体平均实际税率；TAX_{it} 和 GDP_{it} 则分别代表 t 年某个城市的税收收入和生产总值，其比值构建的算式分母反映了 t 年某个城市的实际税率。因此，该城市的 TCOMP 数值越大，则其相对税率就越低，代表其横向税收竞争程度越高；反之，城市的 TCOMP 数值越小，则其相对税率就越高，代表其横向税收竞争程度越低。

（三）相关控制变量

（1）贸易开放度（OPEN）：参考肖叶和刘小兵（2018），采用当年平均汇率折算的城市对外贸易进出口总额占同期生产总值的比重来表示。

（2）物质资本存量（K）：借鉴刘常青等（2017）的研究，采用永续盘存法计算样本城市的物质资本存量，所用公式如下：$K_{it} = K_{i,t-1}(1-\delta) + I_t$。其中以 2005 年作为物质资本存量估计的基准年，借鉴扬（Young，2003）和张军等（2004）的做法，用城市群中样本城市 2005 年的物质资本投资额除以 10%作为该市的初始资本存量，并把经济折旧率 δ 设置为近似值 9.6%。

（3）劳动力要素（LABOR）：采用城镇就业人口衡量。

（4）财政自给率（FINANCE）：为了反映政府财政收支对城市群经济增长的影响，借鉴肖鹏和樊蓉（2019）的做法，采用各城市财政收入占财政支出的比重来衡量。

（5）产业结构（STRUC）：考虑到我国主要依靠第二产业拉动经济增长，因此采用第二产业增加值占同期地区生产总值的比重来衡量。

（6）城镇化（URBAN）：根据《中国统计年鉴》对城镇化率的定义，城镇化率指某个国家（地区）常住于城镇的人口在该国家（地区）总人口中所占的比重，本章采用常住人口与总人口的比值来衡量某个城市城镇化水平高低。需要说明的一点是，在 2004 年以前，我国除人口普查年份外，地级市人口常以户籍人口来统计而不是以常住人口，而且官方公布的城市统计数据也缺乏全市口径的常住人口数据；从 2004 年开始，国家统计局明确要求地级市人均生产总值统计要以常住人口为准（周一星和于海波，2004）。因此本章采用邹一南和李爱民（2013）、张坤领和刘清杰（2019）的做法，通过城市生产总值除以人均生产总值来间接获取城市常住人口数据。

（7）外商直接投资（*FDI*）：采用当年平均汇率折算的城市实际外商直接投资总额表示。

（8）教育程度（*EDUC*）：采用一个城市高等教育在校生人数占城市总人口数的比重来衡量。

三、研究样本及数据来源

参考既有文献（钱金保和才国伟，2017）以及城市层面税收数据的可得性，本章最终选择长三角城市群等中国八大城市群中的 145 个地级市作为研究样本，考察期确定为 2005～2013 年。相关数据主要来源于历年《中国城市统计年鉴》《中国区域经济统计年鉴》以及中经网统计数据库。表 8－1 给出了涉及主要变量的描述性统计结果。为了降低异方差所带来的不必要的回归性偏误，本章对有关原始数据进行对数化等处理，并采用线性插值法进行了数据补缺。

表 8－1　　　　　　　　　相关变量描述性统计

变量	观察值	均值	标准差	最小值	最大值
GDP	1305	6.071	0.872	4.190	8.924
TCOMP	1305	1.803	0.842	0.390	5.428
OPEN	1305	2.372	1.421	－1.843	5.858
K	1305	16.71	0.875	14.91	19.34
LABOR	1305	5.506	0.662	1.974	7.420
FINANCE	1305	3.837	0.473	2.088	5.219
STRUC	1305	3.897	0.214	3.102	4.963

续表

变量	观察值	均值	标准差	最小值	最大值
URBAN	1305	4.297	0.243	3.326	6.026
FDI	1305	2.785	1.619	-2.684	7.065
EDUC	1305	1.691	2.197	0	12.55

从前文的文献综述可知，税收竞争对经济增长的影响是复杂的。本章进一步绘制了税收竞争与地区经济增长的回归拟合图（见图8-1）。图8-1中虚线为税收竞争与地区经济增长双变量回归时的拟合趋势线。从中可以发现，税收竞争增长效应的拟合曲线的斜率为-0.410，且在5%统计水平上显著。这表明在不考虑贸易开放等其他影响因素下，税收竞争可能对经济增长具有显著的负面作用。在探讨税收竞争增长效应问题时，遗漏经济发展变量可能会造成回归结果偏误（刘清杰和任德孝，2017），而贸易开放也是影响税收竞争增长效应的一个重要因素（程风雨，2016），因此本章尝试初步考察贸易开放的影响作用。图8-1中实线为加入贸易开放以及税收竞争交叉项作为控制变量后，税收竞争与地区经济增长的回归拟合趋势线。研究显示，税收竞争增长效应的拟合曲线的斜率值由负变正，为0.193，并且也在5%统计水平上显著，表明此时税收竞争对地区经济增长表现为促进作用。

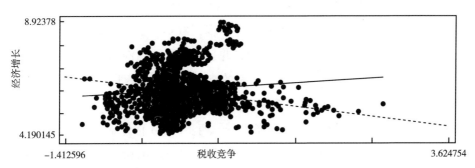

Multivariate slope: 0.193 (0.042).Semipartial rho2: 0.011
Bivariate slope: -0.410 (0.026)

图8-1　税收竞争与地区经济增长的回归曲线拟合

从图8-1虚实两条曲线的直观对比中不难看出，贸易开放这一变量在税收竞争的增长效应中发挥了重要作用，如果忽视贸易开放的影响，则可能对税收竞争的增长作用的衡量造成一定偏差。然而，贸易开放是否真的存在这样的影响，有待进行严谨的实证估计推断，这是本章接下来需要进行研究的重点内容。同时，为了使有关研究结论更加稳健可靠，本章还需要对影响地区经济增长的有关因素进一步开展计量分析。

第四节 实证结果与分析

一、基准回归结果

为了避免因数据不平稳性而可能出现"伪回归"问题，本章首先分别采用异质性 Fisher-PP 和同质性 LLC 等两种单位根检验方法，检验结果均表明回归变量通过 5% 的统计性水平检验，通过运用 Kao 和 Pedroni 等两种面板协整检验方法，检验结果也显示所涉及变量间存在一定长期均衡关系，说明本章动态面板数据兼具平稳性和长期相关性。

本章的基准模型为动态面板回归模型，由于该模型中加入了被解释变量的滞后项，极易与回归误差项存在相关关系产生内生性问题，需要使用差分广义矩估计（DIF-GMM）或系统广义矩估计（SYS-GMM）。考虑到 DIF-GMM 估计易受弱工具变量的影响产生有限样本偏误（Che et al., 2013），而 SYS-GMM 估计结合了差分方程和水平方程，并且增加了一组滞后差分变量作为水平方程相应变量的工具变量，具有更好的有限样本性质，因此本章主要使用 SYS-GMM 进行估计。根据对权重矩阵的不同选择，GMM 估计可分为一步估计和两步估计，特别是在有限样本条件下，两步 GMM 估计量的标准误会严重向下偏误。因此在样本有限时，本章采用一步 SYS-GMM 估计方法。系统 GMM 估计结果的有效性需要通过序列相关检验和过度识别检验来进行验证。本章将通过 Sargan 检验和序列相关检验来判断工具变量选取的有效性。为了说明 SYS-GMM 估计动态面板模型的有效性，本章在基准回归中一并列出了 OLS、固定效应（FE）和 SYS-GMM 估计的实证结果。表 8-2 汇总了基准模型回归的所得结果。

表 8 - 2 基准回归结果

变量	(1)	(2)	(3)
	OLS	FE	SYS-GMM
L. GDP	0.977 ***	0.585 ***	0.585 ***
	(0.008)	(0.024)	(0.005)
TCOMP	0.010 ***	0.023 ***	0.053 ***
	(0.003)	(0.006)	(0.002)
OPEN	0.002	0.009	0.051 ***
	(0.002)	(0.005)	(0.002)
K	0.008	0.235 ***	0.275 ***
	(0.008)	(0.020)	(0.006)
LABOR	0.012 **	0.059 ***	0.138 ***
	(0.006)	(0.011)	(0.005)
FINANCE	0.031 ***	0.033 ***	0.029 ***
	(0.008)	(0.011)	(0.002)
STRUC	- 0.022 **	- 0.216 ***	- 0.152 ***
	(0.010)	(0.026)	(0.006)
URBAN	- 0.066 ***	- 0.227 ***	- 0.206 ***
	(0.009)	(0.015)	(0.002)
FDI	0.001	0.009 ***	0.013 ***
	(0.002)	(0.003)	(0.001)
EDUC	0.002 *	0.007 *	0.010 ***
	(0.001)	(0.004)	(0.001)
常数项	0.186 *	- 0.124	- 1.719 ***
	(0.105)	(0.267)	(0.065)
R^2	0.996	0.762	
AR (1) 检验			0.0641
AR (2) 检验			0.2236
Sargan 检验			0.0978
样本	1160	1160	1160

注：*** 、** 和 * 分别表示 1%、5% 和 10% 统计水平上显著。括号中为估计系数的标准误。

从表8-2的估计结果中不难看出，AR（1）和AR（2）的一阶及二阶序列相关检验 P 值分别为 0.0641 和 0.2236，过度识别 Sargan 检验 P 值为 0.0978，说明动态面板模型通过不拒绝自相关检验和过度识别的原假设，选取的工具变量是合理有效的。从表8-2中（3）列的实证结果来看，税收竞争的估计系数为 0.053，显著为正，这表明从城市群整体上看，政府间税收竞争对地区经济增长具有显著的促进作用。在控制变量方面，贸易开放会显著促进地区经济增长，这与巴蒂等（Badi et al.，2009）和穆罕默德等（Muhammad et al.，2013）的研究结论相一致。此外，物质资本、劳动力要素、财政自给率、外商直接投资和教育等变量均对地区经济增长发挥显著的推动作用。

但是产业结构和城镇化对地区经济增长的影响显著为负，这与部分已有的研究结论存在一定差异。对于产业结构升级因素的负向影响，本章认为可能是如下原因：随着城市劳动力以及土地成本的不断攀升，在导致第二产业发展比重不断下降的同时，反而促进第三产业的增长（杨亚平和周泳宏，2013）。本章主要是采用第二产业的比重作为产业结构升级的衡量指标，因此，如果第二产业逆向过度发展，势必会提高对城市劳动力等生产要素的竞争需求，进而制约第三产业的要素需求，最终对地区经济增长产生负向影响。对于城镇化的负向影响，与李金昌和程开明（Li & Cheng，2006）、黄婷（2014）的研究结论是一致的，城镇化未必一定会促进经济增长，与城市经济发展不相匹配的超城镇化会导致城市失业率的增加以及贫富差距的扩大等社会问题，反而对地区经济增长产生消极的影响。

二、城市群异质性分析

由于城乡二元结构以及相应的地方财税政策，会制约不同城市群的人口、产业、生产要素集聚的程度产生一定分化（李平，2007），进而造成在不同城市群内部的税收竞争行为也会产生不同的经济增长效应。因此，为进一步检验税收竞争的增长效应在不同城市群的作用差异，本章将研究样本划分为长三角城市群等八个子样本进行回归。具体回归结果如表8-3所示。

表8-3 中国八大城市群的地方政府间税收竞争增长效应

变量	(1) 长三角	(2) 珠三角	(3) 京津冀	(4) 成渝	(5) 哈长	(6) 中原	(7) 长江中游	(8) 北部湾
L. GDP	0. 122 ** (0. 061)	0. 665 *** (0. 250)	0. 531 (0. 336)	0. 622 *** (0. 131)	0. 768 *** (0. 100)	0. 707 *** (0. 072)	0. 848 *** (0. 060)	0. 802 *** (0. 072)
TCOMP	0. 163 *** (0. 031)	0. 096 (0. 170)	0. 009 (0. 042)	0. 027 ** (0. 012)	0. 128 *** (0. 043)	0. 054 *** (0. 014)	0. 033 *** (0. 004)	0. 025 (0. 031)
常数项	- 6. 819 ** (0. 608)	- 0. 571 (4. 739)	- 0. 444 (3. 765)	- 0. 140 (1. 113)	- 1. 222 (2. 306)	0. 624 (0. 568)	0. 123 (0. 387)	1. 783 * (0. 973)
控制变量	控制	控制	控制	控制	控制	控制	控制	控制
AR(1) 检验	0. 3198	0. 0603	0. 0251	0. 1014	0. 0183	0. 0001	0. 0044	0. 0106
AR(2) 检验	0. 5211	0. 1887	0. 7887	0. 6451	0. 4745	0. 0516	0. 1447	0. 3775
Sargan 检验	1. 0000	1. 0000	1. 0000	1. 0000	1. 0000	1. 0000	1. 0000	1. 0000
样本	216	112	112	128	80	208	224	80

注：*** 、** 和 * 分别表示1%、5%和10%统计水平上显著。括号中为估计系数的标准误。

由表8-3可知，中国八大城市群中，珠三角、京津冀和北部湾三大城市群的税收竞争没有产生显著的经济增长效应，而长三角、成渝、哈长、中原和长江中游五大城市群的税收竞争增长效应则至少在5%的统计性水平上显著为正，表明这五大城市群税收竞争对地区经济增长具有显著的促进作用。相比较而言，长三角城市群的正向税收竞争增长效应最大，其估计系数为0. 163。对此，本章认为，其中的原因可能在于长三角城市群自身发展。一方面，长三角是我国区域一体化最先启动的区域，而长三角城市群则是长三角区域一体化进入高级发展阶段的产物，其要素流动基本处于较高程度的动态平衡，而城市群内部市场的统一程度的提高又会进一步增强各类生产要素的流动性，使得税收竞争对经济增长的推动成为主导作用（程风雨，2016）。另一方面，根据恒大研究院发布的关于中国城市群发展潜力的研究报告——《2019年中国城市群发展潜力排名》，2018年长三角城市群生产总值总额达17. 9万亿元，成为世界第六大、中国第一大城市群，其有更多经济基础来有效对冲因税收竞争所产生的经济增长冲击。

三、稳健性检验

为了确保上述实证结果的稳健性与可靠性，本章将从变量替代和样本数据改变两大方面对实证结果进行稳健性检验。

（一）变量的替代

（1）替代被解释变量。与地区生产总值统计数据相比，由于夜间灯光数据可以最大限度地消除主观因素造成的统计偏误。因此，本节将尝试以夜间灯光数据作为中国城市群经济增长的替代变量，对实证结果进行稳健性检验。本节采用的夜间灯光原始数据来源于美国国家海洋和大气管理局（National Oceanic and Atmospheric Administration，NOAA）官方网站，基于该数据，首先以 TM 影像为基准，对 2005~2013 年稳定的夜间灯光数据进行几何校正得到全球灯光图，然后以中国市域地图加以裁剪，最终得到中国八大城市群 145 个城市的夜间灯光数据。需要注意的是，这里所用的夜间灯光数据与地区生产总值数据均包括下辖的县级市、农村等，是行政区划意义上的城市数据。具体回归结果如表 8-4 中（1）列所示。可以发现，使用夜间灯光数据作为经济增长的替代变量时，税收竞争的估计系数仍旧显著为正，表明税收竞争对城市群经济增长的促进作用依然稳健。

（2）替代核心解释变量。鉴于地方税收政策决策存在与其他地区空间策略性互动的可能，此处通过引入空间权重矩阵 W 来构建 $WTCOMP$ 指数，衡量在受到所有其他城市税收决策影响下城市 i 的实际相对税率的变化，其计算公式为：

$$WTCOMP_{it} = \sum_{j=1}^{145} w_{ij} \cdot TCOMP_{jt} \tag{8-8}$$

其中，w_{ij} 代表 i 城市和 j 城市之间的权重矩阵，本章采用的是经济距离权重矩阵 w_{ij}^1 和一阶反地理距离权重矩阵 w_{ij}^2。具体而言，以本章涵盖的 145 个样本城市的经纬度数据，分别按照式（8-9）和式（8-10）计算出城市之间的距离，并形成上述两类矩阵。

$$w_{ij}^1 = \begin{cases} 0, & i = j \\ 1/|\overline{GDP_i} - \overline{GDP_j}|, & i \neq j \end{cases} \qquad (8-9)$$

$$w_{ij}^2 = \begin{cases} 0, & i = j \\ 1/d_{ij}, & i \neq j \end{cases} \qquad (8-10)$$

相应地，本章以经济距离税收竞争指数（$WTCOMP1$）和反地理距离税收竞争指数（$WTCOMP2$）作为核心解释变量的替代变量，进行稳健性检验。具体结果如表 8 - 4 中（2）列和（3）列所示，两类核心解释变量的替代，相应的税收竞争的估计系数均为正，并且通过 1% 的统计性水平检验，表明在考虑了税收竞争不同度量方式之后，本章的结论依然稳健。

（二）改变样本量

本节随机抽取全部城市群样本的 80% 数据，同样采用动态面板模型，就税收竞争对城市群经济增长的影响进行稳健性检验分析。相应的回归结果如表 8 - 4 中（4）列所示，可以发现，税收竞争的增长效应的回归系数值依旧为正，且在 1% 的统计性水平上显著。这表明在改变样本量后，本章的结论依旧稳健。

表 8 - 4　　　　　　　　　　稳健性检验的实证结果

变量	替代被解释变量	替代核心解释变量		改变样本量
	（1） 夜间灯光数据	（2） 经济距离税收竞争	（3） 反地理距离税收竞争	（4） 随机抽样检验
$L.\ light$	0.921 *** （0.007）			
$L.\ GDP$		0.587 *** （0.006）	0.585 *** （0.007）	0.549 *** （0.005）
$TCOMP$	0.039 *** （0.011）			0.046 *** （0.002）
$WTCOMP1$			0.064 *** （0.004）	

续表

变量	替代被解释变量	替代核心解释变量		改变样本量
	(1) 夜间灯光数据	(2) 经济距离税收竞争	(3) 反地理距离税收竞争	(4) 随机抽样检验
WTCOMP2		0.010 *** (0.001)		
常数项	− 8.169 *** (0.394)	− 1.183 *** (0.067)	− 1.322 *** (0.074)	− 1.952 *** (0.052)
控制变量	控制	控制	控制	控制
AR (1) 检验	0.0000	0.0525	0.0535	0.0958
AR (2) 检验	0.2223	0.3070	0.3356	0.2100
Sargan 检验	0.1853	0.1032	0.1110	0.6358
样本	870	1160	1160	928

注: *** 表示1%统计水平上显著。括号中为估计系数的标准误。

第五节　拓展性研究

一、贸易开放的门槛分析

上文的分析表明，总的来看，政府间税收竞争显著促进了地区经济增长。根据之前的初步分析，贸易开放的引入会使得税收竞争对地区经济增长的影响由负转正。因此，本节将延续前文动态回归的研究框架，采用动态面板门槛模型来研究贸易开放对税收竞争增长效应的影响作用。

本章基于鲍姆等（Baum et al.，2013）、克雷默等（Kremer et al.，2013）的研究，将采用如下参数估计方法：首先，利用阿雷拉诺和博韦尔（Arellano & Bover，1995）提出的向前正交差分法（forward orthogonal deviation）进行数据变换以消除个体效应，有效解决差分变换后的随机误差项存在的异方差及序列相关问题。其次，为了降低因解释变量中包含滞后一期因变量前项差分项而产生的内生性问题的影响，本章借鉴安德森和萧（Anderson & Hsiao，

1981）的工具变量构建思想，采用因变量滞后一期作为滞后一期因变量前项差分项的工具变量，运用两阶段最小二乘法（2SLS）对其进行回归拟合，得到变换后因变量的拟合值；在此基础上，采用汉森（Hansen，1999）构建的 Bootstrap 自助抽样法，检验和确定门槛估计值。最后，以门槛值划分成不同区间样本，进而使用 SYS-GMM 估计出子样本的斜率系数。

表 8 - 5 报告的是以贸易开放为门槛变量的显著性检验结果。通过表 8 - 5 不难看出，贸易开放在 10% 的显著性水平上具有双重门槛特征，表明税收竞争对地区经济增长存在非线性的贸易开放门槛效应。

表 8 - 5　　　　　　　　　　动态面板门槛值的估计结果

门槛回归类型	F 值	P 值	门槛值	95% 置信区间
单一门槛	125.837 ***	0.000	0.742	[0.742, 0.742]
双重门槛	7.314 *	0.080	− 0.339	[− 0.962, 0.637]
			0.742	[0.735, 0.742]

注：*** 和 * 分别表示 1% 和 10% 统计水平上显著。自助抽样 500 次。

进一步可知，贸易开放门槛值分别为 − 0.339 和 0.742，据此本章将研究样本划分为较低贸易开放区间、中等贸易开放区间和较高贸易开放区间，并依次对其进行 SYS-GMM 实证检验及估计。具体实证结果如表 8 - 6 所示。从表 8 - 6 的检验结果可知，AR（1）检验、AR（2）检验和 Sargan 检验均是合理的，表明该模型所选取的工具变量是有效的。经济增长的惯性系数均在 1% 统计水平上显著，表明本章构建的动态面板门槛模型是合理有效的。

表 8 - 6　　　　中国地方政府间税收竞争增长效应的门槛参数估计结果

变量	(1) $(-\infty, -0.339]$	(2) $(-0.339, 0.742]$	(3) $(0.742, +\infty)$
L. GDP	0.277 *** (0.093)	0.285 *** (0.003)	0.593 *** (0.184)
TCOMP	0.049 *** (0.007)	0.051 *** (0.001)	− 0.056 (0.051)
常数项	− 0.031 *** (0.009)	− 0.007 *** (0.000)	− 0.111 ** (0.043)

变量	(1)	(2)	(3)
	$(-\infty, -0.339]$	$(-0.339, 0.742]$	$(0.742, +\infty)$
控制变量	控制	控制	控制
AR (1) 检验	0.0034	0.0675	0.8534
AR (2) 检验	0.6517	0.7250	0.9224
Sargan 检验	1.0000	0.9957	1.0000
样本	106	898	11

注：*** 和 ** 分别表示1%和5%统计水平上显著。括号中为估计系数的标准误。

如表8-6所示，政府间税收竞争对地区经济增长的影响随着贸易开放水平的不同而不同。当贸易开放处于中低水平门槛区间时，税收竞争的估计系数值均在1%统计水平上显著为正，且中等水平门槛区间的税收竞争增长效应大于较低水平门槛区间的税收竞争增长效应，表明税收竞争在此门槛阈值下对地区经济增长产生了正向推动作用，且这种作用逐渐有所增强。而当贸易开放处于较高水平门槛区间时，税收竞争对地区经济增长的效应值为-0.056，并未通过至少10%的显著性检验。进一步可知，在1305个样本中，处于较低贸易开放、中等贸易开放和较高贸易开放三个区间的样本数分别为135、1012和158，其中中低贸易开放水平的样本数占总体的比例约为87.9%。因此，整体来看，税收竞争能有效推动地区经济增长，但是当贸易开放发展到较高水平时，这种促进作用将有所减弱甚至可能转变成抑制作用。

上述研究结论与程风雨（2016）存在一定差异。对此，本章认为其中的可能原因有两个：首先，在我国现行的财政体制之下，省级政府享有对下级政府财政收支的裁量权，因此级别越高的政府，往往财政收支状况越好，能支配的财政资源、政治资源更多。因此，市级及以下地方政府为了吸引流动性税收资源，保持地方相对独立的经济利益，不仅需要出台各种地方性税收优惠政策以减税降费，更需要提供大量资金给予地方基础设施配套，这"一减一增"的政策行为增加了税收与财政支出之间的矛盾。其次，贸易开放可以通过政府规模的扩大而导致地方政府财政支出的增加，尤其是贸易开放度越高，财政支出的顺周期性特征就越显著（王立勇和祝灵秀，2019），这意味着在贸易开放处于较高水平时，地方财政支出的压力更大。此时，如果地方政府囿于地区生产总值考核导向，将有限的财政支出侧重于城市基础设施等生产性公共物品领域，而减少或者疏忽科教文卫等非生产性公共物品的有效供给，则可能导致税收优惠为主要表征的税收竞争对地区经济增长产生消极影响。

二、影响机制分析

为进一步研究贸易开放对税收竞争增长效应的作用渠道是否存在及其影响的程度，本章借鉴陈艳莹和王二龙（2013）、鄢哲明等（2017）等研究，拟基于式（8－4）～式（8－7）估计系数值采用以下三种方法开展动态面板中介效应检验。方法一：检验 $H_0: \beta_1 = 0$ 和 $H_0: \delta_3 = 0$，即检验税收竞争通过中介变量实现的间接影响系数是否显著。若无法拒绝原假设，则表明中介效应不显著；若拒绝原假设，则表明显著。方法二：检验 $H_0: \delta_3\beta_1 = 0$，该检验的原假设为中介效应不显著。倘若无法拒绝原假设，则代表中介效应不显著；若拒绝原假设，则代表中介效应显著。方法三：检验 $H_0: \alpha_2 - \delta_2 = 0$，即检验总影响系数（$\alpha_2$）与直接影响系数（$\delta_2$）是否具有显著性差异。倘若无法拒绝原假设，那么中介效应不显著；若拒绝原假设，则表明中介效应显著。由于三种方法各有优劣，为了提高中介效应检验结果的稳健性，本章将综合使用以上这三种方法。

（一）样本总体中介效应

表8－7汇总了以中国城市八大城市群整体为研究对象，进行式（8－4）～式（8－6）计算的实证结果。

表 8－7　　中国城市群整体：税收竞争对地区经济增长的传导机制

变量	(1)	(2)	(3)
	因变量经济增长（GDP）	因变量贸易开放（OPEN）	因变量经济增长（GDP）
L. GDP	0.322 *** (0.002)		0.328 *** (0.003)
TCOMP	0.052 *** (0.001)	0.082 *** (0.005)	0.049 *** (0.001)

续表

变量	(1)	(2)	(3)
	因变量经济增长（GDP）	因变量贸易开放（OPEN）	因变量经济增长（GDP）
L. OPEN		0.540 *** (0.004)	
OPEN			0.008 *** (0.001)
常数项	-0.005 *** (0.000)	-0.019 *** (0.002)	-0.006 *** (0.000)
控制变量	控制	控制	控制
AR（1）检验	0.0449	0.0000	0.0517
AR（2）检验	0.5255	0.9266	0.4481
Sargan 检验	0.8268	0.9997	0.9966
样本	1015	1015	1015

注：*** 表示 1% 统计水平上显著。括号中为估计系数的标准误。

在表 8 - 7（1）列中，税收竞争对中国城市群经济增长的影响系数为 0.052 且在 1% 的统计性水平下显著，对应于式（8 - 4）中税收竞争的总影响效应系数 α_2；在表 8 - 7（3）列中，税收竞争的影响系数为 0.049 且在 1% 的统计性水平下显著，对应于式（8 - 6）中税收竞争的直接影响效应系数 δ_2。因此，无论是总体影响还是直接影响，研究期间内中国城市群税收竞争确实显著地促进了经济增长，与前面的研究结论相一致。

通过式（8 - 5）和式（8 - 6）的模型回归结果，可以进一步考察税收竞争通过中介变量——贸易开放对经济增长造成的间接影响效应。根据中介效应检验方法一，在式（8 - 5）的回归结果中，税收竞争对地区经济增长的影响系数（β_1）为 0.082 且显著；在式（8 - 6）的回归结果中，中介变量——贸易开放的回归系数（δ_3）为 0.008 且显著。根据式（8 - 7）的原理，中介效应的影响系数（$\delta_3\beta_1$）为 0.0006，即表明税收竞争有可能通过贸易开放对经济增长产生显著的间接性促进作用。

根据检验方法二，构造如下检验统计量进行中介效应验证：

$$Z = \frac{\hat{\delta}_3\hat{\beta}_1}{S_{\delta_3\beta_1}} = \frac{\hat{\delta}_3\hat{\beta}_1}{\sqrt{\hat{\delta}_3^2 s_{\beta_1}^2 + \hat{\beta}_1^2 s_{\delta_3}^2}} \tag{8 - 11}$$

其中，$\hat{\delta}_3$ 和 $\hat{\beta}_1$ 分别为式（8－6）中的中介变量即贸易开放和式（8－5）中核心解释变量即税收竞争的回归估计系数值；S_{δ_3} 和 S_{β_1} 分别为上述估计系数的标准差，相应地，$S_{\delta_3\beta_1}$ 为 $\hat{\delta}_3\hat{\beta}_1$ 的联合标准差。对此，本章借鉴索贝尔（Sobel，1982）的研究，通过其一阶泰勒展开式所得到的近似公式获得联合标准差值。依据表 8－7 中（1）列～（3）列的估计结果计算可知：统计量 Z 值为 7.191，表明显著拒绝中介效应不显著的原假设，即贸易开放的中介效应在方法二中依然成立。

根据中介效应检验方法三，构造如下检验统计量进行中介效应验证：

$$t = \frac{\hat{\alpha}_2 - \hat{\delta}_2}{S_{\alpha_2-\delta_2}} = \frac{\hat{\alpha}_2 - \hat{\delta}_2}{\sqrt{s_{\alpha_2}^2 + s_{\delta_2}^2 - 2s_{\alpha_2}s_{\delta_2}\sqrt{1-r^2}}} \qquad (8-12)$$

其中，$\hat{\alpha}_2$ 和 $\hat{\delta}_2$ 分别为式（8－4）和式（8－6）中核心解释变量税收竞争的回归估计系数值；s_{α_2} 和 s_{δ_2} 分别为上述估计系数的标准差；r 为核心解释变量与中介变量的相关系数值。相应地，$S_{\alpha_2-\delta_2}$ 为 $\hat{\alpha}_2 - \hat{\delta}_2$ 的标准差。据此，本章可以通过弗里德曼和莎茨金（Freedman & Schatzkin，1992）所构建的统计公式获得此值，从而计算可得式（8－12）的统计值为 16.283，同样显著拒绝中介效应不显著的原假设。

根据以上三种中介效应检验结果，本章认为总体上看，贸易开放可以在地方政府间税收竞争与地区经济增长之间发挥显著的正中介效应，其作用机制是税收竞争可以提高贸易开放水平，而贸易开放水平的提高对地区经济增长具有促进作用。

（二）不同门槛区间的中介效应

根据前文研究可知，由于贸易开放水平的差异，税收竞争对城市群经济增长的影响呈现显著的门槛变化特征。考虑到中低贸易开放水平下，税收竞争对地区经济增长均具有正向作用，因此，本节将样本城市按照贸易开放水平分成两个区间：中低贸易开放区间和较高贸易开放区间，进而分别考察贸易开放中介效应的异质性问题。与前文中介效应的处理一样，本节按照相同方法得到表 8－8 的贸易开放中介效应的有关结果。

表8-8 贸易开放异质性：税收竞争对地区经济增长的传导机制

变量	中低贸易开放区间			较高贸易开放区间		
	因变量：经济增长（GDP）	因变量：贸易开放（OPEN）	因变量：经济增长（GDP）	因变量：经济增长（GDP）	因变量：贸易开放（OPEN）	因变量：经济增长（GDP）
L. GDP	0.315 *** (0.002)		0.317 *** (0.002)	0.593 *** (0.184)		0.622 *** (0.179)
TCOMP	0.053 *** (0.001)	0.066 *** (0.005)	0.052 *** (0.001)	-0.056 (0.051)	-0.199 (0.403)	-0.058 (0.046)
L. OPEN		0.506 *** (0.006)			0.053 (0.176)	
OPEN			0.005 *** (0.002)			0.023 (0.037)
常数项	-0.005 *** (0.001)	-0.018 *** (0.002)	-0.006 *** (0.000)	-0.111 ** (0.043)	0.378 (0.234)	-0.119 *** (0.045)
控制变量	控制	控制	控制	控制	控制	控制
AR（1）检验	0.0455	0.0000	0.0531	0.8534	0.8240	0.9322
AR（2）检验	0.5949	0.6948	0.5332	0.9224	0.2989	0.8560
Sargan 检验	0.8338	0.9999	0.9963	1.0000	1.0000	1.0000
样本	1004	1004	1004	11	11	11

注：*** 和 ** 分别表示1%和5%统计水平上显著。括号中为估计系数的标准误。

同样，基于表8-8的实证结果，本章发现：

（1）在中低贸易开放区间，无论是总体影响还是直接影响，税收竞争依然显著地促进了经济增长。此时，方程式（8-6）中的中介变量即贸易开放和方程式（8-5）中核心解释变量即税收竞争的回归估计系数值均显著为正，由检验方法一可知，中介效应的影响系数为0.0003，表明税收竞争有可能通过贸易开放对经济增长产生显著的间接性促进作用；由检验方法二可知，统计量Z值为2.455，表明显著拒绝中介效应不显著的原假设，即贸易开放的中介效应在方法二中依然成立；由检验方法三可知，统计量t值为7.689，同样显示贸易开放具有显著的中介作用。

（2）在较高贸易开放区间，税收竞争对经济增长的促进作用并不显著，无论是总体影响还是直接影响。此时，方程式（8-6）中的中介变量即贸易开放和方程式（8-5）中核心解释变量即税收竞争的回归估计系数值均不显著，由检验方法一可知，中介效应的影响系数为-0.005，但是表明税收竞争有可能通过贸易开放对经济增长产生显著的间接性促进作用；由检验方法二可知，统计量 Z 值为-0.387，表明无法拒绝中介效应不显著的原假设，即贸易开放的中介效应在方法二中依然不成立；由检验方法三可知，统计量 t 值为0.137，同样显示贸易开放并不具有显著的中介作用。

第六节 本章小结

传统研究中国地方政府间横向税收竞争的文献主要集中在省级层面，假若基于市级及以下数据开展相关研究则可能得到与之不同的结论（周业安和李涛，2013），尤其是在全球化下城市群日益成为国家综合竞争力和国民经济发展的决定因素（张学良和李培鑫，2014）。有鉴于此，本章基于中国八大城市群145个城市的面板数据，以动态面板模型为实证研究的基准框架，通过动态面板及门槛模型考察税收竞争对地区经济增长的影响及非线性效应，并进一步结合动态面板数据中介效应模型就贸易开放中介影响机制进行实证检验。主要结论如下：

（1）从整体上看，中国城市群的地方政府间税收竞争对地区经济增长存在显著的促进作用。在变量替代和改变样本量两种方法下，上述结论并未发生根本性变化，表明本书的实证结果具有一定的稳健性与可靠性。

（2）从区域异质性看，八大城市群中，珠三角、京津冀和北部湾三大城市群的地方政府间税收竞争没有产生显著的经济增长效应，而长三角、成渝、哈长、中原和长江中游五大城市群的地方政府间税收竞争对地区经济增长具有显著的促进作用。本章认为由于较高的开放性以及雄厚的财政基础，使得长三角城市群的正向税收竞争增长效应最大。

（3）地方政府间税收竞争对地区经济增长的影响随着贸易开放水平的不同而不同，且这种门槛效应与省级层面的结论存在较大差异。当贸易开放处于中低水平门槛区间时，税收竞争在此门槛阈值下对地区经济增长产生了正向推动作用，且这种作用逐渐有所增强；而当贸易开放处于较高水平门槛区间时，税收竞争对地区经济增长的效应值为 -0.056，并未通过至少10%的显著性检验，表明当贸易开放发展到较高水平时，这种促进作用将有所减弱甚至可能转变成抑制作用。

（4）贸易开放在地方政府间税收竞争增长效应中具有中介作用，但这种中介作用存在条件性。在城市群总体及贸易中低开放阶段，贸易开放可以在地方政府间税收竞争与地区经济增长之间发挥显著的正中介效应，其作用机制是地方政府间税收竞争可以提高贸易开放水平，而贸易开放水平的提高则可以推动地区经济增长。但在较高贸易开放阶段，贸易开放的中介效应不显著。

第九章 主要结论及政策建议

第一节 主要结论

本书以中国八大城市群为研究对象，多层次、多维度地实证研究了中国地方政府间横向税收竞争的存在性、分布动态、区域差异及空间收敛性等发展演化问题，从经济地理学视角探讨地方政府间税收竞争的增长效应及其外溢特征，并系统性探讨了开放经济变量、地方政府间税收竞争与地区经济增长之间的互动影响。本书基于现有可得的中国城市级别的地方政府税收细分数据，即 2005～2013 年中国八大城市群 145 个城市的面板数据构建适用的实证模型，对中国地方政府间税收竞争进行了较为细致全面的实证检验，主要得出以下若干关于开放条件下的中国城市群地方政府间税收竞争及其增长效应的研究结论。

一、关于中国城市群地方政府间税收竞争存在性及策略问题

中国城市群地方政府间税收负担存在税收竞争的策略行为，但随着时间的变化，虽然样本期内中国城市群地方政府的税收负担的空间相关性有所降低，但其整体空间集聚模式并没有发生根本性改变。这意味着，中国城市群地方政府间税收负担的全局空间相关与局域空间相关之间具有密切联系，空间地理位置对地方税收负担具有重要影响。在此基础上，本书结合中国地方税收实践现实，通过构建地方政府间横向税收竞争的复制动态模型，从理论

层面讨论地方政府间横向税收竞争的策略组合，然后分别构建税收竞争空间面板杜宾模型和两区制不对称模型加以实证检验。本书认为：中国八大城市群地方政府间的总体税收、营业税税收竞争表现为差异化竞争，而增值税、企业所得税和个人所得税税收竞争表现为标杆竞争。中国八大城市群地方政府间税收的标杆竞争均体现为"竞高"效应与"竞低"效应并存，其中增值税和个人所得税的税收标杆竞争是以"竞低"效应为主，企业所得税的税收标杆竞争则是以"竞高"效应为主。

二、关于中国城市群地方政府间税收竞争的分布动态、区域差异及空间收敛性问题

从总体上看，中国城市群地方政府间税收竞争的绝对差异呈现扩大化的趋势，但相对差距在不断缩小，且其并不具有显著的多极化特征，发展水平差异显著。从个体异质性上看，长三角城市群地方政府间税收竞争的绝对差异呈现扩大的趋势，珠三角城市群、京津冀城市群、成渝城市群、哈长城市群和北部湾城市群等地方政府间税收竞争的绝对差异表现为渐趋收缩的态势，而中原城市群和长江中游城市群地方政府间税收竞争的绝对差异变化并不显著。

中国城市群地方政府间税收竞争的区域差异呈现不断下降的趋势。除中原城市群、珠三角城市群和京津冀城市群外，其余城市群税收竞争的群内差异均呈现相对较为稳定的变化趋势，而其群间差异则呈现不断下降的趋势。导致城市群地方政府间税收竞争存在差异的来源依次是超变密度、群间差异和群内差异，超变密度是造成其税收竞争区域差异的主要来源。

就 σ 收敛特征而言，中国城市群总体及个体地方政府间税收竞争均呈现出一定的 σ 收敛现象。就其 β 收敛特征来讲，中国城市群总体及个体的 β 系数均显著大于 0，即均不存在绝对 β 收敛趋势；在考虑了经济发展、贸易开放、教育水平等条件，并控制了时间、城市以及城市群异质性等影响因素的情况下，中国城市群总体及个体地方政府间税收竞争随着时间推移并不能显

著收敛至同一稳态水平，仍然未呈现 β 收敛现象，具有显著的发散性特征。就俱乐部收敛特征而言，长江流域、珠江流域和北方地区地方政府间税收竞争依然存在显著的发散特征，并不具备俱乐部收敛机制。

三、关于中国城市群地方政府间税收竞争的增长效应及其空间溢出问题

中国城市群地方政府间税收竞争及邻近地区的空间外溢效应均为促进地区经济增长的重要因素。中国城市群地方政府间税收竞争的增长效应存在一定差异，其中，中国城市群地方政府间税收竞争对邻近地区经济增长具有促进作用（间接效应）。中国城市群地方政府间总体税收和营业税税收竞争对本地经济增长具有一定的抑制作用（直接效应），即此时存在"搭便车"的现象。中国城市群地方政府间的增值税、企业所得税和个人所得税税收竞争对本地经济增长具有显著的促进作用（直接效应）。就空间距离而言，中国城市群地方政府间税收竞争的直接效应和间接效应均随着空间相关距离的增大而有所改变，但并不服从空间距离衰减规律，即这种正向空间外溢效应的有效性具有全局普适性的特征。

四、关于国际贸易、地方政府间税收竞争与地区经济增长的互动影响

本书尝试将国际贸易和地方政府间税收竞争置于同一个研究框架内，实证探讨国际贸易因影响税收竞争而产生的增长效应变化，并研究了不同贸易流向以及不同税收类别的税收竞争增长效应。研究发现：从整体上看，国际贸易和税收竞争均是影响地区经济增长的重要因素，即均可以显著促进城市群经济增长。从具体税种来看，地方政府的增值税、营业税和企业所得税的税收竞争均能显著促进城市群经济增长，但以上三类税收的竞争显著抑制国际贸易增长，这表明不同类别的税收竞争依然会通过抑制国际贸易来间接影

响其经济增长效应；个人所得税的税收竞争对城市群经济增长具有一定的阻碍作用，但个人所得税下的国际贸易对经济增长不具有显著的影响作用，这表明个人所得税的税收竞争对国际贸易的增长效应的调节能力有限。国际贸易能显著抑制不同类别的地方政府间税收竞争，这进一步说明国际贸易将会影响不同类别税收竞争的经济增长效应。

考虑到地区经济增长的惯性影响，本书考察研究了地方政府间税收竞争对地区经济增长的影响，以及经济增长的非线性效应，并就贸易开放中介影响机制进行实证检验。得出以下结论：从城市群的异质性看，珠三角城市群、京津冀城市群和北部湾城市群的地方政府间税收竞争没有产生显著的经济增长效应，而长三角城市群、成渝城市群、哈长城市群、中原城市群和长江中游城市群的地方政府间税收竞争对地区经济增长具有显著的促进作用。地方政府间税收竞争对地区经济增长的影响随着贸易开放水平的不同而不同，且这种门槛效应与省级层面的结论存在较大差异。贸易开放在税收竞争增长效应中具有中介作用，但这种中介作用存在条件性。

第二节　政策建议

本书的研究结论蕴含了较为重要的政策含义，从而为开放经济条件下中国地方税收可持续发展提供了有力的政策依据。

一、在"分税制"框架下科学运用中国地方政府财税工具

第一，要理性认识到税收竞争经济增长推动能力的边界性。从本书的实证结果来看，在经济开放条件下，虽然国际贸易和税收竞争均可以促进经济增长，但是国际贸易却可以在一定程度上限制、扭曲税收竞争增长效应。因此，在使用税收竞争作为促进地区经济增长的重要手段时，要充分认识到其经济增长效应的有限性。

第二，地方政府要科学运用税收裁量权，拓展税收竞争最大的空间。本书

研究显示税收竞争对地区经济增长具有显著的推动作用，但是考虑到部分政府出于政绩考核的目的可能为规避甚至违背税收法定原则，引发恶性税收竞争，产生税负扭曲、税基受损以及拉大地区间经济发展差距等不良后果，因此，伴随国家税收征管体制改革不断深入，在地方政府税收竞争实践中，仍需进一步规范税收竞争体制和征管机制，提高地方政府预算自求平衡的能力。

第三，坚持地区税收竞争的适度性。地区税收竞争形式已然发生改变，由制度内较为规范且显性的政策行为演变为游离于制度约束之间更为隐性的政策举动，税收竞争的激烈程度也在不断增强。本书研究显示，税收竞争对地区经济增长具有一定的推动作用。因此，本书认为彻底禁止地区税收竞争是中国现代市场经济下的伪命题，真正需要做的是规范和升级税收竞争。建议借鉴"负面清单"管理模式，从制度机制上弱化不利于城市群均衡健康发展的恶性税收竞争的驱动力，进一步减少无序竞争；降低区域税收优惠为主的税收激励手段的使用，鼓励地方开展行业或产业优惠为内容的税收改革创新。

第四，继续深化财税改革，合理布局不同税种的税收竞争。在"六稳""六保"等政策导向下，应优化临时性减税政策和长期减税政策组合，进一步降低增值税的法定税率；在对符合条件的制造业企业全面实施优惠税率的基础上，适时降低企业所得税税负，努力实现地方政府税收竞争的收益和成本达到"竞高"抑或"竞低"的健康良性的发展均衡点，切实落实"营改增"改革的减税政策目标。此外，鉴于企业所得税竞争主要是以"竞高"效应为主，地方政府还应着力压低企业实际综合负担，特别是税外负担。

二、优化提升中国地方政府税收实践的有效性

第一，清晰认识并高度重视中国城市群地方政府间税收竞争非均衡发展的既成事实，系统性深化地方税收优惠体制改革。区域发展补短板的重中之重，是以区域重大战略为引领，增强中心城市和城市群等经济发展优势区域的承载能力。要以此为导向，充分发挥政府作用，在地方税收实践机制设计上，进一步融入区域经济发展差异、要素禀赋、市场需求异质性等因素，为增强城市群供给同国内需求的适配性，以及建立健全更有利于区域统筹的协

调发展，提供必要的政策条件及良好市场环境。

第二，推动税收优惠政策清理与规范，明确把握城市集群发展，持续优化城市群要素协同共享。超变密度是造成中国城市群地方政府间税收竞争总体差异的主要来源，因此在肯定地方政府正当的税收竞争权的同时，着力清理那些扰乱甚至破坏市场竞争环境、危害社会福利且共同存在的不良税收竞争行为，保障地方政府间税收竞争处于合理区间内运行，从而有利于推动和实现要素跨区域流动及共享。

第三，统筹结合税制改革，建立健全城市群财税利益协调机制。根据本书研究的中国城市群地方政府间税收竞争的收敛性特征，建议地方政府部门在维持税负稳定的前提下，既要注重缩小税收竞争发展的区域差异性，也要兼顾其发展速度的协调。应继续深化税收改革，实行有差别税收优惠政策；建立以产业优惠为主导的税收优惠体系，充分发挥税收竞争在城市群产业结构转型升级中的积极作用；持续落实减税降费力度的同时，进一步完善地方转移支付机制，合理划分城市群之间及内部区域的财权和事权，建立健全城市群财税利益协调机制。

第四，谋划建立与城市群一体化相适应的财税政策。在当下我国经济进入新常态，尤其是税收收入增速有所放缓的背景下，更要加快建立与国家治理体系和治理现代化相适应的现代财政制度。本章研究表明，税收竞争增长效应在不同城市群具有异质性。中国经济实现高质量推进，离不开区域均衡发展，也更需要依托城市群一体化。从上述研究结论和现实背景出发，地方政府除了要更加积极地发挥财政政策"总量调控＋结构优化"双轮驱动的调控效应外，还应结合城市群一体化战略，先行在长三角城市群、成渝城市群等加大减税降费力度的试点，加快研究如何形成有利于优化城市群区域连接性和提升经济集聚水平的减税方案，为探讨城市群及其之间协调发展的结构性减税积累经验样本。

三、推动国内财税制度改革与国际贸易高质量发展

第一，要尽量降低国际贸易对地方政府间税收竞争增长效应的扭曲作用。

国际贸易是影响地方财税行为的重要因素，其地区经济增长带动机制的发挥也仍有较大提升空间，突出表现为进一步增加地方政府所面对的外部风险，挑战政府驾驭和管理相应风险的应对能力。这需要政府能够适应和跟进经济社会发展的深刻变化，尤其是要权衡财政支出在促进地方经济增长和保障科教文卫等公共产品的更高需求的优先顺序，及时做出财税政策安排和相应制度的补位或正位。

第二，要充分挖掘地方政府间横向税收竞争本应发挥的要素配置功能。本书研究结论显示，作为中国税收两大主要税种，增值税和企业所得税的竞争依然会通过抑制国际贸易来间接影响其经济增长效应，这表明上述两个类别的税收对经济增长的必要的正向调节功能还未能发挥出来。因此，应进一步通过规范地方政府的税收竞争行为，提高财税工具的宏观调控效率，充分发挥增值税的贸易中性特征（程风雨，2015a，2015b）和企业所得税的贸易作用（程风雨，2015c），在确保地方税收收入合理增长的同时，使其成为调节地方经济增长的有效政策工具。

第三，要充分认识贸易开放程度提高对地方政府税收增长效应带来的影响。随着全球化进程的不断深入，中国贸易开放程度日益提升，在抓住和利用好贸易开放对经济发展带来的福利与机遇的同时，要用好贸易开放的中介渠道，在税收竞争中有偏向地支持地方公共支出以及产业集聚升级。同时，应密切关注开放条件下财税政策调控效果的变化，采取合理有效的政策措施，以尽可能减低贸易开放对税收增长效应的不利影响，提高积极财政政策的有效性。

第四，创新培育地方新的制度竞争机制。当前，我国面临经济下行压力和转型升级等新情况，优惠政策优势大幅减弱，招商引资国内外竞争激烈。地方政府一方面要持续优化税收营商环境，增强地方对资本、人才、技术的吸收能力；同时也要注重城市群或经济圈之间的联动发展，弘扬企业家主体精神，推进政府与企业等市场主体协同共治，进一步推动国家治理体系和治理能力现代化。

参 考 文 献

［1］钞小静，沈坤荣. 城乡收入差距、劳动力质量与中国经济增长［J］. 经济研究，2014，49（6）：30 - 43.

［2］陈博，倪志良. 税收竞争对我国区域经济增长的非线性作用研究——基于动态面板与门限面板模型的分析［J］. 现代财经（天津财经大学学报），2016，36（12）：73 - 85.

［3］陈晓，肖星，王永胜. 税收竞争及其在我国资本市场中的表现［J］. 税务研究，2003（6）：18 - 23.

［4］陈艳莹，王二龙. 要素市场扭曲、双重抑制与中国生产性服务业全要素生产率：基于中介效应模型的实证研究［J］. 南开经济研究，2013（5）：71 - 82.

［5］程风雨. 发展中国家增值税存在相对贸易中性吗？——基于非正规经济的视角［J］. 财经论丛，2015a（10）：26 - 33.

［6］程风雨. 公司所得税与净出口：促进还是阻碍——基于跨国面板数据的实证研究［J］. 国际贸易问题，2015c（5）：147 - 155.

［7］程风雨. 贸易开放视角下的地区税收竞争与经济增长——来自中国的经验证据［J］. 财经论丛，2016（5）：11 - 19.

［8］程风雨. 增值税存在相对贸易中性效应吗——基于面板 VAR 模型的实证分析［J］. 国际商务（对外经济贸易大学学报），2015b（5）：134 - 143.

［9］崔治文，周平录，章成帅. 横向税收竞争对经济发展影响研究——基于省际间资本税、劳动税和消费税竞争视角［J］. 西北师大学报（社会科学版），2015（1）：125 - 133.

［10］邓慧慧，虞义华. 税收竞争、地方政府策略互动行为与招商引资［J］. 浙江社会科学，2017（1）：28 - 35，155 - 156.

［11］丁国峰，毕金平. 论政府间税收竞争的理论基础［J］. 安徽行政学院学报，2010（4）：49-53.

［12］段雨澜. 地区间税负差异与地区经济的非均衡发展［J］. 财经论丛（浙江财经学院学报），2003（5）：40-46.

［13］范子英，田彬彬. 政企合谋与企业逃税：来自国税局长异地交流的证据［J］. 经济学（季刊），2016，15（4）：1303-1328.

［14］方创琳. 中国城市群形成发育的新格局及新趋向［J］. 地理科学，1997，31（9）：1025-1034.

［15］傅勇，张晏. 中国式分权与财政支出结构偏向：为增长而竞争的代价［J］. 管理世界，2007（3）：4-12.

［16］干春晖，郑若谷，余典范. 中国产业结构变迁对经济增长和波动的影响［J］. 经济研究，2011，46（5）：4-16，31.

［17］高凤勤，徐震寰. "竞高"还是"竞低"：基于我国省级政府税收竞争的实证检验［J］. 上海财经大学学报，2020，22（1）：3-17，122.

［18］葛夕良. 国内税收竞争研究［M］. 北京：中国财政经济出版社，2005a.

［19］葛夕良. 国内纵向税收竞争与征税程度模型分析［J］. 财经论丛，2005（2）：47-51.

［20］龚维进，倪鹏飞，徐海东. 经济竞争力影响因素的空间外溢效应及其溢出带宽——基于中国285个城市的空间计量分析［J］. 南京社会科学，2019（9）：23-30，38.

［21］龚维进，徐春华. 空间外溢效应与区域经济增长：基于本地利用能力的分析［J］. 经济学报，2017，4（1）：41-61.

［22］龚振勇. 公共财政支出概论［M］. 北京：中国财政经济出版社，2000：5-6.

［23］郭杰，李涛. 中国地方政府间税收竞争研究——基于中国省级面板数据的经验证据［J］. 管理世界，2009（11）：54-64，73.

［24］郭矜，杨志安，龚辉. 我国地方政府间税收竞争的负效应及对策分析［J］. 研究探索，2016（7）：106-115.

［25］何毅. 我国地方政府间税收竞争现状分析［J］. 福建税务，2003（12）：26-27.

［26］黄春蕾. 中国国内横向税收竞争分析［J］. 经济纵横，2003（9）：20-22.

［27］黄纯纯，周业安. 地方政府竞争理论的起源、发展及其局限［J］. 中国人民大学学报，2011（3）：97-104.

[28] 黄婷. 论城镇化是否一定能够促进经济增长——基于 19 国面板 VAR 模型的实证分析 [J]. 上海经济研究, 2014 (2): 32 - 40, 50.

[29] 贾康, 阎坤, 鄢晓发. 总部经济、地区间税收竞争与税收转移 [J]. 税务研究, 2007 (2): 12 - 17.

[30] 李彬, 潘爱玲. 税收诱导、战略异质性与公司并购 [J]. 南开管理评论, 2015, 18 (6): 125 - 135.

[31] 李平. 促进城市群发展的财税政策研究 [J]. 税务研究, 2007 (2): 34 - 36.

[32] 李涛, 黄纯纯, 周业安. 税收、税收竞争与中国经济增长 [J]. 世界经济, 2011, 34 (4): 22 - 41.

[33] 李一花, 瞿玉雪. 地方横向税收竞争的存在性检验及增长效应评估研究 [J]. 公共财政研究, 2017 (2): 4 - 20.

[34] 李永友, 沈坤荣. 辖区间竞争、策略性财政政策与 FDI 增长绩效的区域特征 [J]. 经济研究, 2008 (5): 58 - 69.

[35] 林毅夫, 李永军. 出口与中国的经济增长: 需求导向的分析 [J]. 经济学 (季刊), 2003 (3): 779 - 794.

[36] 林毅夫, 刘志强. 中国的财政分权与经济增长 [J]. 北京大学学报 (哲学社会科学版), 2000 (4): 5 - 17.

[37] 刘常青, 李磊, 卫平. 中国地级及以上城市资本存量测度 [J]. 城市问题, 2017 (10): 69 - 74.

[38] 刘传明, 王卉彤, 魏晓敏. 中国八大城市群互联网金融发展的区域差异分解及收敛性研究 [J]. 数量经济技术经济研究, 2017, 34 (8): 3 - 20.

[39] 刘国艳. 规范完善税收优惠政策的建议 [J]. 财政金融, 2015 (3): 63 - 67.

[40] 刘华军, 曲惠敏. 黄河流域绿色全要素生产率增长的空间格局及动态演进 [J]. 中国人口科学, 2019 (6): 59 - 70, 127.

[41] 刘清杰, 任德孝, 刘倩. 中国地区间税收竞争及其影响因素研究——来自动态空间杜宾模型的经验证据 [J]. 财经论丛, 2019 (1): 21 - 31.

[42] 刘清杰, 任德孝. 中国地区间税收竞争刺激经济增长了吗 [J]. 广东财经大学学报, 2017 (4): 92 - 103.

[43] 刘蓉, 颜小玲. 我国政府间税收竞争的形成条件、框架及其规范 [J]. 税务研究, 2005 (5): 7 - 10.

[44] 刘奕辰, 栾维新, 万述林. 制造业服务化是否匹配制造业生产效率——基于联

立方程的多重中介效应实证 [J]. 山西财经大学学报, 2020 (1): 56 – 71.

[45] 龙小宁, 朱艳丽, 蔡伟贤等. 基于空间计量模型的中国县级政府间税收竞争的实证分析 [J]. 经济研究, 2014 (8): 41 – 53.

[46] 鲁明泓. 外国直接投资区域分布与中国投资环境评估 [J]. 经济研究, 1997 (12): 38 – 45.

[47] 陆铭, 陈钊, 万广华. 因患寡, 而患不均——中国的收入差距、投资、教育和增长的相互影响 [J]. 经济研究, 2005, 40 (12): 4 – 14, 101.

[48] 逯建, 杨彬永. FDI 与中国各城市的税收收入——基于 221 个城市数据的空间面板分析 [J]. 国际贸易问题, 2015 (9): 3 – 13.

[49] 马光荣, 张凯强, 吕冰洋. 分税与地方财政支出结构 [J]. 金融研究, 2019 (8): 20 – 37.

[50] 潘明星. 政府间横向税收竞争的博弈分析及效应分析 [J]. 财政经济评论, 2009 (2): 90 – 100.

[51] 蒲艳萍, 成肖. 资本流动还是信息不对称——对中国地方政府税收竞争动因的实证研究 [J]. 财贸研究, 2017 (4): 78 – 84.

[52] 蒲艳萍. 经济集聚、市场一体化与地方政府税收竞争 [J]. 财贸经济, 2017 (7): 111 – 113.

[53] 钱金保, 才国伟. 地方政府的税收竞争和标杆竞争——基于地市级数据的实证研究 [J]. 经济学 (季刊), 2017 (3): 244 – 265.

[54] 邱丽萍. 税收竞争浅议 [J]. 扬州大学税务学院学报, 2000 (1): 17 – 19.

[55] 邵朝对, 苏丹妮. 全球价值链生产率效应的空间溢出 [J]. 中国工业经济, 2017 (4): 94 – 114.

[56] 邵明伟, 钟军委, 张祥建. 地方政府竞争: 税负水平与空间集聚的内生性研究——基于 2000 – 2011 年中国省域面板数据的空间联立方程模型 [J]. 财经研究, 2015, 41 (6): 58 – 69.

[57] 沈坤荣, 付文林. 税收竞争、地区博弈及其增长绩效 [J]. 经济研究, 2006 (6): 11 – 25.

[58] 覃成林, 杨霞. 先富地区带动了其他地区共同富裕吗——基于空间外溢效应的分析 [J]. 中国工业经济, 2017 (10): 44 – 61.

[59] 谭祖铎. 浅论税收竞争 [J]. 税务与经济 (长春税务学院学报), 2000 (2): 12 – 14.

[60] 汤玉刚, 苑程浩. 不完全税权、政府竞争与税收增长 [J]. 经济学（季刊），2011, 10 (1): 33 - 50.

[61] 田彬彬, 王俊杰, 邢思敏. 税收竞争、企业税负与企业绩效——来自断点回归的证据 [J]. 华中科技大学学报（社会科学版），2017, 31 (5): 127 - 137.

[62] 万晓萌. 经济增长与税收竞争关系的实证分析 [J]. 研究探索, 2016 (4): 37 - 56.

[63] 王凤荣, 苗妙. 税收竞争、区域环境与资本跨区流动——基于企业异地并购视角的实证研究 [J]. 经济研究, 2015, 50 (2): 16 - 30.

[64] 王华春, 崔伟, 平易. 税收竞争促进区域绿色发展了吗？——基于空间杜宾模型的实证研究 [J]. 云南财经大学学报, 2019, 35 (11): 3 - 14.

[65] 王立勇, 祝灵秀. 贸易开放与财政支出周期性——来自 PSM-DID 自然实验的证据 [J]. 经济学动态, 2019 (8): 40 - 55.

[66] 王鲁宁, 何杨. 所得税税负、生产要素流动与区域经济增长 [J]. 中央财经大学学报, 2014 (6): 3 - 10.

[67] 王守坤, 任保平. 中国省级政府间财政竞争效应的识别与解析：1978～2006 年 [J]. 管理世界, 2008 (11): 32 - 43, 187.

[68] 吴俊培, 王宝顺. 我国省际间税收竞争的实证研究 [J]. 当代财经, 2012 (4): 30 - 40.

[69] 吴振球, 王建军. 地方政府竞争与经济增长方式转变：1998 - 2010——基于中国省级面板数据的经验研究 [J]. 经济学家, 2013 (1): 38 - 47.

[70] 肖鹏, 樊蓉. 债务控制视角下的地方财政透明度研究——基于 2009 - 2015 年 30 个省级政府的实证分析 [J]. 财政研究, 2019 (7): 60 - 70.

[71] 肖叶, 贾鸿. 税收竞争对城市经济增长的门槛效应 [J]. 城市问题, 2017 (4): 52 - 58.

[72] 肖叶, 贾鸿. 异质性、税收竞争与城市经济增长——基于面板分位数模型的分析 [J]. 北京邮电大学学报：社会科学版, 2016 (6): 81 - 88, 188.

[73] 肖叶, 刘小兵. 税收竞争促进了产业结构转型升级吗？——基于总量与结构双重视角 [J]. 财政研究, 2018 (5): 60 - 74.

[74] 谢乔昕, 孔刘柳, 张宇. 经济差距、产业集聚与税收竞争——基于区域差异的角度 [J]. 税务与经济, 2011 (1): 65 - 69.

[75] 谢欣, 李建军. 地方税收竞争与经济增长关系实证研究 [J]. 财政研究, 2011

（1）：35 - 45.

[76] 谢贞发，范子英. 中国式分税制、中央税收征管权集中与税收竞争 [J]. 经济研究，2015（4）：92 - 105.

[77] 谢贞发，朱恺容，李培. 税收分成、财政激励与城市土地配置 [J]. 经济研究，2019，54（10）：57 - 73.

[78] 徐康宁，陈丰龙，刘修岩. 中国经济增长的真实性：基于全球夜间灯光数据的检验 [J]. 经济研究，2015（9）：17 - 29.

[79] 薛钢，曾翔，董红锋. 对我国政府间税收竞争的认识及规范 [J]. 涉外税务，2000（8）：13 - 15.

[80] 鄢姣，赵军. 个人所得税、经济增长与城乡收入差距——基于我国省际面板数据的实证研究 [J]. 财经理论研究，2015（1）：79 - 84.

[81] 鄢哲明，杨志明，杜克锐. 低碳技术创新的测算及其对碳强度影响研究 [J]. 财贸经济，2017，38（8）：112 - 128.

[82] 阳举谋，曾令鹤. 地区间税收竞争对资本流动的影响分析 [J]. 涉外税务，2005（1）：14 - 18.

[83] 杨冬梅. 产业集聚、经济增长与山东区域差异 [J]. 经济与管理评论，2012，28（4）：137 - 142.

[84] 杨柳，方元子. 地方政府税收竞争机制研究评述：基于新经济地理学的视角 [J]. 税务与经济，2017（2）：70 - 78.

[85] 杨亚平，周泳宏. 成本上升、产业转移与结构升级——基于全国大中城市的实证研究 [J]. 中国工业经济，2013（7）：147 - 159.

[86] 杨志勇. 国内税收竞争理论：结合我国现实的分析 [J]. 税务研究，2003（6）：14 - 17.

[87] 余红艳，袁以平. 中国税收优惠政策转型：从"相机抉择"到"稳定机制" [J]. 税务研究，2018（10）：39 - 45.

[88] 袁浩然，欧阳峣. 大国地方政府间税收竞争策略研究——基于中国经验数据的空间计量面板模型 [J]. 湖南师范大学社会科学学报，2012（5）：96 - 101.

[89] 袁浩然. 中国省级政府间税收竞争反应函数的截面估计 [J]. 统计与决策，2010（17）：84 - 87.

[90] 曾亚敏，张俊生. 税收征管能够发挥公司治理功用吗？ [J]. 管理世界，2009（3）：143 - 151.

[91] 张福进，罗振华，张铭洪. 税收竞争与经济增长门槛假说——基于中国经验数据分析 [J]. 当代财经，2014 (6)：32-46.

[92] 张军，吴桂英，张吉鹏. 中国省际物质资本存量估算：1952—2000 [J]. 经济研究，2004 (10)：35-44.

[93] 张坤领，刘清杰. 户籍制度竞争及其经济发展效应——基于动态空间杜宾模型的实证检验 [J]. 中南财经政法大学学报，2019 (4)：78-88.

[94] 张梁梁，杨俊. 地方政府财政竞争行为如何影响省际资本流动 [J]. 当代财经，2017 (5)：24-33.

[95] 张学良，李培鑫. 城市群经济机理与中国城市群竞争格局 [J]. 探索与争鸣，2014 (9)：59-63.

[96] 张忠任. 关于我国税收竞争特征的理论分析 [J]. 财政研究，2012 (1)：28-31.

[97] 赵娜，李村璞，李香菊. 税收竞争影响资本流动的空间计量分析 [J]. 华东经济管理，2018，32 (11)：96-101.

[98] 赵秋银，余升国. 税收竞争影响经济增长的中介效应研究——基于结构方程模型的路径分析 [J]. 华东经济管理，2020 (3)：75-85.

[99] 钟军委，林永然. 地方政府竞争、资本流动与区域经济的空间均衡 [J]. 云南财经大学学报，2018，34 (9)：23-33.

[100] 钟军委，万道侠. 地方政府竞争、资本流动及其空间配置效率 [R]. 上海：上海财经大学财经研究所，2018 (4)：1-16.

[101] 周克清. 我国政府间税收竞争理论基础及现实条件 [J]. 涉外税务，2003 (4)：78-83.

[102] 周克清. 政府间税收竞争研究——基于中国实践的理论与经验分析 [J]. 税务研究，2004 (5)：34-40.

[103] 周黎安. 中国地方官员的晋升锦标赛模式研究 [J]. 经济研究，2007 (7)：36-50.

[104] 周圣强，朱卫平. 产业集聚一定能带来经济效率吗：规模效应与拥挤效应 [J]. 产业经济研究，2013 (3)：12-22.

[105] 周业安. 地方政府竞争与经济增长 [J]. 中国人民大学学报，2003 (1)：97-103.

[106] 周业安，李涛. 地方政府竞争和经济增长：基于我国省级面板数据的空间计量

经济学研究［M］. 北京：中国人民大学出版社，2013.

［107］周一星，于海波. 中国城市人口规模结构的重构（一）［J］. 城市规划，2004（6）：49 - 55.

［108］朱军，贾绍华. 深化区域经济协调战略的税制改革研究［J］. 经济体制改革，2014（5）：53 - 57.

［109］朱琪琪，涂欣培，贺文慧. 税收竞争、产业结构与经济增长——基于地市级面板数据的经验分析［N］. 湖北经济学院学报，2019 - 1 - 14（6）.

［110］邹一南，李爱民. 户籍管制、城市规模与城市发展［J］. 当代经济研究，2013（9）：53 - 60.

［111］Albuquerque B. Fiscal institutions and public spending volatility in Europe［J］. Economic Modelling, 2011, 28（6）：2544 - 2559.

［112］Alesina A, Perotti R. The welfare state and competitiveness［J］. American Economic Review, 1997, 87（5）：921 - 939.

［113］Allers M A, Elhorst J P. Tax mimicking and yardstick competition among local governments in the Netherlands［J］. International Tax & Public Finance, 2005, 12（12）：493 - 513.

［114］Anderson T, Hsiao C. Estimation of dynamic models with error components［J］. Journal of the American Statistical Association, 1981, 76（375）：598 - 606.

［115］Anselin L. A test for spatial autocorrelation in seemingly unrelated regressions［J］. Economics Letters, 1988, 28（4）：335 - 341.

［116］Anselin L. Local indicators of spatial association-LISA［J］. Geographical Analysis, 2010, 27（2）：93 - 115.

［117］Arellano M, Bover O. Another look at the instrumental variable estimation of error-components models［J］. Journal of Econometrics, 1995, 68（1）：29 - 51.

［118］Baldwin R, Krugman P. Agglomeration, integration and tax harmonization［J］. CEPR Discussion Papers, 2000, 48（1）：1 - 23.

［119］Baltagi B H, Demetriades P O, Law S H. Financial development and openness：Evidence from panel data［J］. Journal of Development Economics, 2009, 89（2）：285 - 296.

［120］Barro R J. Government spending in a simple model of endogenous growth［J］. Journal of Political Economy, 1990, 98（5）：103 - 125.

［121］Baum A, Checherita-Westphal C, Rother P. Debt and growth：New evidence for the euro area [J]. Journal of International Money and Finance, 2013, 32: 809 – 821.

[122] Bickenbach F, Bode E, Nunnenkamp P, et al. Night lights and regional GDP [J]. Review of World Economics, 2016, 152 (2): 425 – 447.

[123] Bin Wu. Investment promotion, fiscal competition and economic growth sustainability [J]. Tax Public Finance, 2018, 32 (1): 564 – 576.

[124] Blankart C B. A public choice view of tax competition [J]. Public Finance Review, 2002, 30 (5): 366 – 376.

[125] Case A C, Rosen H S, Hines J R. Budget spillovers and fiscal policy interdependence: Evidence from the states [J]. Journal of Public Economics, 1993, 52 (3): 285 – 307.

[126] Charles M. Tiebout. A Pure Theory of Local Expenditures [J]. Journal of Political Economy, 1956, 64 (5): 416 – 424.

[127] Che Y, Lu Y, Tao Z, Wang P. The impact of income on democracy revisited [J]. Journal of Comparative Economics, 2013 (41): 159 – 169.

[128] Duede E, Zhorin V. Convergence of economic growth and the Great Recession as seen from a Celestial Observatory [J]. EPJ Data Science, 2016, 5 (1): 11 – 29.

[129] Dufrenot G, Tsangarides M C. The trade-growth nexus in the developing countries: A quantile regression approach [J]. Review of World Economics, 2010, 146 (4): 731 – 761.

[130] Duran J. The effects of agglomeration on tax competition: evidence from a two-regime spatial panel model on French data [J]. Tax Public Finance, 2017 (24): 1100 – 1140.

[131] Edmark K, Agren H. Identifying strategic interactions in Swedish local income tax policies [J]. Journal of Urban Economics, 2008, 63 (3): 849 – 857.

[132] Eggertsson G B, Mehrotra N R, Singh S R, et al. A contagious malady? Open economy dimensions of secular stagnation [J]. IMF Economic Review, 2016b, 64 (4): 581 – 634.

[133] Eggertsson G B, Mehrotra N R, Summers L H. Secular stagnation in the open economy [J]. American Economic Review, 2016a, 106 (5): 503 – 507.

[134] Federico Revelli. Testing the tax mimicking versus expenditure spill-over hypothesis using English data [J]. Applied Economics, 2002, 34 (14): 1723 – 1731.

[135] Feld L P, Kirchgssner G, Schaltegger C A. Fiscal federalism and economic performance: Evidence from Swiss cantons [R]. Marburger volkswirtschaftliche Beitrge, 2004.

[136] Fredriksson P G, Millimet D L. Strategic interaction and the determination of environmental policy across U.S. States [J]. Journal of Urban Economics, 2002, 51 (1): 101 –

122.

[137] Freedman L S, Schatzkin A. Sample size for studying intermediate endpoints within intervention trails or observational studies [J]. American Journal of Epidemiology, 1992, 136 (9): 1148 – 1159.

[138] Hansen B E. Threshold effects in non-dynamic panels: Estimation, testing, and inference [J]. Journal of Econometrics, 1999, 93 (2): 345 – 368.

[139] Jetter M, Parmeter C F. Trade openness and bigger governments: the role of country size revisited [J]. European Journal of Political Economy, 2015, 37: 49 – 63.

[140] Judd K L. Redistributive taxation in a simple perfect foresight model [J]. Journal of Public Economics, 1985 (1): 59 – 83.

[141] Kavoussi R. Export expansion and economic growth: Further empirical evidence [J]. Journal of Development Economics, 1984, 14 (1): 241 – 250.

[142] Koethenbuerger M, Lockwood B. Does tax competition really promote growth? [J]. Journal of Economic Dynamics & Control, 2010, 34 (2): 191 – 206.

[143] Kohli I, Singh N. Exports and growth: critical minimum effort and diminishing returns [J]. Journal of Development Economics, 1989, 30 (2): 391 – 400.

[144] Kremer S, Bick A, Nautz D. Inflation and growth: New evidence from a dynamic panel threshold analysis [J]. Empirical Economics, 2013, 44 (2): 861 – 878.

[145] Krugman P. Increasing returns and economic geography [J]. Journal of Political Economy, 1991, 99 (3): 483 – 499.

[146] Ladd H F. Mimicking of local tax burdens among neighboring counties [J]. Public Finance Review, 1992, 20 (4): 450 – 467.

[147] Lee L F, Yu J H. A spatial dynamic panel data model with both time and individual fixed effects [J]. Econometric Theory, 2010, 26 (2): 564 – 597.

[148] Lejour A M, Verbon H A. Tax competition and redistribution in a two-country endogenous-growth model [J]. International Tax and Public Finance, 1997 (4): 485 – 497.

[149] LeSage P, Pace R K. Introduction to Spatial Econometrics [M]. BocaRaton, US: CRC Press Taylor & Francis Group, 2009.

[150] Li J C, Cheng K M. An analysis of dynamic econometric relationship between urbanization and economic growth in China [J]. Journal of Finance and Economics, 2006 (9): 19 – 30.

[151] Lyytikainen T. Tax competition among local governments: Evidence from a property tax reform in Finland [J]. Journal of Public Economics, 2011, 96 (7 - 8): 584 - 595.

[152] Mellander C, Stolarick K, Matheson Z, et al. Night-Time Light Data: A Good Proxy Measure for Economic Activity? [J]. Plos One, 2015, 10 (10): 1 - 18.

[153] Michaely M. Export and Growth: An Empirical Investigation [J]. Journal of Development Economics, 1977, 4 (1): 49 - 53.

[154] Musgrave R A. The Theory of Public Finance: A Study in Public Economy [M]. New York: McGraw-Hill, 1959.

[155] Oates W E. The effect of property taxes and local public spending on property values: An empirical study of tax capitalization and the Tiebout Hypothesis [J]. Journal of Political Economy, 1969, 77 (6): 57 - 71.

[156] Qian Y, Roland G. Federalism and the soft budget constraint [J]. American Economic Review, 1998, 88: 1143 - 1162.

[157] Ram R. Openness, country size, and government size: Additional evidence from a large cross-country panel [J]. Journal of Public Economics, 2009, 93 (1 - 2): 213 - 218.

[158] Rauscher M. Economic growth and tax-competing leviathans [J]. International Tax & Public Finance, 2005, 12 (4): 457 - 474.

[159] Rauscher M. Leviathan and competition among jurisdictions: the case of benefit taxation [J]. Journal of Urban Economics, 1998, 44: 59 - 67.

[160] Richter W F, Wellisch D. The provision of local public goods and factors in the presence of firm and household mobility [J]. Journal of Public Economics, 1996, 60 (1): 73 - 93.

[161] Rodríguez-Pose A, Crescenzi R. Research and development, spillovers, innovation systems, and the genesis of regional growth in Europe [J]. Regional Studies, 2008, 42 (1), 51 - 67.

[162] Rodrik D. Why do more open economies have bigger governments? [J]. Journal of Political Economy, 1998, 106 (5): 997 - 1032.

[163] Shahbaz M, Khan S, Tahir M I. The dynamic links between energy consumption, economic growth, financial development and trade in China: Fresh evidence from multivariate framework analysis [J]. Energy Economics, 2013 (40): 8 - 21.

[164] Silverman B W. Density Estimation for Statistics and Data Analysis [M]. New York:

Chapman & Hall, 1986.

[165] Sobel M E. Asymptotic confidence intervals for indirect effects in structural EQUA-
TION MODELS [J]. Sociological Methodology, 1982, 13: 290 – 312.

[166] Thomas J, Worrall T. Foreign direct investment and the risk of expropriation [J].
Review of Economic Studies, 1994, 61 (1): 81 – 108.

[167] Tiebout C M. A pure theory of local expenditures [J]. Journal of Political Economy,
1956, 5: 416 – 424.

[168] Van Prays S, Verbeke T. Tax competition among Belgian municipalities [J]. Fi-
nancial Research, 2008 (2): 24 – 27.

[169] Wilson J D. A theory of interregional tax competition [J]. Journal of Urban Econom-
ics, 1986, 19 (3): 296 – 315.

[170] Wilson J. Tax competition: bane or boon [J]. Journal of Public Economics, 2001,
88 (6): 1065 – 1091.

[171] Winner H. Has Tax competition emerged in OECD countries? Evidence from panel da-
ta [J]. International Tax & Public Finance, 2005, 12 (5): 667 – 687.

[172] Woo Jaejoon. Growth, income distribution, and fiscal policy volatility [J]. Journal
of Development Economics, 2011, 96 (2): 289 – 313.

[173] Young A. Gold into base metals: Productivity growth in the People's Republic of Chi-
na during the reform period [J]. Journal of Political Economy, 2003, 111 (6): 1220 – 1261.

[174] Zodrow G R, Mieszkowski P. Pigou, tiebout, property taxation, and the underprovi-
sion of local public goods [J]. Journal of Urban Economics, 1986, 3: 356 – 370.

后　记

　　时光转瞬即逝。从 2017 年获得广州市哲学社会科学发展"十三五"规划一般课题立项开始，我就正式围绕中国地方政府间税收竞争问题开展研究，断断续续开展本书的撰写工作。期间，我由当初的博士毕业独立面对科研的惶恐，变得渐渐适应了走出"象牙塔"之后的科研与生活，找寻属于自己的人生轨道。职称的升级只是科研生涯的一小部分，不惑之年的我升级为爸爸，如履薄冰地学着如何做一名合格的父亲。我学会了更加平和地看待周遭，也懂得了生命是有尺度可以丈量的；学会了努力争取，更懂得了放弃的难能可贵。

　　感谢广州国家中心城市研究基地对本书的出版资助。广州市社会科学院及区域经济发展研究所的同事们在工作上也给予许多帮助和支持，能工作于这样一个和谐的集体是我的荣幸，谨此献上我深深的敬意。

　　感谢中国财经出版传媒集团经济科学出版社的编辑同志在本书出版过程中给予的大力支持和帮助，他们的认真和负责是保证此书出版质量的重要条件。

　　感谢我的家人与朋友！是他们给予我一个温暖的港湾，让我在迷茫的时候可以歇歇脚，收拾好心情继续往前走。尤其是我的妻子周娜女士，她一如既往地相信我、鼓励我和支持我。最后，我也感谢自己的坚持，始终不忘初心，力求在物欲追索与学术探求两者之间获得最优的平衡。

　　不敢说这是一份沉甸甸的礼物，但我还是想把这本书送给我的儿子程遇舟。我希望他健康快乐地成长，等以后他拿到这本书，希望他能够明白一个道理：其实你现在在哪里，并不是那么重要，只要你有一颗永远向上的心，你终究会找到那个属于你自己的世界。

程风雨
2021 年 6 月于广州